本书为2019年教育部人文社会科学研究青年基金项目
（项目批准编号：19YJCZH057）最终研究成果

改革开放以来
我国权利保障政策演进及影响因素

黄爱教 ◎著

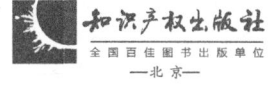

全国百佳图书出版单位
—北京—

图书在版编目（CIP）数据

改革开放以来我国权利保障政策演进及影响因素 / 黄爱教著 . —北京：知识产权出版社，2021.7
 ISBN 978-7-5130-7612-8

Ⅰ. ①改… Ⅱ. ①黄… Ⅲ. ①公民权—权益保护—保护政策—研究—中国 Ⅳ. ① D921.04

中国版本图书馆 CIP 数据核字（2021）第 137410 号

内容提要

公民权利的政策保障是公民权利保障的重要方式之一。本书主要聚焦改革开放以来中国共产党制定的权利保障政策，在厘清改革开放与权利保障关系的基础上建构理论分析框架，重点探索我国权利保障思想的创新发展、权利保障政策的历史演进与基本特点及影响我国权利保障政策历史演进的主要因素，总结我国制定权利保障政策的基本经验，并展望我国权利保障政策的未来发展。

本书适合马克思主义理论、政治学研究者阅读使用。

责任编辑：李海波　　　　责任印制：孙婷婷

改革开放以来我国权利保障政策演进及影响因素
黄爱教　著

出版发行：	知识产权出版社有限责任公司	网　　址：	http://www.ipph.cn
电　　话：	010—82004826		http://www.laichushu.com
社　　址：	北京市海淀区气象路50号院	邮　　编：	100081
责编电话：	010—82000860 转 8582	责编邮箱：	lihaibo@cnipr.com
发行电话：	010—82000860 转 8101	发行传真：	010—82000893
印　　刷：	北京中献拓方科技发展有限公司	经　　销：	各大网上书店、新华书店及相关专业书店
开　　本：	720mm×1000mm　1/16	印　　张：	15
版　　次：	2021年7月第1版	印　　次：	2021年7月第1次印刷
字　　数：	230千字	定　　价：	68.00元

ISBN 978-7-5130-7612-8

出版权专有　侵权必究
如有印装质量问题，本社负责调换。

前　言

公民权利的政策保障是公民权利保障的重要方式之一。我国权利保障政策既包括中国共产党制定并通过的各项报告、决议及建议等，也包括政府制定的各项决定、规定等。本书主要聚焦中国共产党制定的公民权利保障政策，探索改革开放以来我国权利保障政策的变化与发展，分析影响我国权利保障政策历史演进的主要因素，总结我国制定权利保障政策的基本经验。

改革开放是我国制定权利保障政策最直接的影响因素，不但直接影响公民的权利意识变化与发展，而且影响公民的权利主张、权利诉求的现实化程度。为此，探索改革开放与权利保障之间的关系，成为本书研究的逻辑起点，也建构了本书的理论分析框架。我国制定权利保障政策的历史进程表明，改革开放直接影响了权利意识变化，使其经历了"为权利而斗争""尊重和保障人民权利""在更高层次上尊重、保障及发展人民权利"等几个阶段。随后，本书研究了几个与主题相关的问题：一是梳理了我国不同时期权利保障思想。改革开放以来，邓小平理论、"三个代表"重要思想、科学发展观和习近平新时代中国特色社会主义思想等马克思主义中国化的理论成果所蕴含的权利保障思想，是我国制定权利保障政策的指导思想，引领着我国权利保障政策的创新发展。二是考察了我国不同时期权利保障政策，主要考察中国共产党制定的权利保障政策。改革开放以来，中国共产党制定了一系列的公民权利保障政策，包括党的政治报告、决议和建议等。本书分析改革开放以来中国共产党历届党代会的政治报告、决定及建议，既反映了中国共产党权利保障政策的内容，也呈现了我国权利保障政策的历史演进过程。本书还分析了国务院制定的国民经济社会发展规划中对权利保障的规划。三是分析了我国不同时期影响权利保障政策的主要因素。改革、发展、稳定及对外开放等因素在不同程度上影响我国权利保障政策的制定。社会主义市场经济体制改革对我国制定权利保障政策具有决定性意义，也决定了其他因素的变化与发展。社会主义市场经济因素与其他各种因素共同影响并促进我国权利保障政策的演进历程。四是总结了我国制定权利保障政策的基本经验，并展望我国权利保障政策的未来发展。

目　录

第一章　中国特色社会主义权利保障：历史、理论与意义 001

　第一节　我国权利保障的历史进程与研究议题 001
　　　一、我国权利保障的历史进程 001
　　　二、我国权利保障的研究议题 005
　第二节　文献回顾与述评 005
　　　一、相关研究 006
　　　二、述评及存在的不足 010
　第三节　研究方法与价值 011
　　　一、研究方法 011
　　　二、价值 012
　第四节　内容结构与存在的不足 012
　　　一、内容结构 012
　　　二、存在的不足 014

第二章　改革开放与权利保障 015

　第一节　改革开放：历史与理论 015
　　　一、改革开放的概念辩证发展 016

	二、改革开放的必然性	018
	三、改革开放的历程与结构	021
第二节	权利、权利意识及其历史发展	025
	一、权利概念与类型	026
	二、权利意识及其历史发展	030
	三、小结	043
第三节	权利保障主要方式	044
	一、政策保障	044
	二、法律保障	047
	三、政策保障与法律保障的转化	052
第四节	改革开放与权利保障的关系	053
	一、改革开放与权利保障的基本关系	054
	二、体制改革与权利保障之间的关系	056
	三、对外开放与权利保障之间的关系	062

第三章 我国权利保障思想的创新发展 065

第一节	邓小平理论蕴含的权利保障思想	065
	一、邓小平关于人权及权利保障的论述	066
	二、邓小平理论蕴含的权利保障内容	068
第二节	"三个代表"重要思想蕴含的权利保障思想	071
	一、江泽民关于人权及权利保障的论述	071
	二、"三个代表"重要思想蕴含的权利保障内容	075
第三节	科学发展观蕴含的权利保障思想	078
	一、胡锦涛关于人权及权利保障的论述	078
	二、科学发展观蕴含的权利保障内容	081
第四节	习近平新时代中国特色社会主义思想蕴含的权利保障思想	084

一、习近平关于人权及权利保障的论述 084
二、习近平新时代中国特色社会主义思想蕴含的
权利保障内容 088

第四章　我国权利保障政策的历史演进及其基本特点 092

第一节　中国共产党全国代表大会批准的政治报告确定的
权利保障方针 093
一、党的十二大报告确定的权利保障方针 093
二、党的十三大报告确定的权利保障方针 094
三、党的十四大报告确定的权利保障方针 096
四、党的十五大报告确定的权利保障方针 098
五、党的十六大报告确定的权利保障方针 101
六、党的十七大报告确定的权利保障方针 104
七、党的十八大报告确定的权利保障方针 107
八、党的十九大报告确定的权利保障方针 110
九、历届党代会的政治报告确定的权利保障政策演进的
基本特点 113

第二节　中国共产党中央委员会通过的决定提出的权利保障要求 116
一、关于农民权利保障的政策规定 116
二、与市场经济相关的权利保障 122
三、关于文化权利保障的政策规定 129
四、中国共产党中央委员会通过的决定对权利保障演进的
基本特点 131

第三节　国民经济和社会发展规划作出的权利保障规划 132
一、"六五"计划对权利保障的具体规划 132
二、"七五"计划对权利保障的具体规划 134
三、"八五"计划对权利保障的具体规划 136

四、"九五"计划对权利保障的具体规划 139
　　五、"十五"计划对权利保障的具体规划 142
　　六、"十一五"规划对权利保障的具体规划 144
　　七、"十二五"规划对权利保障的具体规划 148
　　八、"十三五"规划对权利保障的具体规划 153
　　九、"十四五"规划对权利保障的具体规划 157
　　十、国民经济和社会发展规划作出的权利保障规划演进的
　　　　基本特点 162

第五章　影响我国权利保障政策的诸种因素分析 165

第一节　改革对我国权利保障政策的影响 165
　　一、诸领域体制改革与权利保障 166
　　二、经济体制改革与权利保障政策 169
　　三、政治体制改革与权利保障政策 175
　　四、文化体制改革与权利保障政策 180
　　五、社会体制改革与权利保障政策 184
第二节　发展对我国权利保障政策的影响 188
　　一、发展因素与权利保障 188
　　二、发展理念与权利保障政策变迁 189
　　三、发展阶段对权利保障政策的影响 195
第三节　稳定对我国权利保障政策的影响 199
　　一、稳定因素与权利保障 199
　　二、基尼系数对我国权利保障政策的影响 200
第四节　对外开放对我国权利保障政策的影响 203
　　一、对外开放与权利保障 203
　　二、"引进来"与权利保障政策 204
　　三、"走出去"与权利保障政策 208

第六章 我国制定权利保障政策的基本经验与未来发展 210

第一节 我国制定权利保障政策的基本经验 210

一、坚持中国共产党领导，始终走中国特色社会主义
权利保障之路 210

二、始终以人民幸福生活为目标 212

三、始终以社会主义初级阶段作为权利保障政策制定的
总依据 213

四、始终正确处理改革、发展与稳定的关系 214

第二节 我国权利保障政策的未来发展 215

一、以习近平新时代中国特色社会主义思想为指导 216

二、以人民对美好生活需要的满足为目标 217

三、在更高层次上建构公民的权利保障体系 218

结　论 221

参考文献 223

后　记 229

第一章　中国特色社会主义权利保障：历史、理论与意义

　　1978年，党的十一届三中全会召开，开启了改革开放的历史新时期。党和国家在探索什么是社会主义权利、怎么实现社会主义权利等重大理论与现实问题过程中，形成了中国特色社会主义权利观。新时代，在中国共产党领导下，我国在探索坚持和发展什么样的中国特色社会主义权利、怎样坚持和发展中国特色社会主义权利等重大理论与现实问题过程中，走出了一条符合中国国情的权利保障道路。然而，符合中国国情的权利保障道路是如何形成的？它的历史演变过程如何？受到哪些因素影响？我国权利保障政策对世界的贡献与意义如何？这些问题都需要认真地思考与探究。本书以改革开放以来我国权利保障政策为研究对象，分析改革开放与权利保障之间的关系，探索我国权利保障政策的历史演进、基本规律及影响因素，为推动人民权利充分享有和实现，促进建构在更高层次保障人民权利的权利体系贡献智慧。

第一节　我国权利保障的历史进程与研究议题

一、我国权利保障的历史进程

　　1978年12月，党的十一届三中全会召开，全会决定从1979年起把全

党的工作重点转移到社会主义现代化建设上来。这次全会提出了改革开放的任务，讨论了民主法制问题。"会议指出，实现四个现代化，要求大幅度地提高生产力，也就必然要求多方面地改变同生产力发展不适应的生产关系和上层建筑，改变一切不适应的管理方式、活动方式和思想方式，因而是一场广泛、深刻的革命。""会议强调，根据新的历史条件和实践经验，采取一系列新的重大的经济措施，对经济管理体制和经营管理方法着手认真的改革，在自力更生的基础上积极发展同世界各国平等互利的经济合作。"❶改革开放，解放和发展了生产力，促进了我国经济社会发展，为我国权利保障提供了必要的经济、政治及社会条件，也为公民权利的实现奠定坚实经济基础。

1982年12月，第五届全国人民代表大会第五次会议通过并公布了《中华人民共和国宪法》（简称"八二宪法"）。八二宪法的制定在中国公民权利保障历史上具有里程碑意义，是中国共产党领导中国人民进行社会主义民主法制建设和政治体制改革的标志性事件。八二宪法中，规定了我国的根本政治制度和基本政治制度、基本经济制度、国家的根本任务、公民的基本权利和义务、国家机构的设置和职责等重大问题。尤其重要的是，八二宪法第五条第四款规定："任何组织或者个人都不得有超越宪法和法律的特权。"第三十三条第二款规定："中华人民共和国公民在法律面前一律平等。"宪法确立了一些重要法律原则。在宪法结构上，八二宪法将公民的基本权利和义务一章放在国家机构一章之前，体现了国家一切权力属于人民与国家尊重和保障人权，也表明了我国对公民权利的宪法保障。

1991年11月，中国政府发布了第一部人权白皮书《中国的人权状况》，介绍了中国有关人权的基本立场和实践。这部人权白皮书指出，中国政府和中国人民十分珍惜这一来之不易的胜利成果，为维护人权和不断改善人权状况不遗余力，并取得了显著成绩。❷与此同时，人权白皮书指出，生存权是

---

❶ 中共中央党史研究室. 中国共产党的九十年（改革开放和社会主义现代化建设新时期）[M]. 北京：中共党史出版社，党建读物出版社，2016：657.
❷ 国务院新闻办公室. 中国的人权状况[EB/OL]. (2014-08-27) [2020-12-20]. http://www.humanrights.cn/html/2014/1_0827/1729.html.

中国人民长期争取的首要人权，并在九个方面总结了中国人权的实践，展示中国的人权状况与取得的权利保障成就：中国人民获得了广泛的政治权利，公民享有经济、文化和社会权利，公民享有宗教信仰自由，中国司法中的人权保障，劳动权利的保障，少数民族的权利保障，计划生育与人权保护，残疾人的人权保障，积极参与国际人权活动。人权白皮书体现了我国政府在权利保障中履行的责任和承担的义务。而后，我国先后发布了很多政府白皮书，表明我国公民权利保障的进步与发展。例如，进入新时代，我国政府颁布了《中国的减贫行动与人权进步》（2016）、《发展权：中国的理念、实践与贡献》（2016）、《中国人权法治化保障的新进展》（2017）、《中国保障宗教信仰自由的政策和实践》（2018）、《改革开放40年中国人权事业的发展进步》（2018）、《平等、参与、共享：新中国残疾人权益保障70年》（2019）、《为人民谋幸福：新中国人权事业发展70年》（2019）等。

1997年9月，中国共产党第十五次全国代表大会召开。党的十五大报告明确指出："共产党执政就是领导和支持人民掌握管理国家的权力，实行民主选举、民主决策、民主管理和民主监督，保证人民依法享有广泛的权利和自由，尊重和保障人权。"❶ 中国共产党在政治宣言书中第一次明确提出了"尊重和保障人权"，这对权利保障具有非常重要的意义。由此，我国权利保障政策制定及法律制定、法律实施中，都以"尊重和保障人权"作为重要原则。与此同时，党的十五大提出"依法治国，建设社会主义法治国家"的宏伟蓝图，也为我国公民权利提供坚实的法治保障。

2004年3月，第十届全国人民代表大会第二次会议召开，通过了《中华人民共和国宪法修正案》。2004年的《中华人民共和国宪法修正案》第二十四条规定："宪法第三十三条增加一款，作为第三款：'国家尊重和保障人权。'第三款相应地改为第四款。""尊重和保障人权"以国家根本法的形式规定，具有最高效力，成为"中国人权发展的重要里程碑"❷。

---

❶ 江泽民.高举邓小平理论伟大旗帜，把建设有中国特色社会主义事业全面推向二十一世纪——江泽民在中国共产党第十五次全国代表大会上的报告［N］.人民日报，1997-09-22.
❷ 董云虎."人权"入宪：中国人权发展的重要里程碑［J］.人权，2004（2）.

这为我国制定权利保障政策提供了宪法依据。

2009年，国务院制定了《国家人权行动计划（2009—2010年）》。这个行动计划是中国政府坚定不移地推进中国的人权事业，并响应联合国关于制定国家人权行动计划的倡议，在认真总结经验、客观分析当前实际情况的基础上制定的，它明确了未来两年中国政府在促进和保护人权方面的工作目标与具体措施。《国家人权行动计划（2009—2010年）》是中国政府促进和保障人权的阶段性政策文件，其内容覆盖政治、经济、社会、文化等各个领域。各级政府及其各部门将依照"各司其职、分工负责"的原则，将本行动计划纳入本地区和本部门的工作职责并积极认真地予以落实。而后，国务院分别于2012年制定《国家人权行动计划（2012—2015年）》、2016年制定《国家人权行动计划（2016—2020年）》。

2011年3月，全国人大常委会委员长吴邦国向十一届全国人大四次会议作全国人大常委会工作报告时宣布，"一个立足中国国情和实际、适应改革开放和社会主义现代化建设需要、集中体现党和人民意志的，以宪法为统帅，以宪法相关法、民法商法等多个法律部门的法律为主干，由法律、行政法规、地方性法规等多个层次的法律规范构成的中国特色社会主义法律体系已经形成"❶。法律制度是权利保障最有效的方式之一。在中国共产党领导下，我国已经建立起保障公民各项权利的社会主义法律体系。

2017年10月，中国共产党第十九次全国代表大会召开。党的十九大报告明确指出，中国特色社会主义进入新时代，我国社会主要矛盾已经转化为人民日益增长的美好生活需要和不平衡不充分的发展之间的矛盾。同时指出，"人民美好生活需要日益广泛，不仅对物质文化生活提出了更高要求，而且在民主、法治、公平、正义、安全、环境等方面的要求日益增长"❷。党的十九大报告是我国在更高层次上进行权利保障的行动指南。2018年3月，

---

❶ 吴邦国. 中国特色社会主义法律体系已经形成［EB/OL］.（2011-03-10）［2020-12-20］. http://www.chinanews.com/gn/2011/03-10/2895965.shtml.

❷ 习近平. 决胜全面建成小康社会　夺取新时代中国特色社会主义伟大胜利——在中国共产党第十九次全国代表大会上的报告［N］. 人民日报，2017-10-28.

第十三届全国人民代表大会第一次会议表决通过了《中华人民共和国宪法修正案》，把党的十九大确定的理论观点和方针政策，特别是将"习近平新时代中国特色社会主义思想"作为我们国家长期坚持的指导思想写入宪法，指导我国制定权利保障政策并促进权利保障政策的创新发展。

二、我国权利保障的研究议题

改革开放以来，在中国共产党领导下，我国权利保障事业已经取得了举世瞩目的成就。前文回顾在中国特色社会主义权利保障道路上发生的重大事件，这些事件对中国人民各项权利产生了重要影响。然而，我们需要进一步思考以下问题：①为什么这些重大的权利保障事件会在这些时间节点上发生？它们产生的历史、社会和其他根源是什么，以及受到哪些因素影响？②这些重大的权利保障事件对后来的经济、政治、社会及文化产生何种影响？这些重大的权利保障事件呈现的基本规律是什么？③改革开放以来，作为执政党的中国共产党在制定权利保障政策及促进法律创新发展中扮演何种角色，发挥何种作用？④改革开放以来，我国制定权利保障政策的基本经验对未来权利保障政策的创新发展具有何种意义？本书围绕以上问题展开思考和研究，以期为推动中国特色社会主义权利保障事业创新发展提供一些智慧。

第二节　文献回顾与述评

当前，以我国权利保障政策为主题的研究已经取得一系列成果，这些成果主要聚焦对中国共产党权利保障政策的研究，其为本书的深入研究提供了资源、参考与借鉴。本书在力求客观地评价各位学者观点的基础之上，分析与本书主题相关的研究成果，述评它们的成就与不足，并试图克服学者在与本书主题相关研究中的不足，进而拓展本书研究的视域，推进本书研究向广度和深度延伸。

一、相关研究

国内学者对中国共产党权利保障政策进行了很多有益的探讨。从现有成果来看，国内学者主要探讨了以下几个问题。

（一）中国共产党权利保障的基本理论研究

中国共产党有关权利保障的理论依据是什么？这是研究中国共产党权利保障政策首先要明确的理论问题。学者在梳理、深挖及建构中国共产党权利保障的理论依据过程中，主要研究以下几个理论问题。

第一，中国共产党人权思想研究。关于中国共产党人权思想研究，一些学者区分中华人民共和国成立前中国共产党的人权思想与中华人民共和国成立后中国共产党的人权思想，并认为三代领导集体在人权问题上也迥异："第一代时期，人权被标列为资产阶级的专利，对之态度若明若暗，其失误在无制度保障。第二代时期，把人权分为'你的''我的'，注意区分二者是'两码事'，但已开始注重建设'我的'。第三代领导集体，正式承认人权的普遍性，认为它是人类文明的共同结晶，敢于与西方交流、合作与对话。"❶相反，一些学者也分析了三代领导集体人权思想的共同点，认为共同点有四点：①三代领导核心人权思想的出发点和最终归宿都是谋求人民的人权。②三代领导核心都强调人权是多种权利的有机统一。③三代领导核心都把实现公民的经济和社会权利置于优先位置。④三代领导核心都高度重视和努力维护国家主权，强调主权高于人权。❷一些学者在考察中国人权道路走过的历史时认为，"以人为本"是中国式的人权指导思想。❸

---

❶ 丁兆增，关今华. 中国共产党的人权思想与中国人权现状［J］. 福建师范大学学报（哲学社会科学版），2005（5）：10-18.

❷ 李蓬，张敏. 中国共产党三代领导核心人权思想比较研究［J］. 西华大学学报（哲学社会科学版），2006（2）：7-8.

❸ 李影，刘世华. 中国共产党人权思想的历史坐标与现实维度——从以人为本切入［J］. 理论探讨，2011（6）：22-24.

第二，中国共产党人权理论研究。在理论特点上，一些学者认为中国共产党人权理论与实践具有"创造性与实践性""广泛性和全方位性""真实性"等特点。❶ 在内容上，一些学者探讨权力与权利关系以论证中国共产党执政的合法性❷，还探讨社会主义人权理论内容：①人权是人按其自然属性和社会本质所应当享有的权利。②人权是受一定伦理道德所支持与认可的人应当享有的各种权益。③人权是共性与个性的统一。④人权的内容是广泛的，它主要包括三个基本方面：人身人格权利，政治权利与自由，经济、文化和社会权利。⑤社会主义人权观强调个人人权与集体人权的统一性和一致性，主张国家和国际社会对两类人权予以同样的重视与保护。⑥人权具有权利与义务的不可分割性。⑦人权的实现是一个过程，受多种条件的决定与制约。⑧人权的彻底实现以人的全面解放、人的全面自由发展、人的需要的全面满足为标志。❸一些学者还探讨中国共产党与马克思主义人权理论中国化问题。❹在中国共产党推动权利保障的地位和作用上，一些学者认为中国共产党成立以来，不断改善中国人民的人权状况，共产党的领导始终是促进和发展中国人民人权状况的根本保证。❺ 尊重和保障人权是共产党执政的基本目标、重要使命和根本基础。❻ 中国共产党是中国人权事业发展的坚强领导核心。❼从中国共产党权利保障政策演进与历史划分阶段来看，一些学者划分法治与人权关系的历史发展，认为其经历了三个时期：法治与人权的分离时期、法治与人权的结合时期、法治与人权的融合时期。❽ 一些学者将改革开放30年人权

---

❶ 刘仲良，石柏林. 试论中国共产党人权理论与实践的基本特色［J］. 湘潭大学学报（社会科学版），1993（4）：108-112.
❷ 于延晓. 论中国共产党执政的合法性——以权力与权利的关系为进路［J］. 学习与探索，2007（6）.
❸ 李步云. 社会主义人权的基本理论与实践［J］. 法学研究，1992（4）：1-8.
❹ 王艳勤. 中国共产党与马克思主义人权观的中国化［J］. 湖北民族学院学报（哲学社会科学版），2012（1）：87-91.
❺ 谷春德. 中国共产党与中国人民人权［J］. 思想理论教育导刊，2001（12）：33-38.
❻ 董云虎. 中国共产党执政与尊重和保障人权［J］. 人权，2005（1）：38-42.
❼ 王晨. 中国共产党是中国人权事业发展的坚强领导核心［J］. 人权，2011（5）：4-7.
❽ 陈佑武，李步云. 改革开放以来法治与人权关系的历史发展［J］. 现代法学，2015（2）：3-9.

发展划分为三个阶段：第一个阶段，1978 年党的十一届三中全会召开，中国人权发展迈入新的历史时期；第二个阶段，第一部中国人权白皮书发布，开创中国特色人权发展之路；第三个阶段，尊重和保障人权写入宪法，中国人权发展呈现新局面。❶

（二）中国共产党权利保障的实践问题研究

中国共产党权利保障实践涉及的问题主要有中国共产党推动人权实现、人权建设、人权体制、人权道路及人权保障的"中国模式"等。第一，中国共产党推动人权实现研究。中国共产党不但主张尊重和保障人权，而且结合中国国情，对实现人权的途径和条件进行了深入探讨，使其人权思想更具应用性和可操作性，从而有力地推动了中国人权建设事业的发展与人权理论体系的形成和完善。❷第二，中国共产党领导的人权建设研究。一些学者在中华人民共和国成立 60 周年之际，系统地总结中华人民共和国成立 60 年来中国政府和人民在维护与促进人权问题上的经验教训；❸一些学者探索中华人民共和国人权保障发展 60 年❹，也分析中国改革开放与人权发展 30 年❺。第三，人权体制。一些学者分析了苏区与中国特色社会主义人权体制，认为中国特色社会主义人权体制具有以下特点：①它是社会主义性质的；②它具有中国特色；③中国人权体制在发展过程中经历了一个逐步深化和完善的过程；④开放性。❻第四，人权道路。学者在总结中国共产党建党 80 周年的历史时，认为中国共产党已经探索出一条适合中国国情的人权发展道路。❼原国务院新闻办公室主任王晨认为，中国"走出了一条中国特色的社会主义人权发展

---

❶ 董云虎，陈振功. 中国改革开放与人权发展 30 年［M］. 北京：人民日报出版社，2009.
❷ 张继良. 中国共产党对人权实现途径和条件的探讨［J］. 河北师范大学学报（哲学社会科学版），2004（3）.
❸ 董云虎，常健. 中国人权建设 60 年［M］. 南昌：江西人民出版社，2009：2.
❹ 刘海年. 新中国人权保障发展六十年［M］. 北京：中国社会科学出版社，2012.
❺ 同❶.
❻ 陈向红. 中国共产党与中国人权体制发展［J］. 学习探索，2001（6）.
❼ 谷春德. 中国共产党与中国人民人权［J］. 思想理论教育导刊，2001（12）：33-38.

道路"。这条道路表现为：①坚持以人为本原则，充分保障全体人民的经济、政治和社会文化权利；②追求和谐社会目标，努力实现公平正义；③秉持执政为民理念，维护广大人民利益；④中国政府在现代化进程中注重实现人与自然的和谐。❶一些学者以政治学、法学和历史学的综合性视角，从理论上阐述了中国特色人权发展道路的基本内涵、属性、理论内容和形成过程，并结合中国人权事业发展的实践总结概括了中国人权法治保障体系的构成、特点和历史进程，以及中国人权保障政策的主要形式、基本特点、优势与局限、所处地位及发展趋势。❷第五，人权保障"中国模式"。罗豪才将人权保障的"中国模式"概括为"一二三四"：中国人权保障坚持一个基本理念，这就是以人为本的科学发展；人权法治着力理顺两个基本关系，即权利与义务关系和权利与权力关系；整体推进三代人权保障，即在实现第一代和第二代人权协调发展的同时，把保障人民的生存权和发展权放在首要位置；人权保障力求四个统筹兼顾，包括统筹主权与人权、国际与国内、人权与社会、理论与实践四个方面。❸也有一些学者对中国人权模式的构成基础、主要内容及基本特点进行了总结。❹

（三）中国共产党权利保障政策研究

对于中国共产党权利保障政策研究涉及的问题主要有人权保障政策与法律之间的关系、中国人权保障政策研究等。第一，人权保障政策与法律之间的关系。政策和法律是政府保障人权的最主要的途径，人权保障政策与人权保障法律在目标、内容、功能等方面存在着较多的共性和联系，在稳定性、适用对象、强制力等方面存在着较大的差异，二者的关系现实中可以分为"宏观—具体"模式、"先政策后法律"模式等。而人权政策要上升为人权法律需要具

---

❶ 王晨. 走出一条中国特色社会主义人权发展道路［N］. 人民日报，2011-09-23（20）.
❷ 薛进文，常健. 中国特色人权发展道路研究［M］. 北京：中国社会科学出版社，2016.
❸ 罗豪才. 人权保障的"中国模式"［J］. 人权，2009（6）：4-6.
❹ 熊万鹏. 论人权保障的"中国模式"［J］. 人权，2012（6）：19-25.

备社会环境、关系属性和治理经验三个方面的条件。❶ 第二，中国人权保障政策研究。一些学者从政治学角度对中国人权保障政策进行了比较系统的研究，概括了中国人权保障政策的主要形式和特点，探讨了人权的政策保障与法律保障之间的相互关系，具体分析了中国人权保障的总体政策规划，以及在经济、社会和文化权利，公民权利和政治权利，特定群体权利方面的保障政策及其发展，并对中国人权的对外政策与实践进行了深入的研究。❷ 在少数民族人权保障方面，一些学者认为中国少数民族人权保障深深植根于中国的历史背景与现实国情，在政策体系和实践路径上体现出自身鲜明的特色。保障领域的全面性、以生存权和发展权为核心内容、以民族区域自治作为制度依托、平等保护和特殊保护相结合的保障路径是中国少数民族人权保障的四大特色。❸

二、述评及存在的不足

以我国权利保障政策为主题的研究已经取得了较大进展，主要表现在以下几个方面：①在中国共产党领导中国人民权利保障的地位与作用方面，学者们的观点是高度一致的，即中国共产党是中国人民权利保障事业的领导核心，引领中国人民权利保障事业的发展。②在我国权利保障政策的思想、理论及道路等方面，也获得较多的共识。对我国的人权观、人权道路的总结与分析也具有共识。③在我国权利保障实践方面，基本共识为党和国家尊重及保障人权，在推动人民权利的享有和实现中，已经获得了举世瞩目的成就。④从政治学角度对我国权利保障政策的研究已经获得了较大进展。

尽管学术界在我国权利保障事业研究中已经取得较多成果，但是也存在一些不足，主要表现在以下几个方面：①改革开放以来，我国各项权利保障

---

❶ 许尧. 论人权保障政策与人权保障法律的关系 [J]. 辽宁行政学院学报，2014（9）：50-55.
❷ 常健，郝亚明. 中国人权保障政策研究 [M]. 北京：中国社会科学出版社，2016.
❸ 郝亚明. 中国少数民族人权保障的政策与实践特色 [J]. 广西民族研究，2013（3）：1-8.

获得了举世瞩目的成就。但是从不同时间节点的比较意义上来说，这些成就呈现的意义是不同的。2021年是中国共产党建党100周年，如何分析改革开放以来中国共产党领导中国人民取得的权利保障事业成就在中国共产党百年历史上的意义？目前的研究还不够深入，还需要在纵向上深入比较分析，并在此基础上作出恰当合理的评价。②虽然中国已经走出了一条具有中国特色的社会主义人权发展道路，但是何种因素影响中国及中国人民选择这样的人权发展道路也处于初步探索阶段，有待深入分析。改革开放以来，哪些因素对中国特色社会主义人权道路的选择具有决定性意义？在新的研究方法运用上，也有待深化，尤其需要运用相关分析方法进行深入分析。③公民权利保障是一项综合工程，需要多学科进行研究。影响公民权利保障的因素，除了政治因素，还有经济、社会及文化等因素，任何单一因素研究都可能呈现出片面性。目前，囿于学科"域"的限制，公民权利保障的多学科研究还不是很多，还需要增强公民权利保障跨学科研究。本书试图从不同学科视角对权利保障政策及其影响因素作初步探讨。

第三节　研究方法与价值

一、研究方法

本书的研究方法主要有以下几种：①文献研究法，旨在收集改革开放以来我国权利保障政策的相关政策文本、统计数据、研究资料和文献，提出新时代我国在更高层次保障公民权利的政策建议。②问卷调查法，旨在了解改革开放以来我国权利保障事业已经取得的成就与进展，以及评估我国制定的公民权利保障政策对改革开放有何种影响与影响程度如何等问题。③比较方法，旨在比较不同历史时期我国权利保障政策的差异，归纳总结改革开放以来我国权利保障政策演进规律与基本经验。④相关分析法，旨在分析影响我国权利保障政策演进与发展的改革开放各种因素及其相互关系。

二、价值

本书的理论价值和实际应用价值，主要表现在以下几个方面。

（一）理论价值

①以马克思主义理论、政治学、社会学等多学科考察改革开放以来我国权利保障政策的历史演进及创新发展，丰富权利研究的基础理论。②运用人权政治学、人权社会学的观点分析影响我国权利保障政策演进的改革开放各种因素，创新权利研究的基础理论。③跨学科的研究方法的运用，尤其是相关分析法的运用，丰富权利研究的方法。

（二）实际应用价值

①有助于更加理性地了解、确定和评价改革开放以来中国共产党在保障公民权利中的地位和作用，恰当评估我国权利保障政策对改革开放的影响。②有助于认识改革开放对我国权利保障政策的影响，理解中国特色人权发展道路，增强自信。③有助于为新时代我国在更高层次保障公民权利的政策制定提供智力支持。

第四节　内容结构与存在的不足

一、内容结构

本书的内容结构如下。

第一章，主要分析中国特色社会主义权利保障的历史进程，以及当前学术界以我国权利保障政策为主题已取得的研究成果，从历史和理论两个维度阐明本书研究的必要性、合理性及合法性等，阐述本书研究对中国特色社会主义权利保障事业的意义，建构本书研究的基本框架及进展思路，并提出本书研究存在的不足，等等。

第二章，主要分析改革开放与权利保障之间的关系。本章主要分析四项内容：第一，分析改革开放的概念及其现实化。改革开放是当代中国最鲜明的特征，包括对内改革和对外开放。它是历史与现实的必然，并影响中国人民权利保障。第二，分析权利、权利意识及权利保障的辩证发展，阐述了中国权利意识发展过程。第三，分析公民权利保障的两种方式：政策与法律，以及两者之间的关系，阐述我国权利保障政策的具体形式。第四，建构改革开放与权利保障之间的关系模型。

第三章，主要分析改革开放以来我国权利保障思想的创新发展。本章主要分析改革开放以来马克思主义中国化的理论成果中蕴含的权利保障思想，具体为邓小平理论中蕴含的权利保障思想、"三个代表"重要思想中蕴含的权利保障思想、科学发展观中蕴含的权利保障思想、习近平新时代中国特色社会主义思想中蕴含的权利保障思想等。

第四章，主要分析改革开放以来我国制定的各项权利保障政策，聚焦中国共产党权利保障政策，也涉及国家制定政策。本章主要分析改革开放以来中国共产党历届党代会的政治报告中关于公民各项权利保障的规定，分析中国共产党中央委员会通过的各项决定中关于农民权利、与市场经济相关的权利及文化权利等规定，也分析全国人民代表大会批准的国务院提出的国民经济社会发展规划中关于公民各项权利保障的规定。

第五章，主要分析改革开放以来影响我国制定各项权利保障政策的因素。改革开放以来，影响我国制定公民各项权利保障政策的因素分为两大类：对内因素与对外因素。对内因素主要包括改革、发展与稳定三个重要因素，改革因素主要包含经济体制改革、政治体制改革、文化体制改革与社会体制改革等因素；发展因素主要包含发展理念、发展阶段等因素；稳定因素主要包含贫富差距、治理等因素。对外因素主要表现为"引进来"与"走出去"等对中国政治、经济及文化等产生的影响。

第六章，主要总结改革开放以来我国制定公民各项权利保障政策的基本经验与未来发展。改革开放以来，在中国共产党领导下，我国已经走出了一条具有中国特色的社会主义权利保障道路，始终以人民幸福生活为目标，始终以社会主义初级阶段为制定各项权利保障政策的总依据，正确处理改革、发展与稳定之间的关系，不断推进公民权利保障。这些基本经验对我国未来制定公民各项权利保障政策具有重要启示。在新时代，我国将会在更高层次上制定公民各项权利保障政策，以满足人民日益增长的权利需要。

结论部分，改革开放的历史与事实证明，我国将权利保障的普遍性原理与中国实际相结合，在尊重公民权利保障政策发展规律基础上，走出了一条具有中国特色的公民权利的政策保障之路。

二、存在的不足

本书研究存在的不足主要表现在几个方面：第一，我国制定权利保障政策不能穷尽问题。本书主要聚焦中国共产党权利保障政策，即中国共产党全国代表大会通过的政治报告、中国共产党中央委员会通过的有关决定和建议等，也涉及一些国家政策。可能存在以下两个缺陷：①存在不能对党中央的全部决定和建议的穷尽；②存在不能对党组织的全部政策的穷尽。地方各级党组织为贯彻落实党中央的决定和建议，也会制定一些符合地方实际的政策，但是本书没有涉及。第二，影响我国制定公民各项权利保障政策的因素不能穷尽，以及它们直接的关系模型也不能穷尽。本书将影响因素划分为两种类型：对内因素与对外因素。实际上，对内因素与对外因素并不是泾渭分明的，它们之间也存在交叉情况。例如，改革与开放之间存在相互影响的状况，两者之间的相互作用、相互促进与相互制约关系对我国制定公民权利保障政策也会产生影响。第三，对我国制定公民各项权利保障政策的未来展望比较宏观，尚未提出具体的机制。实践创新发展必然推动理论创新发展，还应当努力做到实践创新与理论创新的良性互动。另外，未来实践也具有不确定性，导致在未来规划、展望中很难作出较为详细的对策建议。

第二章 改革开放与权利保障

改革开放，为实现社会主义现代化而奋斗。这是在以邓小平为核心的第二代领导集体的领导下开始的新的革命。❶ 经过40多年的改革开放，中国社会主要矛盾已经由人民日益增长的物质文化需要同落后的社会生产之间的矛盾转化为人民日益增长的美好生活需要和不平衡不充分的发展之间的矛盾。人民美好生活需要日益广泛，不仅对物质文化生活提出了更高要求，而且在民主、法治、公平、正义、安全、环境等方面的要求日益增长。❷ 这当然包括中国人民对权利保障的需要，也表明改革开放与权利保障之间存在着必然联系的逻辑关系，具体表现为：一方面，改革开放深刻影响中国人民的权利意识、权利规范的变迁；另一方面，权利保障也促进、保障改革开放顺利进行。改革开放与权利保障之间互相作用、互相影响。

第一节 改革开放：历史与理论

改革开放是当代中国最鲜明的特色。❸ 它在理论与实践的双向互动及其

---

❶ 江泽民. 高举邓小平理论伟大旗帜，把建设有中国特色社会主义事业全面推向二十一世纪——江泽民在中国共产党第十五次全国代表大会上的报告［N］. 人民日报，1997-09-22.
❷ 习近平. 决胜全面建成小康社会 夺取新时代中国特色社会主义伟大胜利——在中国共产党第十九次全国代表大会上的报告［M］. 北京：人民出版社，2017.
❸ 武力. 改革开放40年：历程与经验［M］. 北京：当代中国出版社，2020：1.

不断演进中形成了多维品性。所以,认识和把握改革开放,不但要从哲学层面阐释它的基本结构,而且要在历史中揭示它的意涵,更要在实践中深刻理解、把握它的变化发展。

一、改革开放的概念辩证发展

改革开放由"改革"与"开放"历史性及创造性地结合而成,已经成为"社会关注度高、使用频率高的时代热词"❶,或者"是中国人家喻户晓的一个政治概念"❷。充分认知和把握1978年以来中国社会的变迁,应当从"改革开放"概念开始。从"改革""开放"再到"改革开放"概念的创造性发展,并不是一蹴而就的,而是伴随着长期的历史实践。其中,最初使用的"改革"和作为一项基本国策的"改革",它们之间的意涵发生了很大变化。而且,改革开放不是一个过去式的概念,而是一个进行时的概念,它将随着社会实践不断进展而不断丰富。另外,"改革开放"一词并不是简单地将两者的意思相加,而是两者在实践中相互塑造而成。在一般意义上,"改革开放"表达的意思是"对内改革"与"对外开放"之意,为此,它既超越了原初的含义,也被限定在特定的领域——基本国策。

"改革"一词在古汉语中早已有之。例如,《后汉书·黄琼传》:"覆试之作,将以澄洗清浊,覆实虚滥,不宜改革。"此处"改革"之意为"变更,革新",与当今的"改革"之意较为相近。在现代汉语中,"改革"常指改变旧制度、旧事物,本意表达把事物中旧的不合理的部分改成新的,使之能适应新的客观情况。中华人民共和国成立初期,中国共产党就开始使用"改革"一词。例如,1949年9月通过的《中国人民政治协商会议共同纲领》第四十六条规定:人民政府应有计划有步骤地改革旧的教育制度、教育内容和教学法。邓小平在党的十一届三中全会前后谈到工资改革、留学生管理制度改

---

❶ 于安龙. "改革开放"的概念意涵与话语特色[J]. 科学社会主义,2018(3).
❷ 胡国胜. 中国共产党"改革开放"概念的历史演变与话语建构[J]. 教学与研究,2018(12).

革、文字改革及经济改革中，多次提到"改革"一词。1978年，邓小平在《解放思想，实事求是，团结一致向前看》的重要讲话中郑重提出，"再不实行改革，我们的现代化事业和社会主义事业就会被葬送"，"正确地改革同生产力迅速发展不相适应的生产关系和上层建筑，根据我国的实际情况，确定实现四个现代化的具体道路、方针、方法和措施"❶。在这里，邓小平提出"改革"一词，已经不再是针对具体领域的改革，而是宏观上的"改革"方略，更确切地说是作为基本国策的"改革"。党的十一届三中全会公报中指出，要"根据新的历史条件和实践经验，采取一系列新的重大的经济措施，对经济管理体制和经营管理方法着手认真的改革……正确改革同生产力迅速发展不相适应的生产关系和上层建筑"。党的十一届三中全会公报使用"改革"一词，已经将"改革"覆盖到中国特色社会主义事业的各方面，已经将"改革"上升到基本国策理解。

"开放"与"改革"一词相同，在古汉语中早已有之。例如，元朝的郑廷玉《看钱奴》楔子："现今黄榜招贤，开放选场。"在这里，"开放"的意思为"敞开，允许入内"。在现代汉语中，"开放"本意主要是指解除封锁、禁令、限制等，允许进入或利用。中华人民共和国成立初期，中国共产党也开始使用"开放"一词。此时的"开放"与"改革开放"中的意思不同，它为"开放"的本意。例如，1962年3月，周恩来在《国民经济的调整工作和当前任务》中指出：1960年冬天，地方有计划、有领导地开放了农村集市贸易，这对于促进农副业生产发展，活跃农村经济，起了一定的作用。❷ 党的十一届三中全会前后，邓小平在不同场合谈到引进世界先进科学技术、工业管理方法，引进外国先进技术和设备及资金等问题，涉及对外开放问题。例如，1978年11月26日，邓小平在会见日本访华团时指出："现在我们的

---

❶ 中共中央文献研究室. 邓小平年谱（1975—1997）：上［M］. 北京：中央文献出版社，2004：450.
❷ 周恩来. 国民经济的调整工作和当前任务［N］. 人民日报，1962-03-28.

方针是，尽量吸收国际先进经验，引进资金和技术，加速我们的发展。"❶党的十一届三中全会批准的《1979、1980两年经济计划的安排》提出要积极引进外国先进技术，利用外国资金，大胆地进入国际市场。党的十二大报告明确强调：我们坚定不移地实行对外开放政策，在平等互利的基础上积极扩大对外交流。至此，"开放"一词的意涵已经转变为一项基本国策。

"改革开放"作为一个词出现，可追溯到1984年2月，邓小平在参观陈嘉庚创办的集美学村和陈嘉庚故居时指出：陈嘉庚是个爱国华侨。福建华侨多，进出都经过厦门。改革开放后，侨务工作很重要。厦门要加强侨务工作，进一步贯彻好侨务政策。❷而作为真正意义上的"改革开放"一词的出现，则是1984年9月《人民日报》刊发的报道《中组部领导集体对照检查近几年组织工作问题提出整改意见，抓领导班子调整保证改革开放顺利进行》。党的十三大报告中，在社会主义初级阶段的基本路线中提出"一个中心，两个基本点"，其中一个基本点则是"坚持改革开放"。这是在党的重要文件中开始使用"改革开放"一词。尽管在历届党代会的报告中仍然单独提"改革"与"开放"两个词汇，但是"改革开放"作为一个固定名词已经形成，并赋予固定的内涵。实际上，"改革开放"指向两个维度：对内改革和对外开放。在中国共产党领导下的"改革开放"，基本上是依据这两条线索逐步展开的。

二、改革开放的必然性

党的十一届三中全会作出改革开放的决定，这一决定在中华民族发展史、中国特色社会主义发展史及中国共产党发展史上具有重要意义。改革开放是中国特色社会主义发展史上的一次伟大觉醒，是中华民族发展史上的一

---

❶ 中共中央文献研究室. 邓小平年谱（1975—1997）：上［M］. 北京：中央文献出版社，2004：437.

❷ 中共中央文献研究室. 邓小平年谱（1975—1997）：下［M］. 北京：中央文献出版社，2004：959.

次伟大革命。❶ 改革开放既是我国社会主义事业行进道路上的必然选择,也是决定我国命运的关键抉择,具有历史必然性。

改革开放是社会基本矛盾辩证运动的必然结果。马克思主义哲学认为,社会基本矛盾就是指贯穿社会发展过程始终,规定社会发展过程的基本性质和基本趋势,并对社会历史发展起根本推动作用的矛盾。生产力和生产关系、经济基础和上层建筑的矛盾是社会基本矛盾。❷ 一般来说,社会基本矛盾是其他一切社会矛盾的根源,规定和制约着社会主要矛盾的存在和发展,社会主要矛盾是社会基本矛盾的具体体现。❸ 正确把握社会主要矛盾对社会主义建设起着非常重要的作用。1956 年,党的八大指出,我国完成了社会主义改造,社会主要矛盾已经是人民对于建立先进的工业国的要求同落后的农业国的现实之间的矛盾,已经是人民对于经济文化迅速发展的需要同当前经济文化不能满足人民需要的状况之间的矛盾,从而需要大力发展社会生产力。❹ 从历史视角来看,党和国家对社会主要矛盾的认识是完全正确的。然而,中国社会现实却是 1958—1978 年长达 20 年时间的停滞和徘徊。如何改变和突破社会这种状况呢？在马克思主义哲学基本原理指导下,改革成为改变和突破这一难题的有效路径,即在社会主义基本制度下,对不适应生产力发展的生产关系和上层建筑层面的一系列环节进行变革,使其适应生产力发展的需要。1978—2018 年,在中国 40 年的改革开放实践中,国民经济不断发展,中国已经成为世界第二大经济体；科学技术不断发展,2019 年 6 月,工业和信息化部发放了 5G 商用牌照,正式开启 5G 商用。我国改革实践证明,生产关系和上层建筑适应生产力发展,使我国社会焕发出生机活力,经济社会获得快速发展。

从现实层面来看,改革开放既是中华民族伟大复兴的内在要求,也是融

---

❶ 侯远长,常希梅. 改革开放：中国共产党的一次伟大觉醒［J］. 学习论坛,2020（1）：13-19.
❷ 本书编写组. 马克思主义基本原理概论［M］. 北京：高等教育出版社,2018：130.
❸ 同❷：133.
❹ 同❷：135.

入和推动世界发展的实践需要。1840年鸦片战争之后，中国沦为半殖民地半封建国家，饱受凌辱。实现中华民族伟大复兴，是近代以来中华民族最伟大的梦想，是激励中华儿女团结奋进、开辟未来的精神旗帜。❶中国共产党团结带领中国人民进行28年浴血奋战，打败日本帝国主义，推翻国民党反动派，完成新民主主义革命，建立了中华人民共和国；1956年，基本完成对生产资料私有制的社会主义改造，确立社会主义基本制度，为实现中华民族伟大复兴奠定了根本的政治前提和制度基础。1953年，中国共产党制定了过渡时期的总路线，并实行"一五"计划，实现了国民经济的快速增长，初步建立了独立的、比较完善的国民经济体系和门类比较齐全的工业体系，为中华民族复兴奠定经济基础。但是，之后的"大跃进""人民公社化"运动及"文化大革命"的发生，导致国民经济增长缓慢、农业落后与工农业协调发展之间矛盾尖锐、产业结构比例严重失衡，中国社会现代化进程受挫。1978年，党的十一届三中全会指出，实现四个现代化，要求大幅度地提高生产力，也就必然要求多方面地改变同生产力发展不适应的生产关系和上层建筑，改变一切不适应的管理方式、活动方式和思想方式，因而是一场广泛、深刻的革命。❷在实现中华民族伟大复兴中国梦的召唤下，中国共产党总结社会主义建设正反两个方面的经验教训，实行改革开放，不断探索，走出了一条中国特色社会主义道路。由此可知，在实现中华民族伟大复兴中，改革是必然的内在要求。

在实现中华民族伟大复兴的征程中，中国人民还面临着复杂多变的国际环境。近代以来，中国遭受帝国主义长期凌辱，重要原因在于我国长期的"闭关锁国"政策导致落后挨打。1949年，中华人民共和国成立之后，我们"关起门来搞建设"，与国际社会迅速发展的趋势相比，我国经济发展还是比较缓慢。随着新一轮经济全球化的历史进程加快，国际政治、经济格局发生了一些新的变化。如何融入世界经济全球化浪潮中，在经济全球化中谋求发

---

❶ 中共中央宣传部. 习近平新时代中国特色社会主义思想三十讲［M］. 北京：学习出版社，2018：32.
❷ 中共中央党史研究室. 中国共产党的九十年（改革开放和社会主义现代化建设新时期）［M］. 北京：中共党史出版社，党建读物出版社，2016：656.

展，成为摆在中国共产党面前的又一大问题。邓小平坚定地提出要"面向现代化、面向世界、面向未来"的伟大战略思想，党的十一届三中全会作出了改革开放的重要战略抉择，对外开放与对内改革并重，奠定了中国能够把握经济全球化机遇的坚实基础。而且，中国在改革开放中取得了举世瞩目的成就：在高新技术领域占有一席之地，我国目前已经成为世界第二大经济体、第一大货物出口国、第二大货物进口国等，对世界经济增长的贡献率高达30%以上。改革开放不仅改变了中国、改变了世界，也改变了全球经济发展格局，是中国融入世界的重大实践。

三、改革开放的历程与结构

（一）改革开放的历程

改革开放是一个进行时的概念。1978年5月10日，中央党校内部刊物《理论动态》发表经胡耀邦同志审定的《实践是检验真理的唯一标准》一文。5月11日，《光明日报》以特约评论员名义公开发表这篇文章，新华社向全国转发。❶ 这篇文章的发表，引发了关于真理标准问题的讨论。真理标准大讨论是一场思想解放运动，也为党的十一届三中全会拉开改革开放大幕作了思想准备。党的十一届三中全会决定，全党工作的着重点应该转移到社会主义现代化建设上来；提出改革开放的任务，"实现四个现代化，要求大幅度地提高生产力，也就必然要求多方面地改变同生产力发展不适应的生产关系和上层建筑，改变一切不适应的管理方式、活动方式和思想方式，因而是一场广泛、深刻的革命"。会议强调，根据新的历史条件和实践经验，采取一系列新的重大的经济措施，对经济管理体制和经营管理方法着手认真的改革，在自力更生的基础上积极发展同世界各国平等互利的经济合作。党的十一届三中全会开启了改革开放的历史性转变。

---

❶ 中共中央党史研究室. 中国共产党的九十年（改革开放和社会主义现代化建设新时期）[M]. 北京：中共党史出版社，党建读物出版社，2016：651.

改革开放以来
我国权利保障政策演进及影响因素

党的十一届三中全会以后，邓小平一再强调要大力发展生产力和改善人民生活。1980年4月，邓小平说："根据我们自己的经验，讲社会主义，首先就要使生产力发展，这是主要的。只有这样，才能表明社会主义的优越性。社会主义经济政策对不对，归根到底要看生产力是否发展，人民收入是否增加。这是压倒一切的标准。"❶ 随着改革开放的深入，各个阶层都成为改革开放的受益者。例如，在1985年召开的联合国粮农组织成立40周年大会上，中国代表宣布中国的人均粮食已接近400千克，达到世界人均水平；这表明：以包产到户为核心的农村改革的最大好处就是在财产权利和身份自由方面实现了农民的双重解放。❷1984年，党的十二届三中全会之后，改革开放从局部走向全面。1987年，党的十三大明确指出，我国正处于社会主义的初级阶段，并形成完整的社会主义初级阶段理论；提出在社会主义初级阶段，我们党的建设有中国特色的社会主义的基本路线；同时也指出，已经基本实现了"三步走"战略的第一步，即"实现国民生产总值比一九八〇年翻一番，解决人民的温饱问题"。1992年，党的十四大明确指出，"新时期最鲜明的特点是改革开放。改革开放从十一届三中全会起步，十二大以后全面展开。它经历了从农村改革到城市改革，从经济体制的改革到各方面体制的改革，从对内搞活到对外开放的波澜壮阔的历史进程"。党的十四大提出了经济体制改革的目标是建立社会主义市场经济体制。❸

党的十四大之后，中国共产党在党的基本路线指导下，以经济建设为中心，为实现"三步走"战略，努力"到本世纪末，使国民生产总值再增长一倍，人民生活达到小康水平"而奋斗。在国内，加快改革和建立社会主义市场经济体制；在国际上，抓住经济全球化的机遇，充分利用国外市场、技术与资金等，中国经济发展迅速。1997年，党的十五大确立了邓小平理论为

---

❶ 邓小平. 邓小平文选：第2卷[M]. 北京：人民出版社，1994：314.
❷ 毕竞悦. 中国四十年社会变迁[M]. 北京：清华大学出版社，2018：5.
❸ 江泽民. 加快改革开放和现代化建设步伐，夺取有中国特色社会主义事业的更大胜利——江泽民在中国共产党第十四次全国代表大会上的报告[N]. 人民日报，1992-10-21.

党的指导思想，指导我国改革开放。2000年2月，江泽民同志在广东考察工作时，从全面总结党的历史经验和如何适应新形势新任务的要求出发，首次对"三个代表"重要思想进行了比较全面的阐述。2002年，党的十六大将"三个代表"重要思想确立为党的指导思想。我国于1997年提前三年实现了人均国民生产总值比1980年翻两番的宏伟目标。改革开放促进东部城市群形成，也促进农村劳动力流动。农民进城务工人员1993年达到6200万人，1994年达到7000万人，1997年突破1亿人大关。[1]

2002年，党的十六大指出，我们胜利实现了现代化建设"三步走"战略的第一步、第二步目标，人民生活总体上达到小康水平；同时，提出"全面建设小康社会"的奋斗目标。2003年7月，胡锦涛同志在讲话中提出"坚持以人为本，树立全面、协调、可持续的发展观，促进经济社会和人的全面发展"。中国共产党以科学发展观为指导，实施西部大开发战略，加入世界贸易组织，实行"工业反哺农业，城市支持乡村"政策，2006年取消了农业税。2010年，我国国内生产总值排名世界第二位。

2012年，党的十八大提出"全面建成小康社会"的目标。中国共产党领导中国人民在"全面建成小康社会"目标指引下，统筹推进"五位一体"总体布局和协调推进"四个全面"战略布局，以"全面从严治党""全面深化改革""全面依法治国"、扩大对外开放来保证"全面建成小康社会"和实现中华民族伟大复兴的中国梦，并实行供给侧结构性改革，打好防范化解重大风险、精准脱贫和污染防治三大攻坚战，确保2020年完成全面建成小康社会的任务。2017年，党的十九大提出中国特色社会主义新时代的目标和任务，中国的发展和改革开放进入了一个新的历史时期。

（二）改革开放的结构

改革开放是一个渐进过程。改革开放从哪里入手呢？这是摆在党和国家

---

[1] 毕竞悦. 中国四十年社会变迁［M］. 北京：清华大学出版社，2018：15.

面前的首要问题。改革要从最薄弱的环节突破。❶改革开放之初,中国最薄弱的环节在农村,改革率先在农村取得突破性进展。在一些改革实践比较深入的地区,农村面貌越来越显现出生机和活力。1979年,四川省粮食产量640亿斤,比历史最高年份1978年多40亿斤。1980年,贵州省98%以上的生产队建立各种形式的生产责任制,当年粮食总产量高达129.6亿斤,成为中华人民共和国成立以来第二个高产年。❷1982年6月,实行包产到户和包干到户的生产队占全国生产队的86.7%。随着家庭联产承包责任制普遍推行和农业生产效率提高,广大农民利用剩余劳动力和资金发展多种经营,涌现出一大批专业户、重点户。这是中国农村向着专业化、商品化、社会化生产方向转变的开始。❸

中国"真正的改革要改城市、改国有企业"❹。党的十一届三中全会之前,城市经济体制改革在局部地区进行试点。党的十一届三中全会后,在对改革试点经验进行初步总结基础上,开始对城市经济体制改革进行探索。1979年4月,中央工作会议对我国经济体制改革的方向、步骤作了原则规定。以扩大企业自主权为主要内容的城市经济体制改革逐步开展。同时,经济责任制、商品流通体制改革、所有制结构局部改革、金融体制改革等城市经济体制改革逐步开展。1979—1982年进行的城市经济体制改革试点,在成效上还仅是初步的。虽然改革对城市经济体制存在的主要弊端不同程度地触及了,但要从根本上解决问题,还必须继续改革。❺

在对内改革的同时,对外开放也随之跟进。党的十一届三中全会之前,在同国际社会日益密切的联系中,对外开放政策即开始酝酿。1978年,邓小平在接见外国代表团时说:"要实现四个现代化,就要善于学习,大量取得国际上的帮助。要引进国际上的先进技术、先进装备,作为我们

---

❶ 厉以宁. 中国改革开放是这样起步的 [N]. 北京日报,2018-07-16.
❷ 中共中央党史研究室. 中国共产党的九十年(改革开放和社会主义现代化建设新时期)[M]. 北京:中共党史出版社,党建读物出版社,2016:691.
❸ 同❷:693.
❹ 同❶.
❺ 同❷:699.

发展的起点。"❶ 吸引和利用外资、兴办中外合资经营企业和中外合作经营企业成为对外开放开拓性的方式。到1982年年底，全国实际使用外资总额126亿美元，其中借款108亿美元，吸收国外直接投资17.69亿美元（不包括接受一些无偿援助和赠送项目）。❷ 创办经济特区是对外开放的一个伟大创举。1980年8月，五届全国人大常委会第十五次会议作出决定，批准广东、福建两省在深圳、珠海、汕头、厦门设置经济特区，并通过了《广东省经济特区条例》。❸ 之后，相继开放了沿海14个城市，在长江三角洲、珠江三角洲、闽东南地区、环渤海地区开辟经济开放区，批准海南建省并成为经济特区。进入21世纪之后，先后设立上海、广东、天津、福建等自由贸易试验区。

中国改革开放实际上表现为两个维度：对内改革与对外开放。这两个维度几乎同时展开。从历时性角度看，中国改革主要经历了从农村改革到城市改革的渐进过程；从共时性角度看，经历了由经济体制改革到政治体制改革、文化体制改革、教育体制改革及科技体制改革等全面改革。

第二节　权利、权利意识及其历史发展

在改革开放历史进程中，中国社会发生了翻天覆地的变化，权利领域也不例外。当前，中国在权利领域已经由"义务本位"转向"权利本位"，权利意识、权利话语在现代社会中凸显更重要的位置。在现代社会中，一方面，改革开放对权利、权利意识产生深刻影响；另一方面，权利规范、权利保障为改革开放的顺利进行提供重要保证。

---

❶ 邓小平. 邓小平文选：第2卷［M］. 北京：人民出版社，1994：133.
❷ 中共中央党史研究室. 中国共产党的九十年（改革开放和社会主义现代化建设新时期）［M］. 北京：中共党史出版社，党建读物出版社，2016：700.
❸ 同❷：703-704.

一、权利概念与类型

（一）权利概念及其共识

"权利"是较为古老的概念，也是现代人使用频率最高、运用范围最广的词汇之一。然而，也正因为如此，该词的含义变得日益模糊和难以确定。人们会如数家珍般地举出一系列具体的权利，却可能无法对这些不同权利所具有的基本特征作出准确的概括。❶但是，在权利学术史上，中西方学者对权利概念作出诸多界定，不胜枚举。西方学者约翰·奥斯丁（John Austin）、杰里米·边沁（Jeremy Bentham）、H. L. A. 哈特（H. L. A. Hart）、约瑟夫·拉兹（Joseph Raz）、乔尔·范伯格（Joel Feinberg）、A. J. M. 米尔恩（A. J. M. Milne）、罗纳德·德沃金（Ronald Dworkin）等对权利概念作出了界定。中国学者沈宗灵、孙国华、张文显、徐显明等对权利概念也作出了界定。一些学者认为中外法学论著中涉及的重要且具有长期影响的权利释义理论学说有资格说、主张说、自由说、利益说、法力说、可能说、规范说和选择说。❷一些学者认为有四种权利定义最具影响力：利益论、选择论、要求论和资格论。❸我们依据研究需要，不对学者具体的权利概念展开分析，而是描述当前国内对权利概念研究的某些共识，以及对权利类型作出适当的并适于本研究的阐述。

我国学术界对权利概念的解释、诠释及拓展，几乎都建立在西方社会关于权利概念的基础之上。尽管权利概念是一个富有争议性的概念，权利概念的学术史是一个纷繁复杂的历史，但权利概念也是一个基础性概念。目前，国内学术界对权利概念至少达成以下几个共识：第一，权利概念是法学研究核心概念，权利属于法哲学基石范畴❹，但也不排除其他学科对权利概念的分析，如道德哲学关于自然权利的讨论。第二，权利概念源于西方，是一个舶

---

❶ 常健. 当代中国权利规范的转型［M］. 天津：天津人民出版社，2000：7.
❷ 张文显. 法哲学范畴研究［M］. 修订版. 北京：中国政法大学出版社，2001.
❸ 同❶：11-19.
❹ 同❷.

来品。在罗马法中，没有找到关于权利概念和权利分类的清楚界定。《查士丁尼法典》中的拉丁词"jus"可以翻译为"法"或"权利"。在中世纪，权利概念正式出现，托马斯·阿奎那认为，"天然权利"是从自然理论出发的人的某种正当性要求。这将"权利"与"正当"联系在一起。第三，中国传统社会是"义务本位"社会，传统政治法律强调较多的是"义务"。当前，中国社会已经由"义务本位"走向"权利本位"。❶第四，无论权利概念如何解释、诠释及阐释，它几乎都与正当、法律相关，与"义务"相对。一般认为，没有无权利的义务，也没有无义务的权利。从这种意义上来说，权利概念在这些相关联的概念中已经达成共识。

（二）权利类型及应用

权利概念难以统一，关于权利类型也有多种观点。一些学者认为，依据不同的角度和标准，可将权利划分为以下几种类型：①以存在形态分为应有权利、法定权利与现实权利；②以体现的社会内容分为基本权利与普通权利；③以效力范围分为一般权利与特殊权利；④以因果关系分为第一性权利与第二性权利；⑤以依法实现其意志和利益的方式分为行动权利与接受权利；⑥以主体不同分为个体权利、集体权利、国家权利与人类权利。❷一些学者认为，权利可分为以下几类：①根据权利主体不同分为个人权利、集体权利、普遍权利与特殊权利；②根据权利相对者的不同分为相对权利与绝对权利；③根据权利的保护者不同分为原权利与派生权利；④根据权利所涉及的事项种类分为财产权利、人身权利等，根据权利事项所分属的不同领域分为公民权利、政治权利、经济权利、社会权利和文化权利；⑤根据权利所规定的义务的性质不同分为消极权利与积极权利；⑥根据权利的根据不同分为契约权利、法定权利与道德权利。❸分析学者关于权利的分类可知：尽管在角度和标准上有差异，但是权利类型也有些相似划分。例如，按照权利主体划分，

---

❶ 张文显. 从义务本位到权利本位是法的发展规律［J］. 社会科学战线，1990（3）.
❷ 张文显. 法理学［M］. 3版. 北京：高等教育出版社，2007：143-146.
❸ 常健. 当代中国权利规范的转型［M］. 天津：天津人民出版社，2000：34-37.

将权利大体上划分为个人权利、集体权利及国家权利等。

然而，本书并不是要对权利的分类作相似的分析，而是要明确在权利保障的语境中，"权利"到底为何种权利？属于哪种类型的权利？基于本书研究对象为我国权利保障政策，这里所指的"权利"肯定不特定指向法律权利，因为我国政策并不是法律，包括党制定的政策和国家制定的政策，主要是指党的政策。政策与法律之间是有区分的。这里所指的"权利"也不指向道德权利或应有权利，因为这里的"权利"是依据政策保障的"权利"，而不是依据道德保障的"权利"。所以，以权利存在形态划分我国权利保障政策中的"权利"似乎有些偏颇，这里的"权利"有可能超越存在形态中的任一类型。积极权利与消极权利、原生权利与派生权利、个人权利与集体权利等权利类型，同样也或多或少存在不能涵盖政策所保障的"权利"。何种类型划分能够完整地涵盖我国权利保障政策中的"权利"呢？以"权利的事项领域"为标准分析，可能是比较合适的选择。一些学者认为，权利是以肯定的方式对主体自由作出的限制，那么就一定要涉及将主体自由限制在哪些具体的事项或哪些具体事项的领域。……权利的事项可以是具体的物，也可以是具体的行为或行为方式，还可以是抽象的利益，甚至可以是人本身。[1] 根据权利事项所分属的不同领域，区分为公民权利、政治权利、经济权利、社会权利和文化权利。根据研究主题需要，采取这一标准划分探讨我国权利保障政策中的"权利"内容是比较合适的。

（三）权利体系

我国政策保障中的"权利"本身是一个庞大的体系。为了更好地分析我国政策保障了哪些权利，需要对权利体系作进一步分析。表2-1是我国权利保障政策中的权利体系。我国权利保障政策中的"权利"，被认为是人民权利，也被认为是公民的基本权利。我国法律与政策对各领域内权利保障状况，主要围绕经济权利、社会权利、文化权利、公民权利、政治权利及特定

---

[1] 常健. 当代中国权利规范的转型［M］. 天津：天津人民出版社，2000：34-37.

群体权利等权利领域展开。在改革开放历史进程中，我国政策对公民各项权利的保障不断丰富、发展，而影响我国权利保障的政策因素也呈现多样化。我国权利保障政策历史演进的影响因素也是本书研究的重点问题，在后面的有关章节会作详细的分析。

表2-1 我国权利保障政策的权利体系

分类	具体权利
公民权利与政治权利	生命权
	人身自由权
	公正审判权
	不受歧视权（平等权）
	不受奴役权
	不受虐待权
	宗教信仰自由
	隐私权
	财产权
	知情权
	公共事务参与权
	表达权
	监督权
	选举权与被选举权
经济权利、社会权利与文化权利	工作权
	基本生活水准权
	健康权
	社会保障权
	受教育权
	文化权利
	环境权
特定群体权利	老年人权利
	妇女权利
	儿童权利
	残疾人权利

二、权利意识及其历史发展

马克思主义哲学认为，意识是人脑的机能和属性，是客观世界的主观映像。权利意识是意识的一种形态，是一种特殊的意识。而在社会中占主导地位的权利意识，就是社会的权利意识形态。❶20世纪末，一些学者判断中国正"走向权利时代"；1997年，党的十五大提出"建设社会主义法治国家"，我国公民关于权利的观念和意识进入新的历史发展阶段。

（一）权利意识与权利意识形态

1. 权利意识及其结构

关于权利意识，很多学者对其进行了界定。一些学者认为，权利意识是主体对自身在主体间交往中根据正义的规则所应当享有的自由的意识。❷一些学者认为，权利意识是指特定社会的成员对自我利益和自由的认知、主张和要求，以及对他人认知、主张和要求利益和自由的社会评价。❸简单地说，权利意识就是关于"权利"的意识。我们对权利意识的理解和阐释，首先应当明确"权利"是什么？但是，"权利"却是一个存在重大分歧而难以达成共识的概念。尽管如此，权利意识作为一种对待"权利"的"意识"应该获得肯定。马克思主义哲学认为，意识具有能动作用。意识的能动作用不限于从实践中形成一定的思想，形成活动的目的、计划、方法等观念的东西，更重要的在于以这些观念的东西为指导，通过实践使之一步步变为客观现实。❹据此可知，"权利"的意识不但形成思想、规范，而且让"权利"在实践中走向现实。在本书中，为了研究需要，我们不深入分析"权利"概念，而是

---

❶ 常健. 当代中国权利规范的转型［M］. 天津：天津人民出版社，2000：47.
❷ 同❶：43.
❸ 高鸿钧. 中国公民权利意识的演进［M］//走向权利的时代——中国公民权利发展研究. 北京：社会科学文献出版社，2007：34.
❹ 本书编写组. 马克思主义基本原理概论［M］. 2018年版. 北京：高等教育出版社，2018：26.

简单地将权利意识表述为"权利"的意识,以化解和避开"权利"概念难以界定的难题。

那么,权利意识作为关于"权利"的意识,它由哪些因素构成呢?学者提出了权利意识的三要素说,即权利认知、权利主张和权利要求。❶权利认知是指作为权利主体的个人对自己应该或实际享有的利益和自由的了解与认识。权利主张是指权利主体对自己应该或实际享有的权利予以主动确认和维护的意识。权利要求是指社会成员根据社会的发展变化主动向社会或政府提出新的权利请求的意识。根据权利意识的结构,权利认知是权利主张和权利要求的基础,而权利主张与权利要求反过来促进权利认知的发展。改革开放以来,中国公民权利意识发生了翻天覆地的变化,公民依据权利规范主张自身的权利,也依据社会发展的变化提出相关的权利要求。如图2-1所示,1986—2015年全国各级人民法院一审收案的数量呈上升趋势,人民已经从传统的"无讼"意识转变为积极向法院提起诉讼的观念、意识。公民向法院起诉以确认、维护自身的权利,是公民对自身权利的主张,也是改革开放以来公民对权利认知逐渐深化的表现。

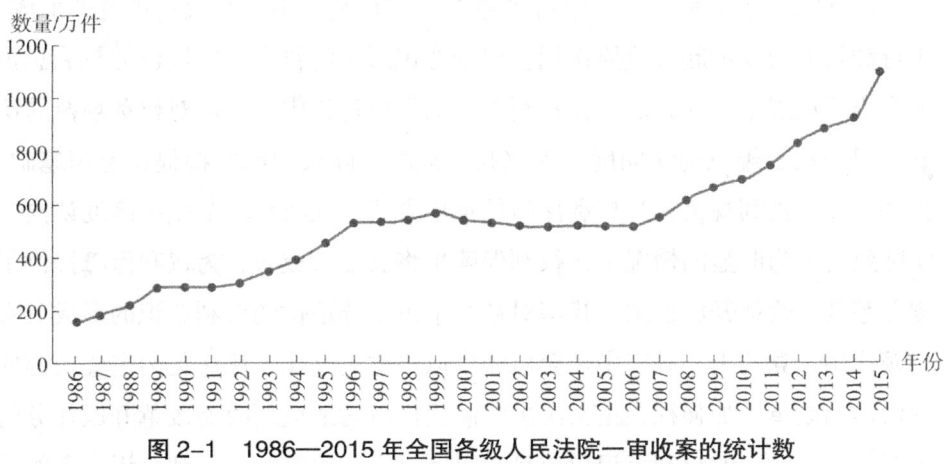

图 2-1　1986—2015 年全国各级人民法院一审收案的统计数

---

❶ 高鸿钧. 中国公民权利意识的演进 [M] // 走向权利的时代——中国公民权利发展研究. 北京:社会科学文献出版社,2007:34.

权利要求是权利意识较高的形态,也是新的权利规范制定与新型权利形成的重要意识。改革开放以来,经济转型与社会转轨对权利提出了很多新的要求。中国共产党根据经济、政治、文化及社会的变化,回应了公民及社会提出的权利要求,制定了一系列保障人民权利的政策。例如,历届党代会的报告,既是党的政治宣言书,也是权利保障的宣言书。何种权利意识能够上升为权利规范并得到制度保障呢?如果运用马克思主义认识论分析这个问题,得出的可能结论是:"正确的"而且"真理性"的权利意识能够上升为权利规范;相反,"错误的"而且"非真理性"的权利意识不能够上升为权利规范。这种结论可能忽视权利意识本身且作为一种社会规则的评价意识。实际上,一种权利意识能否上升为社会的权利规范,并不完全在于其主张者是否强大,而是在于这种权利意识是不是占主导地位的社会交往方式的交往者的意识,或者说它是否反映了占主导地位的社会交往方式的要求。[1] 简单地说,判断是否为权利意识形态的根据在于是否是社会占主导地位的权利意识,如果为占主导地位的权利意识,它就是权利意识形态。

2. 权利意识形态及其意义

权利意识形态是在社会中占主导地位的权利意识,对权利规范的形成、维持和效力的发挥起着重要作用。权利意识形态将符合主导地位的权利意识上升为权利规范,一方面,在权利规范的形成过程中,促进对权利规范的认知,提高权利规范的认同度,为权利规范的实际效力的发挥提供意识基础;另一方面,权利规范作为权利保障的重要方式,在权利规范获得高度认同及实际效力较为明显的情况下,权利保障也将有显著成效,为权利保障提供了规范基础。改革开放以来,我国对社会中占主导地位的权利意识的形成具有引领作用。党的十一届三中全会启动了以民主制度化、法律化为主要内容的政治体制改革。加强社会主义民主法制建设成为适应新时期改革开放任务的重要举措,对新的权利意识形成具有重要意义,也推动了权利意识形态的形成。党的十一届三中全会提出"有法可依,有法必依,执法必严,违法必究"

---

[1] 常健. 当代中国权利规范的转型 [M]. 天津:天津人民出版社,2000:46.

的法制建设"十六字方针";党的十八大提出"科学立法,严格执法,公正司法,全民守法"的依法治国"新十六字方针"。这些方针是权利意识形态,对于我国公民权利的保障具有重要作用。

(二)西方权利意识的历史发展

现代意义上的权利概念源于西方。权利概念在现实化过程中,经历了诸多斗争。从学术讨论来看,西方权利概念在从抽象走向具象的过程中,经历"为权利而斗争""认真对待权利"及"人权的终结"三个发展阶段。

1. 为权利而斗争

19世纪德国著名法学家鲁道夫·冯·耶林(Rudolph von Jhering)在《为权利而斗争》的演讲中揭示了权利成为现实所要经历的第一个环节——为权利而斗争。耶林在论述"为权利而斗争"中,主要的任务在于"指明斗争对于法权的意义"[1]。耶林为了论述他的主题,首先告诉人们的是斗争与法权之间的关系,实质上就是我们所讨论的斗争与权利之间的关系。耶林认为,"斗争不是法权的陌生人,斗争与法权的本性不可分地连在一起,斗争是法权的概念的要素"。耶林进而认为,"世界上一切法权是经由斗争而获得的,每一项既存的法律规则(rechtssatz),必定只是从对抗它的人手中夺取的。每一项权利,无论是民众的还是个人的,都是以坚持不懈地准备自己去主张它为前提"[2]。耶林认为,每个人要获得权利,必须经过斗争。而且,耶林还认为,"应当在斗争中发现你的权利"。相反,"从权利放弃作斗争的这一刻起,它就放弃了自己"。为此,在《为权利而斗争》演讲的最后,为了说明斗争对权利的重要意义,耶林说"我用一位诗人的话作为结束:'这是智慧最后的结论:唯有每天为自由和生活奋斗者,才配享有它们'"。

斗争是法权的事业,那么,如何斗争呢?耶林认为,为完成法权的事业,斗争应当遵循两个方向:"是通过recht这个词的双重意义所标明的——

---

[1] 鲁道夫·冯·耶林. 为权利而斗争[M]. 郑永流,译. 北京:法律出版社,2007:2.
[2] 同[1]:2-3.

客观意义的法（das Recht imobjektiven Sinn）和主体意义的权利（das Recht subjektiven sinn）。据其前一方向，斗争伴随着历史上的抽象法的产生、形成和进步，据其后一方向，斗争是为了实现具体的权利。"❶ 在耶林看来，为权利而斗争的两条路径为：一是制定法；二是为具体的权利而斗争。那么，为什么要为权利而斗争呢？耶林提出了两个论证理由：第一，为权利而斗争是一种权利人对自己的义务。❷ 耶林认为，"主张自我生存是整个生物界的最高法则；在每个生物中，众所周知，都存在自我维护的本能。然而，之于人类，这不是仅关乎自然之生命，而且关乎其道德存在，但人的道德存在的条件是权利。在权利中，人类占有和捍卫其道德的生存条件——没有权利，人类将沦落至动物的层面"❸。由此可知，权利是区别人与动物的重要标志，要成为人，必然要为权利而斗争，为获得权利、享有权利而斗争。第二，主张权利同时是一种对集体（Gemeinwesen）的义务。❹ 耶林认为，"为具体的权利而斗争，其目的指向权利人的主张。这一斗争由他人的侵害、隐瞒和蔑视这种权利而引发。因为没有权利，既没有个人的权利，也没有民族的权利，免于这种危险，于是便发生这种斗争可能在全部权利的领域复现：下至私权（privatrecht），上至国家权利（staatsrecht）和民族权利（volkerrecht）"❺。由此可知，为权利而斗争的领域复合性，除了单纯的私权领域，还有公权领域，为了国家、民族的利益或权利而斗争也是为权利而斗争，而这种斗争的形式也是多种多样的，包括战争、骚乱、革命、私刑、上帝裁判、武力自卫权、决斗和诉讼等。

耶林在论证"斗争对法权的重要意义"中提出，斗争只是手段，而和平是目标。耶林认为，"在法权的概念中，存在下列对立：斗争与和平——和平是法权的目标，斗争为其手段，两者经由法权的概念和谐一致地得出，且

---

❶ 鲁道夫·冯·耶林. 为权利而斗争［M］. 郑永流，译. 北京：法律出版社，2007：4.
❷ 同❶：12.
❸ 同❶：13.
❹ 同❶：25.
❺ 同❶：4.

与之分不开"❶。为权利而斗争的最终目标在于能够和平地享有权利、拥有权利。

2. 认真对待权利

耶林在作《为权利而斗争》的演讲之时，指出"法权（recht）的概念是一个实践的概念"❷。进一步的问题在于：如果公民享有权利之后，应该如何对待权利？德沃金在《认真对待权利》中提出了"认真对待权利"的观念和实践。这也使权利概念在现实化过程中进入了第二个环节：认真对待权利。为什么要认真对待权利？谁要认真对待权利？认真对待何种权利？这些问题是需要认真思考与深入研究的。

"认真对待权利"是德沃金为应对美国法律和社会演变提出的理念与实践。这些社会问题包括：关于对少数民族和妇女歧视的实践，关于参与一场不受欢迎的、有争议的非法战争的实践，关于对待穷人和社会下层民众的实践，关于对某些观点和某些生活方式仅仅因为他们与大多数人有某些不同而进行的法律审查的实践。❸ 从20世纪50年代开始，美国人关注并致力于争取在堕胎、纠正歧视措施、色情作品、种族歧视、同性恋、安乐死及言论自由等领域的以前视为不可想象的各种权利，而且发动了一系列的社会运动，例如，"自由乘客运动""民权运动"等。此外，德沃金在理论上批判了法律实证主义。因为自边沁以来，法律实证主义占据主导地位。例如，边沁认为，"权利是法律的产儿"。奥斯丁认为，法律是主权者为支配社会成员行为而发布的总命令。哈特认为，法律是第一性规则和第二性规则的结合。其中，第一性规则设定义务，而第二性规则授予权力，包括公权力和私权力。第一性规则涉及物质运动或变化的行为，第二性规则提供了不但引起物体运动或变化，而且引起义务或责任产生和变更的规则。德沃金之所以要批判法律实证主义，最重要的原因在于他们忽视个人权利。德沃金认为："法律实证主义在简单的案件中的确行得通……在简明的案件中法官依从明晰的法律

---

❶ 鲁道夫·冯·耶林. 为权利而斗争[M]. 郑永流，译. 北京：法律出版社，2007：1.
❷ 同❶.
❸ 德沃金. 认真对待权利[M]. 信春鹰，吴玉章，译. 上海：上海三联书店，2008：2.

规范或原则,在其他的情形中(即在 Hard cases 中),法官就直接扮演起立法者的角色了。"❶ 在疑难案件中,如果给予法官自由裁量权,法律实证主义像法律实用主义一样走向了"无法律因而无权利"的司法观。这种司法观意味着法官的确也应该做对社会(经济上)最有利的判决,而不认为司法实践与过去相一致这本身有什么价值。❷

那么,谁应当认真对待权利呢?也就是认真对待权利的主体是谁呢?德沃金认为,政府与体现政治意志的法律、制度、政策,以及直到总统的各级掌握权力的官员,要认真对待权利。为什么要政府认真对待权利呢?德沃金认为,"如果政府不给予法律获得尊重的权利,它就不能够重建人们对于法律的尊重。如果政府忽视法律同野蛮的命令的区别,它也不能够重建人们对于法律的尊重。如果政府不认真对待权利,那么它也不能够认真对待法律"❸。认真对待权利是对政府提出的道德要求,政府应当合乎道德,亦即平等地对待所有人。德沃金认为,对政府行为的道德要求的要义是平等,即政府必须平等地关怀和尊重所有人。"政府必须关心它统治下的人民,就是说,把他们当作会经受痛苦和挫折的人;政府必须尊重它统治下的人民,就是说,把他们当作根据他们应当如何生活的理性概念有能力组织起来并采取行动的人。政府必须不仅仅关心和尊重人民,而且必须平等地关心和尊重人民。它千万不要根据由于某些人值得更多地关注从而授予其更多的权利这一理由而不平等地分配利益和机会。它千万不要根据某个公民的某一集团良好生活的概念更高尚或高于另一个公民的同样概念而限制自由权。"❹"平等关怀"是把人们作为会受挫折、会有失败和痛苦的人们来同等地关心他们、帮助他们;"平等尊重"是把人们作为能理智地、自主地制定和履行他们的生活计划的人们来同等地尊重和关照他们的意志与意愿。前者较侧重于社会经济利益的公正分配,后者较侧重于政治和思想言论自由等基本权利的保障。

---

❶ DWORKIN R. Law's empire [M]. Cambridge:Harvard University Press,1986:95.
❷ 余涌. 道德权利研究 [M]. 北京:中央编译出版社,2001:440.
❸ 德沃金. 认真对待权利 [M]. 信春鹰,吴玉章,译. 上海:上海三联书店,2008:273.
❹ 同❸:357.

另外，德沃金还特别提出公民具有反对国家的道德权利，即当一个人受到国家的不平等对待时，纵然这种对待是以维护社会的普遍利益的名义进行，或甚至这事实上的确有利于普遍利益，他也拥有反对国家的道德权利。这种道德权利也可被称作"反对政府的权利"或"违法的权利"。如果一个人像边沁那样拒绝承认除法律权利之外还存在任何形式的非法律权利，也就是把法律权利当作权利的唯一形式时，那他自然不可能接受道德权利的概念，更不用提"违法的道德权利"等。

3. 人权的终结

德沃金提出政府必须认真对待权利，对权力侵害个人权利保持高度警惕，实际上也是为捍卫建基于自由主义的个人权利。权利概念在不断发展中，也出现一种令世界震惊的事件，用美国学者科斯塔娜·杜兹纳（Costas Douzina）的话说，"人权是诸多意识形态终结、挫败后的意识形态，或套用更时兴的话来说，是'历史的终结'时的意识形态"[1]。由此，权利概念在现实化进程中，进入了第三个环节：人权的终结。人权之所以成为一种意识形态，与它作为一种新的社会理想已经成功波及全球相关。这也是权利概念在经过"为权利而斗争""认真对待权利"两个环节之后必然呈现的事实状态——"人权的时代"。这似乎是人权的胜利，也是社会个体在"为权利而斗争"中已经获得"政府认真对待"。但是，在20世纪，"我们这个时代所目睹的侵害人权原则的现象比'启蒙'前及'启蒙'之初的任何年代都有过之而无不及。20世纪呈现的是生灵涂炭、种族灭绝和人性丧失的惨景，是人类遭受的一场百年浩劫。西方社会贫富两极分化、全球范围内南北差距都已达到了历史的顶峰"[2]。这种现象揭示的是一种"人权的悖论"，即"人权胜利了，人权的灾难却越来越深重"。在人权的悖论越来越明显的时刻，可能走向的最终结果为"人权的终结"。科斯塔娜·杜兹纳是这样描述从人权的胜利走向人权的终结的，他说："人权的胜利以及伴随的'历史的终结'

---

[1] 科斯塔娜·杜兹纳. 人权的终结[M]. 郭春发，译. 南京：江苏人民出版社，2002：2.
[2] 同[1].

也许会掩盖自然法长期发展的历史轨迹的转折点，在这个历史过程中，自然的呼声已从保护习俗的智慧和制度的举措转变成一些僵化政体及权力的法律工具。当人权原来的革命和叛乱目标改变时，当人权的目标在宣言、条约和民主大餐里隐匿的时候，我们也许就进入了一个人权终结时代和单向度的人的时代。"❶ 更确切地说，"当实用主义的辩护者指出了意识形态的终结、历史的终结和乌托邦的终结时，这并不意味着人权已取得了胜利；相反，这导致了人权走向终极。当人权失去了乌托邦的目标时，人权也就终结了"❷。

在科斯塔娜·杜兹纳看来，"人权是社会想象内核中的否定性原则"，"人权的目标如同自然法的目标一样，是'尚未'实现的一种承诺，是一种反对现在的不确定性"❸。人权避免走向终结，它应当时时刻刻保持甚至只能成为一种社会理想。如果为了避免"人权的终结"，使人权只能甚至只是一种"乌托邦"，只能"为权利而斗争"甚至主张"认真对待人权"，就相当于设立一个永远也达不到的目标，但是，这又具有什么样的意义呢？这可能是西方社会在"后现代"视域下讨论的问题。也许，在这个终结点上，权利概念可能在逻辑上要进展到一个新的阶段，也可能是权利概念在辩证发展中的循环往复，但是，不论如何，这个阶段亟待我们积极地去探索。

（三）中国权利意识的历史发展

中国传统社会没有"权利概念"，而且古代汉语中的"权利"含义与现代法律中的权利概念相去甚远。不过，这并不意味着中国古代语言里没有表示"应得""应予"的语式，更不意味着中国古代法律里尤其是司法里没有权利义务之争。我们在分析中国传统社会不讲人权的原因时认为，中国不是不讲人权或者权利，而是"中国传统文化意识到人权或人权问题，但是它在

---

❶ 科斯塔娜·杜兹纳. 人权的终结［M］. 郭春发，译. 南京：江苏人民出版社，2002：408.
❷ 同❶.
❸ 同❶.

另一个形态加以表达"。这个形态就是"伦理"。❶ 显然,确切地说,在中国传统社会中没有现代法律意义上的权利概念,而与权利概念相通的内涵则是存在的。19世纪60年代,丁韪良(W. A. P. Martin)翻译维顿(Whenaton)的《万国律例》时用"权利"对译"rights"。这是在中国文化观念中,真正开启权利发展演变历程。本书主要讨论现代意义上的权利发展演变历史,尤其是我国在中国共产党领导下中国人民为权利奋斗的历史、尊重和保障权利的历史,以及在更高层次上尊重、保障及发展权利的历史。

1. 为权利而奋斗(1921—1949年)

19世纪初,当中国处于封建社会晚期时,西方资本主义国家正在迅猛发展,向外实行大规模的殖民主义扩张。古老的中国遇到了空前严重的挑战,面临极其深刻的生存危机。❷1840年,西方头号资本主义强国英国发动了侵略中国的鸦片战争,之后,中国一步一步地由封建大国沦为半殖民地半封建社会的国家。

帝国主义列强通过对中国的多次侵略战争(其中著名的有1840—1842年英国侵略中国的鸦片战争,1856—1860年英法联军侵略中国的第二次鸦片战争,1884—1885年法国侵略中国的战争,1894—1895年日本侵略中国的甲午战争,1900年八国联军侵略中国的战争),掠夺中国的领土,勒索中国"赔款",在中国的土地上划分"势力范围"、设立租界、驻扎军队,利用不平等条约赋予的特权控制中国的通商口岸、交通线和海关,进而操纵中国的财政和经济命脉,支配中国的政治,使中国在经济上和政治上处于半殖民地的地位,严重损害中国的主权,威胁中华民族的生存,障碍阻止中国政治、经济和社会的进步。❸在帝国主义侵略战争中,中国人民的生命财产遭受了不可估量的损失。帝国主义大规模屠杀中国人民,在中国实行殖民统治,强

---

❶ 黄爱教. 中国传统文化促进世界人权发展的机遇、障碍与基因[J]. 内蒙古社会科学,2017(4):58-64.
❷ 中共中央党史研究室. 中国共产党的九十年(新民主主义革命时期)[M]. 北京:中共党史出版社,党建读物出版社,2016:3.
❸ 同❷:3-4.

迫中国签订1100多个不平等条约，对中国的财富进行大规模的疯狂掠夺。据统计，100多年中，外国侵略者通过不平等条约掠去战争赔款和其他款项达白银1000亿两。❶在这个时期，国家主权沦丧，社会财富遭洗劫，中国人民生存权、发展权毫无保障可言。

1921年，中国共产党成立，在政治纲领中明确指出"推翻国际帝国主义的压迫，达到中华民族的完全独立"，"打倒军阀……统一中国为真正民主共和国"。从此，中国共产党领导中国人民为赢得独立而与外国侵略者进行了不屈不挠的斗争，也是中国共产党领导中国人民为争取主权、赢得生存权与发展权的斗争。1921—1949年，中国共产党领导中国人民进行了第一次国共合作、北伐战争、抗日战争及解放战争等革命斗争，建立了中华人民共和国。中华人民共和国的成立，结束了中国100多年来任人宰割、受尽欺凌的屈辱历史和长期战乱、一盘散沙的动荡局面，实现了人民梦寐以求的国家独立和统一，中国人民生存权、发展权获得重大发展。

2. 尊重和保障人民权利（1949—2012年）

1949年，中华人民共和国成立，实现并捍卫了真正完全的民族解放和国家独立，为中国人民的生命、自由和人身安全提供了根本保障，为中国人民各项权利得到有效保障和不断发展创造了根本条件。❷中国共产党成为执政党。在权利概念辩证发展过程中，展现为中国共产党从带领中国人民争取国家主权到尊重与保障人民的基本权利。

1949年，在中国共产党领导下，通过了具有临时宪法作用的《中国人民政治协商会议共同纲领》，规定了人民享有选举权和被选举权以及广泛的政治权利和自由；妇女在政治、经济、文化教育、社会生活各方面均有与男子平等的权利。1954年，第一届全国人民代表大会第一次会议通过的《中华人民共和国宪法》，确立了人民民主原则和社会主义原则，确立了人民代表

---

❶ 国务院新闻办公室. 中国的人权状况［EB/OL］.（2014-08-27）［2020-12-20］. http://www.humanrights.cn/html/2014/1_0827/1729.html.
❷ 中华人民共和国国务院新闻办公室. 为人民谋幸福：新中国人权事业发展70年［EB/OL］.（2019-09-22）［2020-12-20］. http://www.gov.cn/zhengce/2019/09/22/content_5432162.htm.

大会制度，在制度上保障了国家一切权力属于人民，并设立专章规定了公民的基本权利和义务。由此可见，在中华人民共和国成立之初，我国非常注重运用制度规范保障公民的基本权利。1949—1952 年，在中国共产党领导下，我国基本完成了土地制度改革和其他民主改革任务，随后取得抗美援朝战争的胜利，迅速恢复遭到严重破坏的国民经济，为促进经济社会发展和保障人权创造了条件。1953 年，中国共产党提出过渡时期的总路线，即"从中华人民共和国成立，到社会主义改造基本完成，这是一个过渡时期。党在这个过渡时期的总路线和总任务，是要在一个相当长的时期内，逐步实现国家的社会主义工业化，并逐步实现国家对农业、对手工业和对资本主义工商业的社会主义改造"❶。我国开始实行第一个五年计划的大规模经济建设。1956 年，我国基本完成对生产资料私有制的社会主义改造，初步建立起社会主义基本制度，为保障人权奠定经济基础与制度保证。

  1978 年，党的十一届三中全会召开，决定实行改革开放。在以邓小平为核心的第二代党的领导集体领导下，进行了新的伟大革命。在改革开放进程中，中国共产党将尊重和保障人权作为执政主张，在党的重要纲领性文件中明确提出"尊重和保障人权"；在国家制定的法律法规及政策中，明确地规定保障公民的权利与自由。1982 年，第五届全国人民代表大会第五次会议通过了八二宪法。八二宪法明确规定了中国社会主义民主的主要内容和基本形态，全面系统规定了全体人民享有广泛的公民权利、政治权利和经济、社会、文化权利。1987 年，党的十三大报告指出："社会主义民主政治的本质和核心，是人民当家作主，真正享有各项公民权利，享有管理国家和企事业的权力。""必须抓紧制定新闻出版、结社、集会、游行等法律，建立人民申诉制度，使宪法规定的公民权利和自由得到保障，同时依法制止滥用权利和自由的行为"。1991 年，国务院新闻办公室颁布了第一部人权白皮书《中国的人权状况》，扼要地介绍了中国有关人权的基本立场与实践。1997 年，党

---

❶ 中共中央党史研究室. 中国共产党历史：第二卷（1949—1978）[M]. 北京：中共党史出版社，2011：185.

的十五大报告指出："保证人民依法享有广泛的权利和自由，尊重和保障人权。""维护宪法和法律的尊严，坚持法律面前人人平等，任何人、任何组织都没有超越法律的特权。一切政府机关都必须依法行政，切实保障公民权利。"2002年，党的十六大报告指出，"健全民主制度，丰富民主形式，扩大公民有序的政治参与，保证人民依法实行民主选举、民主决策、民主管理和民主监督，享有广泛的权利和自由，尊重和保障人权"。2004年，第十届全国人民代表大会第二次会议将"尊重和保障人权"写入宪法。2007年，党的十七大报告指出："要健全民主制度，丰富民主形式，拓宽民主渠道，依法实行民主选举、民主决策、民主管理、民主监督，保障人民的知情权、参与权、表达权、监督权。""发展基层民主，保障人民享有更多更切实的民主权利。""尊重和保障人权，依法保证全体社会成员平等参与、平等发展的权利。"同年，"尊重和保障人权"首次载入《中国共产党章程》。2009年，国务院制定了《国家人权行动计划（2009—2010年）》。2011年，中国特色社会主义法律体系已经建立起来，为中国人民的基本权利提供法律制度保障。

3. 在更高层次上尊重、保障及发展人民权利（2012年至今）

新时代中国特色社会主义将"人权得到切实尊重和保障"作为全面建成小康社会的重要目标，从战略层面确立了人权事业的重要地位，并在更高层次上发展人民的基本权利。党的十八大报告指出："要健全基层党组织领导的充满活力的基层群众自治机制，以扩大有序参与、推进信息公开、加强议事协商、强化权力监督为重点，拓宽范围和途径，丰富内容和形式，保障人民享有更多更切实的民主权利。""坚持用制度管权管事管人，保障人民知情权、参与权、表达权、监督权，是权力正确运行的重要保证。"同年，修改后的《中国共产党章程》再次重申"尊重和保障人权"。2012年，国务院制定了第二个国家人权行动计划，即《国家人权行动计划（2012—2015年）》。2014年，党的十八届四中全会通过《中共中央关于全面推进依法治国若干重大问题的决定》，强调"加强人权司法保障"。2015年，习近平总书记在致"2015·北京人权论坛"的贺信中指出："中国共产党和中国政府始终尊重和保障人权。长期以来，中国坚持把人权的普遍性原则同中国实际相结合，不断推动经济社会发展，增进人民福祉，促进社会公平正义，加强人权法治保障，努力促进经济、社会、文化权利和公民、政治权利全面协调发展，显著提高了人民生存权、发展权的保障水平，走出了一条适合中国国情的人权发展道路。""中国人民正在为实现中华民族伟大复兴的中国梦而奋斗，这将在更高水平上保障中国人民的人权，促进人的全面发展。"2016年9月，国务院制定了第三个国家人权行动计划，即《国家人权行动计划（2016—2020年）》。2016年12月，习近平总书记致信祝贺"纪念《发展权利宣言》通过30周年国际研讨会"开幕，强调"当前，中国人民正在为实现'两个一百年'奋斗目标、实现中华民族伟大复兴的中国梦而努力，中国人民生活将更加幸福，中国人民权利将得到更充分保障，中国将为人类发展进步作出更大贡献"。2017年，党的十九大报告指出："要改进党的领导方式和执政方式，保证党领导人民有效治理国家；扩大人民有序政治参与，保证人民依法实行民主选举、民主协商、民主决策、民主管理、民主监督；维护国家法制统一、尊严、权威，加强人权法治保障，保证人民依法享有广泛权利和自由。""巩固基层政权，完善基层民主制度，保障人民知情权、参与权、表达权、监督权。"2019年，党的十九届四中全会通过的《中共中央关于坚持和完善中国特色社会主义制度　推进国家治理体系和治理能力现代化若干重大问题的决定》强调，"坚持法治建设为了人民、依靠人民，加强人权法治保障，保证人民依法享有广泛的权利和自由、承担应尽的义务，引导全体人民做社会主义法治的忠实崇尚者、自觉遵守者、坚定捍卫者"。

三、小结

权利概念在中国的进展已经由潜在走向自在。当前，中国公民的权利意识高涨，人民群众已经逐渐地、自觉地运用法治思维和法治方式维护自身的权利和利益。中国共产党和政府也在法治轨道上统筹中国特色社会主义事业发展，并在更高层次上保障人民群众的权利。在学术上讨论，西方话语权利概念的辩证逻辑进展的最后结局在于"终结"，实际上，西方学者把权利或者人权看作一个不能完全享有和实现的东西，一旦人权实现了，那就终结了，这是西方学术研究的"宿命"。但是，就权利概念而言，中国更注重将权利概念与权利实践结合起来，更强调权利在现实中的享有和实现，更强调让人民群众真正享有和实现权利。所以，中国的权利概念辩证发展不会走向"终结"，而是随着人民群众权利实践不断地丰富、充实和完善，最终促进社会和人的全面发展。

第三节 权利保障主要方式

从规范角度来看，为使公民权利获得实现，需要选择一定的权利保障方式。当前，运用政策和法律保障人民权利是两种主要的权利保障方式。

一、政策保障

政策保障是权利保障的重要形式。改革开放以来，依据经济社会发展情况，我国制定不同的政策对人民权利进行切实保障。

（一）政策保障及其主要形式

政策是国家、政党为实现一定历史时期的路线和任务而规定的行动准则。关于人权保障政策，"泛指国家、政党为提高人权保障水平或客观上改变了人权状态的相关规划、计划或公共决策"[1]。政策与其他的规范相比，具有鲜明的特点，诸如灵活性、针对性与及时性。这些特点对及时、有效地保障人权具有非常重要的意义，并且能够弥补习惯保障与法律保障的局限。在

---

[1] 许尧. 论人权保障政策与人权保障法律的关系[J]. 辽宁行政学院学报，2014（9）.

法治水平并不发达而国家和政府的权威较高的社会，一般来说，都是利用政策来推进人权保障。第一代人权为公民权利与政治权利，属于消极权利，要求免于国家和政府干预；但是，第二代人权经济、社会和文化权利与第三代人权，主要依赖于国家和政府提供相应的义务，促进其实现。例如，改革开放之后，中国以政府为主导，重视公民的经济权利、社会权利与文化权利的保障，推动人权事业的发展。但是，政策因其本身带有的属性，也可能会侵害公民的人权。人权的政策保障的具体方式主要表现在以下几个方面。

第一，制定和实施国家人权行动计划。1993年，联合国倡导了一项促进各国人权保障的重要措施：国家人权行动计划，也就是世界各国制定国家人权行动计划，有步骤、有目的地改善和推进各国的人权事业。根据统计数据，截至目前，制定了国家人权行动计划的国家并不是很多，只有29个，其中制定了两期国家人权行动计划的国家有8个。中国已经制定了三期国家人权行动计划，即2009年、2012年及2016年国家人权行动计划。2011年，我国政府对2009年的国家人权行动计划执行情况进行终期评估，评估结果认为"如期地完成行动计划的规定任务"。2016年，我国政府对第二期国家人权行动计划进行终期评估，总结了我国人权事业成效。毋庸置疑，在现有的国际人权框架下推进国家人权行动计划对提高人权保障水平具有重要意义，它将会有效地促进世界各国人权对话、交流与合作。

第二，发布指导意见、规定、办法和通知。从宪法分权角度来看，政府作为行政机关行使行政权，依据宪法和法律赋予的权力，依照法定的程序进行行政活动。但是，政府行政行为可分为具体行政行为和抽象行政行为，抽象行政行为主要表现为发布指导意见、规定、办法和通知，政府的抽象行政行为是针对某类问题的行为。尤其在人权保障方面，针对出现的违反人权行为，政府会出台相关的政策进行规范。例如，劳动和社会保障部、卫生部联合发布《关于维护乙肝表面抗原携带者就业权利的意见》，解决就业歧视问题；国务院颁布《关于解决农民工问题的若干意见》，解决一系列问题。

第三，开展具体行政行为的决定，包括开展专项行动与建立保障机制。政府除了制定相应的政策以推动人权事业发展，还根据具体的执法行为对公民的基本权利进行维护。而维护公民的基本权利，尤其针对社会的突发事件，政府应当及时地作出决定，即开展专项行动和建立保障机制，促进突发事件的及时解决。尤其在应对公共性冲突事件，如危及公民的生命权、财产权时，政府应当积极开展行动，保障公民应有权利不受损害。

（二）我国权利保障政策构成

改革开放以来，我国权利保障政策构成主要表现为两个方面：一是中国共产党的政策；二是国家的政策。

第一，中国共产党权利保障政策的构成主要有以下几个层次。①历届党代会的报告。中国共产党历届党代会报告被誉为某一时期的政治宣言书，同时也是权利保障的宣言书。在历届党代会上，中国共产党提出关于某一时期的权利保障的方针、路线等，对某一时期的权利保障具有全局性指导意义。1978—2021年，中国共产党召开了十二大（1982年）、十三大（1987年）、十四大（1992年）、十五大（1997年）、十六大（2002年）、十七大（2007年）、十八大（2012年）、十九大（2017年），这几次中国共产党全国代表大会的报告，提出了特定时期的奋斗目标，也提出了人民权利保障的要求及相应的权利保障措施。②中国共产党对某一方面、某一领域的决定。为解决某一时期的突出问题，中国共产党可能会召开中央委员会全体会议来研究社会当中的突出问题，并作出相应的决定。这个决定对某一领域的改革具有指导性意义。例如，1979年党的十一届四中全会作出的《中共中央关于加快农业发展若干问题的决定》、1998年党的十五届三中全会作出的《中共中央关于农业和农村工作若干重大问题的决定》及2008年《中共中央关于推进农村改革发展若干重大问题的决定》等党的决定，对农民权利保障具有指导性意义。③中国共产党领导制定中华人民共和国国民经济和社会发展规划中提出的权利保障要求。中国共产党每五年，在全国代表大会上讨论并提出国民经济和社会发展规划的建议草案，领导与指导制定国民经济和社会发展规划,在建议草案中对人民权利保障提出相应的要求。④中国共产党不定期地针对某一领域内的问题作出指导性意见。这类指导意见比较多,涵盖了经济、政治、社会、文化及生态各个方面。例如,在文化权利保障方面,1983年,中共中央、国务院作出《关于加强出版工作的决定》,进一步明确了新时期社会主义出版工作的指导方针;2005年,中共中央、国务院联合发布《关于深化文化体制改革的若干意见》;2007年8月,中共中央办公厅、国务院办公厅下发《关于加强公共文化服务体系建设的若干意见》;2015年1月,中共中央办公厅、国务院办公厅印发《关于加快构建现代公共文化服务体系的意见》。

第二,国家与政府也制定很多权利保障政策。①国家人权行动计划。我国在2009年、2012年、2016年制定颁布了三期国家人权行动计划。这对促进我国公民各项权利发展具有重要意义。②各级政府发布指导意见、规定、办法和通知。这部分权利保障政策在公民各项权利保障中占据比较大的比例。例如,在2020年抗击新型冠状病毒肺炎疫情阻击战中,国务院办公厅印发《关于组织做好疫情防控重点物资生产企业复工复产和调度安排工作的紧急通知》、国务院联防联控机制印发《关于切实加强疫情科学防控 有序做好企业复工复产工作的通知》、国务院联防联控机制印发《关于科学防治精准施策分区分级做好新冠肺炎疫情防控工作的指导意见》等,这些政策有力地保障了疫情防控期间公民的生命健康权、基本生活水准权及工作权等。③除了以上两种情况,还有一些关于具体行政行为的决定,主要表现为某项行为的专项整治行动。这类政策比较多。例如,2020年4月,国务院安全生产委员会印发《全国安全生产专项整治三年行动计划》,对全国安全生产排查整治,保障公民生命健康权、财产权等。

二、法律保障

法律保障是人权保障的最主要方式。改革开放初期,中国共产党加强法制建设，推动社会主义民主政治制度化、法律化，并为公民权利提供有力的制度保障。

（一）法律保障及其形式

法律是由国家制定并由国家强制力保证实施的规范。法律最主要的特点是通过"赋予权利，课以义务"的方式对国家、政府及人们的行为进行规范。对于人权的法律保障来说，突出表现为将人权纳入法律规范的调整范围之内，通过国家的暴力机构保障诸项人权能够实现。一般来说，人权可以纳入宪法和基本法律制度当中，通过执行法律促进人权的实现。人权的法律保障主要表现为以下两个方面。

第一，人权的宪法保障。宪法是国家根本大法，是其他法律的依据。确认和保障人权是宪法的重要使命。从宪法历史来看，最早保护人权的宪法性文件是1215年的英国《大宪章》。而后1776年美国弗吉尼亚宪法，将个人基本权利载入宪法。17、18世纪资产阶级宪法确立之后，伴随着资本主义世界体系的形成，资产阶级的宪法逐步向全球扩张，资产阶级所确立的人权思想和人权原则也被普遍接受。1918年《俄罗斯社会主义联邦苏维埃共和国宪法》及1936年《苏联宪法》，规定了社会主义宪法的人权和自由的内容。在全世界各国立宪进程中，虽然各国因为生产力发展水平、历史文化传统、经济文化条件都存在显著的差异性，导致各国宪法确认与保障的人权范围不同，但是，人权已成为各国宪法的重要内容，也成为各国立宪的基本原则与价值目标。第二次世界大战之后，各国人民在遭受法西斯惨无人道、灭绝人寰的践踏之后，都期望人权获得宪法保障。很多国家在第二次世界大战之后颁布、制定和修改的宪法中都增加保障公民基本权利和自由的内容，如德国、日本、意大利等，人权成为现代宪政的核心。这些国家在推行宪政和完善宪法中不断充实人权的内容，强化人权保障机制，保障人们切实享有人权。

第二，人权的基本法律保障。除了宪法对人权内容进行确认以保障人权，一国的基本法律制度也对人权的相关内容进行规定，主要表现在以下几个方面：①人权的刑法保障。人权保障是刑法的重要目的，所以刑法当中规定了关于人权保障的诸多内容。考察刑法发展的历史，最初刑法关于犯罪的惩罚，很大一部分都指向以人为对象的侵害。尤其是近代人权思想兴起之后，刑法更加注重人权保障。20世纪90年代，修订和颁布的《法国刑法典》《俄罗斯联邦刑法典》等规定侵犯公民人身权利的犯罪，并将其置于诸种犯罪的首位。除此之外，还规定侵害政治权利的犯罪、经济权利的犯罪。②人权的行政法保障。行政法是调整有关国家行政管理活动的法律规范，主要规范行政机关的行为。行政机关在行使国家行政权力过程中，可能会侵害公民的人权，也可能存在不履行推进人权保障的义务，这些都需要行政法进行规定。行政机关应当在不侵犯和干涉公民的权利和自由的基础之上，积极履行相应的行政职能，促进保障公民享有基本权利。世界各国制定和颁布的关于教育、科学技术、文化体育卫生、城市建设、环境保护等方面的法律制度，目标指向是经济、社会和文化权利方面。例如，我国逐步规定了《中华人民共和国土地管理法》（1986年）、《中华人民共和国水法》（1988年）、《中华人民共和国水污染防治法》（1996年修正）、《中华人民共和国防沙治沙法》（2001年）等。③人权的社会法保障。社会法主要是保障劳动者、失业者、丧失劳动能力的人和其他需要扶助的人的权益的法律，包括劳动用工、工资福利、职业安全卫生、社会保险、社会救济、特殊保障等方面的法律。它的立法目的在于维护社会整体性利益，促进社会特定群体的权利获得保障。社会法的产生、形成及成熟发展的阶段如下：一是社会法产生阶段。这一阶段以1349年英国的《济贫法》为标志，开创社会法的先河。二是社会法形成阶段。这一阶段以1883—1889年德意志帝国议会相继通过了《健康保险计划》《工伤事故保险计划》和《退休金保险计划》三项社会保险立法为标志，构成社会法体系。受到经济发展影响，随后英国、法国、挪威、丹麦、荷兰、瑞典等国家相继制定关于失业、退休、工伤、疾病等方面的法律。三是社会法成熟阶段。这一阶段以1935年美国颁布《社会保障法》为标志。虽然社会法处于成熟阶段，但是也存在巨大的缺陷，社会保障法只包括社会救济法和社会保险法，尚未形成完整的社会保障体系。④人权的程序法保障。人权的司法保障是人权保障的重要环节，它是司法机关通过司法程序对人权受到侵害实施的救济。司法机关是人权保障的最后一道防线，而司法机关实施人权保障的依据是程序性法律制度。司法制度关于司法审查、司法审判方面的规定，对人权进行最后的防御性保障。

（二）权利保障的法律体系

党的十一届三中全会提出，为了保障人民民主，必须加强社会主义法制，使民主制度化、法律化，使这种制度和法律具有稳定性、连续性和极大的权威，做到有法可依、有法必依、执法必严、违法必究，保证人民在自己的法律面前人人平等，不允许任何人有超越法律之上的特权。❶1997年，党的十五大提出"建设社会主义法治国家"，2010年社会主义法律体系初步建立。改革开放以来，在中国共产党领导下，已经建立起了以宪法为核心的权利保障法律体系。

1979年，第五届全国人民代表大会第二次会议通过了《关于修正〈中华人民共和国宪法〉若干规定的决议》，审议并通过了《中华人民共和国地方各级人民代表大会和地方各级人民政府组织法》《中华人民共和国全国人民代表大会和地方各级人民代表大会选举法》《中华人民共和国刑法》《中华人民共和国刑事诉讼法》《中华人民共和国人民法院组织法》《中华人民共和国人民检察院组织法》《中华人民共和国中外合资经营企业法》七部重要法律。1982年12月，第五届全国人民代表大会第五次会议通过了《中华人民共和国宪法》，即八二宪法。这部宪法对公民的基本权利和义务作出了明确规定，如表2-2所示。八二宪法对公民的经济权利、社会权利与文化权利，公民权利与政治权利，特定群体权利等作出了明确规定，用宪法保障公民的基本权利。在中国共产党领导下，国家有计划、有重点、有步骤

---

❶ 中共中央党史研究室. 中国共产党的九十年（改革开放和社会主义现代化建设新时期）[M]. 北京：中共党史出版社，党建读物出版社，2016：657.

地开展立法工作；至 2003 年 3 月，中国特色社会主义法律体系初步形成；到 2010 年年底，经过各方面共同努力，以宪法为统帅，以宪法相关法、民法商法、行政法、经济法、社会法、刑法、诉讼与非诉讼程序法等多个法律部门的法律为主干，由法律、行政法规、地方性法规等多个层次的法律规范构成的中国特色社会主义法律体系如期形成。截至 2018 年，我国现行有效的法律共 269 部，行政法规 700 多件、地方性法规 12 000 余件。❶ 至此，我国已经建立了权利保障的法律体系。权利保障的法律体系的建立，有利于人民依据现有法律制度认识权利，也有利于人民运用法律制度维护和确认权利。

表2-2　八二宪法规定的基本权利

类别		具体权利
经济、社会与文化权利	社会权	受教育权（第 46 条）、财产权（第 8、10、13 条）、环境权（第 26 条）、劳动权（第 42～44 条）、社会保障权（第 45 条）
	婚姻家庭权	婚姻家庭权（第 49 条）
	发展权	教育发展权（第 19 条）、科学技术发展权（第 20 条）、卫生发展权（第 21 条）、体育发展权（第 21 条）、文学艺术发展权（第 22 条）、新闻广播电视发展权（第 22 条）、出版发行发展权（第 22 条）、文化生活发展权（第 22 条）
公民权利与政治权利	平等权	平等权（第 33 条）
	自由权	言论自由（第 35 条）、出版自由（第 35 条）、集会自由（第 35 条）、结社自由（第 35 条）、游行自由（第 35 条）、示威自由（第 35 条）、宗教信仰自由（第 36 条）、人身自由（第 37 条）、通信自由和通信秘密（第 40 条）、科学研究自由（第 47 条）、文学艺术创作自由（第 47 条）、文化活动自由（第 47 条）
	参政权	选举权（第 34 条）、被选举权（第 34 条）、批评权（第 41 条）、建议权（第 27、41 条）、申诉权（第 41 条）、控告权（第 41 条）、检举权（第 41 条）、取得国家赔偿权（第 41 条）、民主管理权（第 17 条）

---

❶ 朱宁宁. 推动重大改革举措落地全面推进落实依法治国——改革开放 40 年全国人大及其常委会工作综述［EB/OL］.（2008-12-11）［2020-07-20］. http://www.npc.gov.cn/npc/c30834/201812/29789421530c49c69f1d55d247bc34ca.shtml.

续表

类别		具体权利
特定群体权利	妇女权利	与男子平等权（第48条）、同工同酬权（第48条）、参政保障权（第48条）、母亲受国家保护权（第48条）、不受虐待权（第49条）
	儿童权利	受义务教育权（第46条）、德智体全面发展权（第46条）、受国家保护权（第49条）、受抚养教育权（第49条）、不受虐待权（第49条）
	老年人权利	社会保障权（第45条）、受赡养扶助权（第49条）、不受虐待权（第49条）
	残障人权利	社会保障权（第45条）、劳动帮助权（第45条）、生活帮助权（第45条）、教育帮助权（第45条）

三、政策保障与法律保障的转化

政策与法律作为两种最主要的社会规范，两者在指导思想、基本原则、社会目标等方面具有高度一致性。同时，这两种形式又各具特色，适用于不同的社会情况，共同维护社会秩序。就政策而言，在国内可分为两种：中国共产党的政策与国家的政策。就法律而言，在国内主要有以下几种形式：宪法、法律、行政法规、地方性法规、规章及其他形式等。一些学者从宏观角度分析了人权政策保障与法律保障之间的三种关系模式[1]，即"法律定向+政策细化"模式、"先政策后法律"模式、"法规+政策—法律"模式。在这三种模式中，第三种模式分析存在概念之间混淆的问题。因为在最初的理论预设中，将法律限定为"法的整体，包括法律、有法律效力的解释及其行政机关为执行法律而制定的规范性文件（如规章）"，并将人权保障法律界定为"是指对人权保障产生影响的相关法律、法规和规范性文件"。[2]据此可知，他们的观点是，法律应当涵盖法规。在"法规+政策—法律"模式中，将法规和法律界定为立法的形式，法规的位阶较低，法律的位阶较高，所以法规

---

[1] 常健，郝亚明，等. 中国人权保障政策研究 [M]. 北京：中国社会科学出版社，2016：350.
[2] 同[1]：342.

可以转化为法律。显然，在这里存在着概念运用缺陷。

本书探索我国政策与法律之间的关系。为更清晰地表达权利保障政策与法律之间的关系，本书探讨的政策聚焦于中国共产党的政策；法律为法的形式中的法律，即由全国人民代表大会及其常务委员会制定的规范性文件。本书中的政策与法律之间的关系，归结为两种模式：①"先政策后法律"模式。这种模式的基本做法是：在制定法律之前，先制定关于权利保障的政策，在政策实施过程中，一方面等待社会条件成熟；另一方面完善政策的相关内容，审时度势，为权利保障的法律制定创造条件。中国共产党是执政党，对法律制定起着领导作用。党的十五大提出，"共产党执政就是领导和支持人民掌握管理国家的权力，实行民主选举、民主决策、民主管理和民主监督，保证人民依法享有广泛的权利和自由，尊重和保障人权"。之后，在中国共产党确立的人民权利保障的方针指导下，全国人民代表大会及其常务委员会制定一系列法律，保障人民基本权利。例如，为保障公民的选举权与参与决策的权利，2004年、2010年两次修改了《中华人民共和国选举法》。2004年，宪法修改，将"国家尊重和保障人权"载入宪法，成为法律规范。②"先法律后政策"模式。这种模式的基本做法是：权利保障在法律中作出明确规定，然后在制定政策中遵循法律的相关规定。1982年，第五届全国人民代表大会第五次会议通过了《中华人民共和国宪法》，规定了公民的基本权利和义务。中国共产党作为执政党，在制定政策过程中以宪法和法律为依据，推进人民权利保障。例如，2004年"人权入宪"后，2005年召开的党的十六届五中全会及通过的"十一五"规划建议，明确了"尊重和保障人权，促进人权事业全面发展"这一战略任务。

第四节 改革开放与权利保障的关系

就改革开放与权利保障的关系而言，一方面，改革开放是中国共产党领导的尊重和保障公民权利的伟大革命，也是保障公民权利的重要手段，其本身蕴含着很多权利保障的要求；另一方面，权利保障作为维护公民权利与利益的重要方式，对推动改革开放进程具有重要意义。

一、改革开放与权利保障的基本关系

改革开放与权利保障之间的关系不是单向度的，而是双向度的。一方面，改革开放的推进要求并促进权利保障制度的建立；另一方面，改革开放的推进又会威胁到一些群体基本权利的实现。同样，权利保障在一定条件下会促进改革开放的顺利进行，但是，也会制约改革开放的进程，并在一定条件下阻碍改革开放的进展。不同领域的权利具有的性质不同，其与改革开放之间的关系也不尽相同，它们之间的关系也存在差异性。具体表现为：改革开放和公民权利与政治权利之间存在着直接的促进关系，经济权利、社会权利与文化权利和改革开放之间存在着直接的制约关系及促进关系，特定群体权利保障与改革开放之间存在着直接的制约关系。

（一）公民权利与政治权利保障和改革开放的相互促进关系

公民权利与政治权利按照其性质来说，属于消极权利。消极权利主要是指自由权，是不受他人干涉可以自由去追求的权利，并要求国家权力作出相应的不作为的权利。改革本意为"变革、革新"，开放本意为"解除封锁、禁令、限制"等，它们在本意上蕴含着对自由权的追求。例如，以包产到户、包干到户为主要形式的农村家庭联产承包责任制实行以后，把集体所有的土地长期包给农户使用，农业生产基本上变为分户经营、自负盈亏，农民生产的东西，"保证国家的，留足集体的，剩下都是自己的"。❶ 家庭联产承包责任制使农民获得生产和分配的自主权，实际上是农民在一定程度上获得对生产和分配的自由支配权利。一方面，党的政策及国家的法律确立了家庭联产

---

❶ 中共中央党史研究室. 中国共产党的九十年（改革开放和社会主义现代化建设新时期）[M]. 北京：中共党史出版社，党建读物出版社，2016：692.

承包责任制，为自由支配权利提供了政策法律基础；另一方面，获得有效保障的自由支配权利提高了农民的热情，促进了农业生产发展，为农村生产力注入了活力。具体表现为：在改革开放中，人民的自由权获得保障；而获得自由权的人民，创造热情被激发，反过来促进了改革成效，两者形成相互促进关系。同样，在改革开放中，对平等权保障、公正审判权保障及财产权保障等，为促进改革开放顺利进行提供了制度保障。

（二）经济权利、社会权利与文化权利保障和改革开放的相互制约关系

经济权利、社会权利与文化权利就其性质来说，属于积极权利。积极权利是指通过国家积极介入保障公民在社会经济生活领域的权利，是要求国家积极作为的权利。改革在于改变旧制度、旧事物，聚焦于体制改革；开放在于允许外国的资金进入并利用国外先进的技术与设备等。无论是改革还是开放，都会对社会原有状况产生影响。例如，改革开放之前，我国经济所有制单一，经济建设、劳动就业和人民生活还有很多困难。1979年，党中央、国务院果断采取支持城镇集体经济和个体经济发展的方针，允许多种经济形式同时并存。到1980年年底，通过兴办各种类型的集体经济，包括街道办集体企业和民办集体企业，吸收了全国城镇651万人就业。❶ 由此可知，经济结构改革，促进经济发展，为工作权的实现提供了条件，这说明改革开放对工作权实现既是促进，也是制约。相反，如果改革开放后，劳动就业和人民生活还是没有改善，仍然很困难，势必影响改革开放的进展。

（三）特定群体权利保障和改革开放的相互制约关系

特定群体是指由于某些障碍及缺乏经济、政治和社会机会，而在社会上处于不利地位的社会成员的集合，是在社会性资源分配上具有经济利益的贫

---

❶ 中共中央党史研究室. 中国共产党的九十年（改革开放和社会主义现代化建设新时期）[M]. 北京：中共党史出版社，党建读物出版社，2016：697-698.

困性、生活质量的低层次性和承受能力的脆弱性的特殊社会群体。❶改革开放解放和发展了生产力，促进了经济飞速发展，中国社会也由传统社会向现代社会转型。在社会剧烈变革中，一部分人由于经济体制转轨、市场竞争失败等一系列因素而转变为特定群体。如果国家和政府不重视特定群体权利保障，就会对改革开放产生影响。截至2014年，我国人均GDP达到约7485美元，按照世界银行的划分标准，已经步入"中等偏上收入"国家行列。而今处于"中上等收入"向"高收入"跨越的阶段，面临着统计学意义上的"中等收入陷阱"的挑战。从考察世界各国应对"中等收入陷阱"的经验和教训来看，那些最终成功跨越"中等收入陷阱"的国家在由中等收入阶段向高收入阶段跨越的时期，都比较重视对特定群体权利的保障；而那些最终陷入"中等收入陷阱"的国家却大都忽视对特定群体权利的保障。❷改革开放导致的经济结构变化使特定群体工作权利受到影响与制约；同时，特定群体权利保障也影响与制约着经济发展阶段的跨越。

二、体制改革与权利保障之间的关系

尽管现代中国语境下"改革开放"中的"改革"可以多维度理解，但是本书主要聚焦于体制改革，包括经济体制改革、政治体制改革、社会体制改革、文化体制改革与生态文明体制改革等。

（一）经济体制改革与权利保障

经济体制改革是体制改革的重点和基础。根据经济基础决定上层建筑的原理，经济体制改革对政治体制改革、文化体制改革及社会体制改革产生影响。经济体制改革本身蕴含着很多权利保障的需要，因此，也将会要求和促进很多权利保障制度的建立。相反，如果经济体制改革不注重权利保障，将

---

❶ 万闻华. NGO社会支持的公共政策分析——以弱势群体为论域[J]. 中国行政管理，2004（3）：28-31.
❷ 常健，黄爱教. "经济新常态"下的人权保障[J]. 人权，2016（1）.

会对经济体制改革的推进产生负面影响。例如，在国有企业改革中，针对国有企业职工下岗、失业等，应当推进完善国有企业职工的社会保障权利制度，否则会影响国有企业改革进展。

我国经济体制改革的目标是建立社会主义市场经济体制。1978年至今，我国的经济体制改革尤其是改革确定什么样的目标模式是一个渐进过程。不同阶段提出的经济体制改革的目标为：党的十二大（1982年）提出"计划经济为主，市场调节为辅"，党的十二届三中全会（1984年）提出"公有制基础上的有计划的商品经济"，党的十三大（1987年）提出"社会主义有计划商品经济的体制应该是计划与市场内在统一的体制"，党的十三届四中全会（1989年）提出"建立适应有计划商品经济发展的计划经济与市场调节相结合的经济体制和运行机制"，党的十四大（1992年）提出"建立和完善社会主义市场经济体制"，党的十五大（1997年）提出"建立比较完善的社会主义市场经济体制"，党的十六大（2002年）提出"建成完善的社会主义市场经济体制"，党的十七大（2007年）提出"完善社会主义市场经济体制"，党的十八大（2012年）提出"加快完善社会主义市场经济体制"，党的十九大（2017年）提出"坚持社会主义市场经济改革方向"。根据历届党代会提出的经济体制改革的目标，社会主义市场经济体制是经济体制改革的核心目标。社会主义市场经济体制的建立、完善及坚持等不同阶段与权利保障之间的关系具有差异性。

社会主义市场经济体制主要表现为两个方面：市场经济与社会主义。第一，社会主义市场经济属于市场经济。市场经济是指市场对资源配置起决定性作用的经济运行方式或经济运行体制，市场力量决定了企业生产什么样的商品、用什么方式生产及生产出来以后谁将得到这些商品等问题。党的十四大报告指出，"我们要建立的社会主义市场经济体制，就是要使市场在社会主义国家宏观调控下对资源配置起基础性作用，使经济活动遵循价值规律的要求，适应供求关系的变化；通过价格杠杆和竞争机制的功能，把资源配置到效益较好的环节中去，并给企业以压力和动力，实现优胜劣汰；运用市场对各种经济信号反应比较灵敏的优点，促进生产和需求的及时协调"。第二，社会主义市场经济是社会主义的市场经济，有别于资本主义市场经济，其区别于资本主义市场经济的根本特征在于是同社会主义基本制度结合在一起的。党的十四大报告深刻地阐明了社会主义市场经济体制的特征："在所有制结构上，以公有制包括全民所有制和集体所有制经济为主体，个体经济、私营经济、外资经济为补充，多种经济成分长期共同发展，不同经济成分还可以自愿实行多种形式的联合经营。国有企业、集体企业和其他企业都进入市场，通过平等竞争发挥国有企业的主导作用。在分配制度上，以按劳分配为主体，其他分配方式为补充，兼顾效率与公平。运用包括市场在内的各种调节手段，既鼓励先进，促进效率，合理拉开收入差距，又防止两极分化，逐步实现共同富裕。在宏观调控上，我们社会主义国家能够把人民的当前利益与长远利益、局部利益与整体利益结合起来，更好地发挥计划和市场两种手段的长处。"

社会主义市场经济体制与权利保障之间存在着密切联系。第一，市场经济是以市场作为主要调节手段的经济，在运行构成中，内含很多权利保障要求，如表2-3所示。社会主义市场经济促进自由权、财产权、平等权及公正审判权等的保障。同时，对自由权、财产权及平等权等公民权利与政治权利的保障，有利于市场经济体制的建立。由此可知，社会主义市场经济体制与公民权利和政治权利保障之间存在着相互促进关系。第二，市场经济是竞争经济，市场主体在竞争过程中必然会产生失败者，也就是说部分市场主体沦为"弱者"，如下岗职工、失业者等。党和国家在建设社会主义市场经济体制过程中，应当重视这些特定群体权利的保障，如特定群体的基本生活水准权、社会保障权、健康权等。如果不重视特定群体相关权利保障，会对社会主义市场经济体制建设产生影响。由此可知，社会主义市场经济体制改革与特定群体权利保障之间存在着相互制约关系。第三，社会主义市场经济在市场经济对权利保障的共性要求之外，还有一些特殊的权利保障要求。党的十四大报告深刻指出，"建立社会主义市场经济体制，涉及到我国经济基础和上层建筑的许多领域，需要有一系列相应的体制改革和政策调整"。由此可知，社会主义市场经济体制的建立、完善和坚持还要有其他相配套的体制改革，如政治体制改革、社会体制改革、文化体制改革等，它们对社会主义市场经济体制改革具有能动作用。政治体制改革、社会体制改革及文化体制改革也促进其领域内相关权利的保障。

表2-3 市场经济与公民权利保障要求

市场经济结构	经济结构要求	权利保障要求
市场主体	个人及其自由结合体作为市场主体，自由交换	自由权（人身自由，迁徙自由，人身安全，自由择业，自由交易、自由组合）
人与物的关系	个人及其自由结合体合法拥有财产及其处置权利	私有财产权（自由获得、自由投资、自由买卖、收益权、自由转让和继承权）
市场主体间的经济关系	平等参与经济活动，等价交换	权利平等
市场秩序	契约化和法治化，市场经济活动依法进行并受法律保护	公平审判权

（二）政治体制改革和公民权利与政治权利保障

马克思主义哲学认为，经济基础与上层建筑矛盾运动的规律，是人类社会发展的基本规律之一，它们之间的内在联系构成了上层建筑一定要适合经济基础状况的规律。这里的"一定要适合"是指：经济基础状况决定上层建筑的发展方向，决定上层建筑相应的调整或变革，而不允许上层建筑长期落后于或不适应自己的发展；上层建筑的反作用也必须取决于和服从于经济基础的性质和客观要求，而不允许上层建筑脱离经济基础的发展状况和水平。[1]这一基本规律也是中国政治体制改革的认识起点。改革开放以来，一方面，经济体制改革促进了生产力发展；另一方面，上层建筑领域的改革，尤其政治体制的改革，适应了生产力发展和巩固经济基础的要求。政治体制改革受制于经济基础，而经济基础与经济体制之间具有内在的联系，经济体制改革必然会带来政治体制改革。在权利领域，政治体制改革对于经济体制改革、权利保障而言，主要意义表现在以下几个方面：第一，通过政治体制改革适

---

[1] 本书编写组. 马克思主义基本原理概论[M]. 北京：高等教育出版社，2018：125.

应经济体制改革,为经济体制改革提供制度保证。第二,通过政治体制改革,畅通经济体制改革进程中权利保障的梗阻,使社会主义市场经济中的权利保障要求获得政治权力的确认。第三,确认经济体制改革中社会主义市场经济内含的权利保障要求。

党的十一届三中全会以后,党和国家以改革党和国家领导体制,使民主制度化、法律化为主要内容的政治体制改革,在不同阶段提出不同的目标。党的十三大提出的政治体制改革的长远目标与近期目标是:改革的长远目标,是建立高度民主、法制完备、富有效率、充满活力的社会主义政治体制;改革的近期目标,是建立有利于提高效率、增强活力和调动各方面积极性的领导体制。党的十四大提出的政治体制改革的目标是:建设有中国特色的社会主义民主政治。党的十五大提出的政治体制改革的目标是:继续推进政治体制改革,进一步扩大社会主义民主,健全社会主义法制,依法治国,建设社会主义法治国家。党的十六大提出的政治体制改革的目标是:继续积极稳妥地推进政治体制改革,扩大社会主义民主,健全社会主义法制,建设社会主义法治国家,巩固和发展民主团结、生动活泼、安定和谐的政治局面。党的十九大提出的政治体制改革的目标是:要长期坚持、不断发展我国社会主义民主政治,积极稳妥推进政治体制改革,推进社会主义民主政治制度化、规范化、程序化,保证人民依法通过各种途径和形式管理国家事务,管理经济文化事业,管理社会事务,巩固和发展生动活泼、安定团结的政治局面。为实现政治体制改革的目标,历届党代会都提出了相应的任务和措施。历届党代会政治体制改革的目标,都是为促进公民的政治权利保障而设立,其采取的措施也都是为促进公民的政治权利保障。政治体制改革经历了"基本适应—不适应—基本适应"的辩证发展过程。历届党代会确立的改革目标,也反映了这一辩证过程。由此可知,政治体制改革与公民权利保障之间存在着相互促进关系。

(三)文化体制改革与文化权利保障

文化体制改革是体制改革的重要内容。文化是一定经济和政治的反映,经济与政治发展是文化发展的前提与基础。因此,文化体制改革要遵守客观规律，并与经济体制改革、政治体制改革相统一，相互衔接，并且相互促进，为其他改革提供深厚的文化基础。第一，文化体制的改革需要稳定的政治局面。党和国家领导政治体制改革，调整国家社会关系，整合社会效益，为文化体制改革提供一个稳定的政治环境。第二，经济体制改革为文化体制改革提供必要的物质基础。经济水平的提高，促进人民物质文化需求的增加与多样化，为经济体制改革提供必要的经济基础，也为文化体制改革提供了发展的动力。第三，文化体制改革，理顺了文化体制与经济体制、政治体制之间的关系，消除了文化事业发展中的阻碍因素，为经济体制、政治体制的改革提供了必要的智力支撑与文化保障。文化体制改革、经济体制改革与政治体制改革，三者之间相互联系、相辅相成，并且统筹协调发展。

文化体制改革主要针对文化体制中阻碍文化发展的因素进行变革，促进公民文化权利的享有和实现。文化权利的享有和实现需要一定的社会条件，如果社会中这些条件不具备，则很难实现，也就无从获得保障。例如，中华人民共和国成立初期，我国文化事业极其落后，公共文化服务设施极其短缺，1949年全国只有55个公共图书馆、896个文化馆、21个博物馆。截至2018年，全国共有3176个图书馆、3328个文化馆（群众艺术馆）、5354个博物馆。❶ 显然，经过改革开放以后，我国公共文化服务体系逐渐建立，为公民文化权利的实现提供了条件，促进了公民文化权利的保障。与此同时，文化权利保障为文化体制改革、经济体制改革与政治体制改革提供必要的智力支持。所以，文化体制改革与公民文化权利保障之间存在着既相互促进也相互制约的关系。

（四）社会体制改革与社会权利保障

社会体制改革是体制改革的重要内容。社会体制改革与经济体制改革、政治体制改革等具有密切联系。经济体制改革决定着社会体制改革，为社会

---

❶ 中华人民共和国国务院新闻办公室. 为人民谋幸福：新中国人权事业发展70年[M]. 北京：人民出版社，2019：26.

体制改革提供必要的物质基础；政治体制改革为社会体制改革提供稳定的政治环境；社会体制改革为经济体制改革、政治体制改革的顺利推进提供必要的社会基础。社会体制改革的重要目标是促进公民社会权利的保障。

根据社会权利的性质，其实现需要一定的条件。中华人民共和国成立之初，社会保障尚属空白。20世纪50年代至70年代，开始由国家和单位对城镇职工提供劳保等福利，并由集体对农民实行一定保障。改革开放以来，逐渐建立了覆盖城乡的社会保障体系，形成了世界上规模最大的社会保障安全网，社会保障水平不断提高。截至2019年3月，全国参加基本养老保险人数94 118万人，参加工伤保险人数达23 894万人，参加失业保险人数达19 697万人，参加生育保险人数超过2亿人，包括职工基本医疗保险、城乡居民基本医疗保险在内的基本医疗保险覆盖超过13亿人，基本实现全民医保。❶社会保障在改革开放前后的历时性比较说明，公民的社会保障权利随着经济社会发展不断地获得保障。一方面，社会权利的享有与实现受到经济社会发展的限制；另一方面，社会权利保障为社会稳定发展提供权利制度基础。

三、对外开放与权利保障之间的关系

党的十三大报告指出，"当代国际经济关系越来越密切，任何国家都不可能在封闭状态下求得发展。在落后基础上建设社会主义，尤其要发展对外经济技术交流和合作，努力吸收世界文明成果，逐步缩小同发达国家的差距。闭关自守只能越来越落后"。从党的十一届三中全会开始，中国共产党领导全国人民对外开放。历届党代会都确立对外开放的主要任务。党的十二大提出"坚持自力更生和扩大对外经济技术交流"。党的十三大提出"进一步扩大对外开放的广度和深度，不断发展对外经济技术交流与合作"。党的

---

❶ 中华人民共和国国务院新闻办公室. 为人民谋幸福：新中国人权事业发展70年 [M]. 北京：人民出版社，2019：24-25.

十四大提出"进一步扩大对外开放,更多更好地利用国外资金、资源、技术和管理经验"。党的十五大提出"努力提高对外开放水平"。党的十六大提出"坚持'引进来'和'走出去'相结合,全面提高对外开放水平"。党的十七大提出"坚持对外开放的基本国策,把'引进来'和'走出去'更好结合起来,扩大开放领域,优化开放结构,提高开放质量,完善内外联动、互利共赢、安全高效的开放型经济体系,形成经济全球化条件下参与国际经济合作和竞争新优势"。党的十八大提出"全面提高开放型经济水平"。党的十九大提出"推动形成全面开放新格局"。从我国对外开放的实践来看,对外开放经历了从"引进来"到"引进来"与"走出去"相结合、从东部沿海地区到全域开放等。

在对外开放进程中,对外开放与公民权利和政治权利保障具有促进作用,也在某种程度上促进经济权利、社会权利与文化权利保障。对外开放是促进我国社会经济发展的重要手段,在对外开放过程中,主要涉及与发达资本主义国家及发展中国家之间的贸易、经济、技术交流与合作。发达资本主义国家在资源配置手段上实行的是市场经济体制。为对外开放营造良好的经济、政治、文化及社会环境,需要进行一系列的改革。一方面,经济体制改革以建立社会主义市场经济体制为目标,社会主义市场经济本身对自由权、平等权、财产权等权利进行保障。对外开放要与发达资本主义市场经济接轨,必然加快促进社会主义市场经济建设,在建设社会主义市场经济过程中,促进公民权利与政治权利的保障。另一方面,在对外开放中,由于引进资金、先进的技术与设备,一些开放较早的地方,经济发展比较迅速,提供的就业岗位比较多,这些地方对经济权利、社会权利与文化权利保障发挥了促进作用。与此同时,国外市场主体、资金进入中国市场,与国内市场主体存在竞争关系,不可避免地会出现市场竞争失败者——特定群体,也要求保障特定群体权利,为此,对外开放也将促进特定群体权利保障。

在对外开放过程中,对相关权利的保障不及时、不充分,会制约对外开放的广度和深度。例如,在建立社会主义市场经济体制过程中,如果忽视对公民财产权的保障,会影响市场主体交易的信心和决心,也会影响国外市场主体在中国投资的信心与决心。如果忽视对外商人身自由权的保障，很难吸引外商来华投资。如果对外商没有给予平等的市场地位，也不会有外商到中国投资。所以，公民权利与政治权利保障制约着对外开放。对外开放进入"引进来"与"走出去"阶段，我国企业走向国际市场，我国市场主体的各项权利也需要得到充分保障。党的十六大提出"实施'走出去'战略"，党的十七大提出"注重防范国际经济风险"。这些举措都需要对市场主体的经济权利与社会权利给予充分保障，使市场主体在国际市场竞争中能够具有更大的竞争优势。

第三章　我国权利保障思想的创新发展

中国特色社会主义权利保障事业是在中国共产党领导下进行的，中国共产党是以马克思列宁主义为指导思想的政党。改革开放以来，马克思主义基本原理与中国实际相结合，形成了一系列中国特色社会主义理论重大成果，构成了中国特色社会主义理论体系。这些理论成果的形态为邓小平理论、"三个代表"重要思想、科学发展观和习近平新时代中国特色社会主义思想。这些理论成果蕴含的权利保障思想，指引着中国特色社会主义权利保障实践及中国人权事业发展。党和国家领导人对权利保障作出的重要论述与各个时期马克思主义中国化的理论成果，是我国权利保障思想的重要来源。

第一节　邓小平理论蕴含的权利保障思想

党的十五大报告指出，"邓小平是伟大的马克思主义者。……他对党、对人民、对马克思主义的最大贡献，他留给我们的珍贵遗产，就是邓小平理论。这个理论，集中体现在十一届三中全会以来邓小平著作以及党和国家的重要文献中"[1]。这一时期，我国权利保障思想表现为两个方面：一是邓小平关于人权（权利）的论述；二是邓小平理论蕴含的权利保障内容。这些思想

---

[1] 江泽民. 高举邓小平理论伟大旗帜，把建设有中国特色社会主义事业全面推向二十一世纪——江泽民在中国共产党第十五次全国代表大会上的报告［N］. 人民日报，1997-09-22.

指导着这一时期公民权利保障的伟大实践，有力地推动了这一时期我国权利保障事业的进步与发展。

一、邓小平关于人权及权利保障的论述

改革开放初期，人权问题的讨论与研究面临两大挑战：理论与实践。在理论方面，由于此前关于人权问题的讨论并不多，对人权的认识还存在一些误区，并存在一些争论。例如，人权"姓资"与"姓社"的争论。在实践方面，主要受到美国人权外交的压力。邓小平同志冲破"左"的观念束缚，结合中国社会主义现代化建设和改革开放的实际，在反对新殖民主义、霸权主义及强权政治中，发表了一系列关于人权的看法。

邓小平关于人权的论述，主要有以下几个方面。

第一，社会主义人权与资本主义人权具有本质不同，强调人权主体是多数人。邓小平在1985年6月的重要讲话中，对人权作了一个基本的价值判断，他指出："什么是人权？首先一条，是多少人的人权？是少数人的人权，还是多数人的人权，全国人民的人权？西方世界的所谓'人权'和我们讲的人权，本质上是两回事，观点不同。"❶ 这是邓小平同"大陆与台湾"学术研讨会主席团全体成员的一段谈话。在这次谈话中，邓小平谈到："我们依法处理过几个人，他们的问题实际上是搞自由化并且触犯了刑律。"❷ 一些人对处理这几个人有不同的意见，他针对这些"有不同的意见"的人而提出的问题。邓小平不但承认了社会主义人权，而且精辟阐释了社会主义人权与西方世界的人权的"本质上是两回事，观点不同"的论断。在邓小平看来，西方资产阶级"那一套人权、自由、民主，是维护恃强凌弱的强国、富国的利益，维护霸权主义者、强权主义者利益的"。为此，社会主义人权与西方资本主义人权具有本质不同。

---

❶ 邓小平. 邓小平文选：第3卷［M］. 北京：人民出版社，1993：125.
❷ 同❶：124.

第三章
我国权利保障思想的创新发展

第二，驳斥了外国资产阶级学者的论调，反对资产阶级利用人权干涉我国的内政，强调国权高于人权。1986年9月，邓小平在党的十二届六中全会上发表讲话，指出："一些外国资产阶级学者的议论，大都是要求我们搞自由化，包括说我们没有人权。我们要坚持的东西，他们反对，他们希望我们改变。我们还是按照自己的实际来提问题，解决问题。"❶1990年，邓小平在会见埃及总统穆巴拉克时说："现在中国搞改革、开放，致力于发展和摆脱贫困，美国却提出人权问题，这是什么道理？无法理解。可见人权问题是个借口。"邓小平驳斥资产阶级自由化，并认为"搞资产阶级自由化就是走资本主义道路"；他深刻意识到西方国家所谓的人权问题是他们干涉我国内政的借口。1989年10月，邓小平在会见美国前总统尼克松时阐明了人权与国家主权的关系，他说："人们支持人权，但不要忘记还有一个国权。谈到人格，但不要忘记还有一个国格。特别是像我们这样第三世界的发展中国家，没有民族自尊心，不珍惜自己民族的独立，国家是立不起来的。"❷同年11月，在会见坦桑尼亚革命党主席尼雷尔时，邓小平又强调说："真正说起来，国权比人权重要得多。贫弱国家、第三世界国家的国权经常被他们侵犯。他们那一套人权、自由、民主，是维护恃强凌弱的强国、富国的利益，维护霸权主义者、强权主义者利益的。我们从来就不听那一套，你们也是不听那一套的。"❸12月1日，邓小平在会见日本国际贸易促进协会访华团主要成员时，揭露了西方国家人权外交的实质，强调："国家的主权、国家的安全要始终放在第一位，对这一点我们比过去更清楚了。西方的一些国家拿什么人权、什么社会主义制度不合理不合法等做幌子，实际上是要损害我们的国权。搞强权政治的国家根本就没有资格讲人权，他们伤害了世界上多少人的人权！"❹

第三，生存权与发展权为首要人权，强调摆脱贫穷。1982年9月，邓小平陪同朝鲜劳动党中央委员会总书记金日成去四川访问途中的谈话指出：

---

❶ 邓小平. 邓小平文选：第3卷[M]. 北京：人民出版社，1993：182.
❷ 同❶：331.
❸ 同❶：345.
❹ 同❶：348.

"落后国家建设社会主义,在开始的一段很长时间内生产力水平不如发达的资本主义国家,不可能完全消灭贫穷。所以,社会主义必须大力发展生产力,逐步消灭贫穷,不断提高人民的生活水平。否则,社会主义怎么能战胜资本主义?"❶1987年4月,邓小平会见捷克斯洛伐克总理什特劳加尔时指出:"搞社会主义,一定要使生产力发达,贫穷不是社会主义。我们坚持社会主义,要建设对资本主义具有优越性的社会主义,首先必须摆脱贫穷。"❷

第四,强调社会稳定,为权利保障提供条件。要使生存权与发展权获得切实保障,必须大力发展生产力,发展经济;要消除贫穷,使人民享有免受贫困的权利,必须发展经济。1989年2月,邓小平会见美国总统布什时指出:"中国的问题,压倒一切的是需要稳定。没有稳定的环境,什么都搞不成,已经取得的成果也会失掉。"❸1989年3月,邓小平同中央负责同志的谈话指出:"我们搞四化,搞改革开放,关键是稳定。"❹因此,改革开放、发展经济只有在稳定的环境下,才能取得成功;而经济社会发展,才能切实保障人民的各项权利。

二、邓小平理论蕴含的权利保障内容

党的十五大报告指出:"马克思列宁主义同中国实际相结合有两次历史性飞跃,产生了两大理论成果。第一次飞跃的理论成果是被实践证明了的关于中国革命和建设的正确的理论原则和经验总结,它的主要创立者是毛泽东,我们党把它称为毛泽东思想。第二次飞跃的理论成果是建设有中国特色社会主义理论,它的主要创立者是邓小平,我们党把它称为邓小平理论。"❺

---

❶ 邓小平. 邓小平文选:第3卷[M]. 北京:人民出版社,1993:10.
❷ 同❶:225.
❸ 同❶:284.
❹ 同❶:286.
❺ 江泽民. 高举邓小平理论伟大旗帜,把建设有中国特色社会主义事业全面推向二十一世纪——江泽民在中国共产党第十五次全国代表大会上的报告[N]. 人民日报,1997-09-22.

邓小平理论坚持科学社会主义理论和实践的基本成果，抓住"什么是社会主义、怎样建设社会主义"这个根本问题，深刻地揭示社会主义的本质，把对社会主义的认识提高到新的科学水平。❶邓小平理论第一次比较系统地初步回答了中国社会主义的发展道路、发展阶段、根本任务、发展动力、外部条件、政治保证、战略步骤、党的领导和依靠力量以及祖国统一等一系列基本问题。邓小平理论主要包括社会主义本质理论、社会主义初级阶段理论、社会主义改革开放理论、社会主义市场经济理论等。这些理论蕴含着很多权利保障内容，主要表现在以下几个方面。

第一，扩大人民的民主权利。邓小平指出："没有民主就没有社会主义，就没有社会主义的现代化。"❷邓小平进一步提出了要扩大人民的民主权利，把社会主义民主扩展到政治生活、经济生活、文化生活及社会的其他各个领域。例如，在农村，推行村民自治制度，推动农村基层民主的发展，使农民享有政治参与权利。同时，邓小平也指出，政治民主的发展和完善，要从中国社会主义初级阶段的实际出发，坚持党的社会主义初级阶段的基本路线，完善人民代表大会制度、共产党领导的多党合作和政治协商制度，有步骤、有秩序地推动政治体制改革，进一步推动民主的制度化、法律化。

第二，以经济建设为中心，为人民的基本权利实现提供经济保障。改革开放初期，邓小平明确指出我国还处于社会主义初级阶段，并作出判断认为，社会主义初级阶段是一个至少上百年的历史阶段。在社会主义初级阶段，"社会的主要矛盾是人民日益增长的物质文化需要同落后的社会生产之间的矛盾，这个主要矛盾贯穿我国社会主义初级阶段的整个过程和社会生活的各个方面。这就决定了我们必须把经济建设作为全党全国工作的中心，各项工作都要服从和服务于这个中心"❸。中国共产党以社会主义初级阶段为制定政策、目标的总依据，制定了"三步走"战略，切实提升人民生活

---

❶ 江泽民. 高举邓小平理论伟大旗帜，把建设有中国特色社会主义事业全面推向二十一世纪——江泽民在中国共产党第十五次全国代表大会上的报告[N]. 人民日报，1997-09-22.
❷ 邓小平. 邓小平文选：第2卷[M]. 北京：人民出版社，1994：168.
❸ 同❶.

水平。同时，为发展经济，中国共产党进行了改革开放。邓小平指出，"改革是中国的第二次革命"❶，"改革是中国发展生产力的必由之路"❷。中国共产党推进以建立社会主义市场经济为目标的经济体制改革，为促进我国经济发展和社会进步注入了强大活力，也为人民权利保障提供坚实的经济基础。

第三，加强法制建设，为人民权利提供法制保障。党的十一届三中全会指出："宪法规定的公民权利，必须坚决保障，任何人不得侵犯。"也提出："为了保障人民民主，必须加强社会主义法制，使民主制度化、法律化，使这种制度和法律具有稳定性、连续性和极大的权威，做到有法可依，有法必依，执法必严，违法必究。"而且进一步指出："要保证人民在自己的法律面前人人平等，不允许任何人有超越法律之上的特权。"❸党的十一届三中全会确定法制建设的"十六字方针"，提供了人民权利法制保障的基本遵循。党的十三大报告指出："国家的政治生活、经济生活和社会生活的各个方面，民主和专政的各个环节，都应做到有法可依，有法必依，执法必严，违法必究。"❹"法制建设必须贯穿于改革的全过程。一方面，应当加强立法工作，改善执法活动，保障司法机关依法独立行使职权，提高公民的法律意识；另一方面，法制建设又必须保障建设和改革的秩序，使改革的成果得以巩固。"❺党的十四大报告指出，加强立法工作，特别是抓紧制订与完善保障改革开放、加强宏观经济管理、规范微观经济行为的法律和法规，这是建立社会主义市场经济体制的迫切要求。中国共产党加强各个领域、各个方面的法制建设，为人民权利提供法制保障。

---

❶ 邓小平. 邓小平文选：第3卷［M］. 北京：人民出版社，1993：113.
❷ 同❶：136.
❸ 中国共产党第十一届中央委员会第三次全体会议公报［N］. 人民日报，1978-12-24.
❹ 沿着有中国特色的社会主义道路前进——在中国共产党第十三次全国代表大会上的报告［N］. 人民日报，1987-10-25.
❺ 同❹.

第二节 "三个代表"重要思想蕴含的权利保障思想

1992—2002 年,是以江泽民同志为核心的中国共产党第三代领导集体带领中国人民进行改革开放的 10 年。这 10 年,在中国共产党的领导下,我国加快改革开放和现代化建设步伐,将建设有中国特色社会主义事业全面推向了 21 世纪。这一时期,我国权利保障思想也体现为两个方面:一是江泽民同志关于人权的主要论述;二是"三个代表"重要思想蕴含的权利保障内容。这些思想指导了这一时期我国公民权利保障的伟大实践,促进了中国特色社会主义权利保障事业的进步与发展。

一、江泽民关于人权及权利保障的论述

1989—2002 年,江泽民同志在不同场合发表了一系列关于人权的讲话,表达了人权观点、立场,主要有以下几个方面:国家主权是一国人民充分享有人权的前提和保障,人权是绝大多数人的人权,生存权和发展权是最基本最重要的人权,对话是处理人权问题不同意见的最好办法等。

第一,人权是集体人权与个人人权的统一,反对脱离主权谈人权,强调主权高于人权。1997 年,江泽民在访问美国的一次演讲中指出:"人权的实现要依靠各个国家努力才行。因此,从根本上讲,人权是一个国家主权范围内的问题;人权是历史的产物,它的充分实现是同每个国家经济文化水平相联系的逐渐发展的过程;集体人权与个人人权,经济、社会、文化权利与公民、政治权利,是不可分割的。"❶1999 年,在"'99《财富》全球论坛 上海"开幕晚宴上,江泽民也指出:"中国人民主张集体人权与个人人权、经济社会文化权利与公民政治权利紧密结合,这是适合中国国情的人权事业发

---

❶ 江泽民. 江泽民文选:第 2 卷 [M]. 北京:人民出版社,2006:52.

展的必然道路。"❶2001年，在纪念建党八十周年的重要讲话中，江泽民同志指出："推进人的全面发展，同推进经济、文化的发展和改善人民物质文化生活，是互为前提和基础的。人越全面发展，社会的物质文化财富就会创造得越多，人民的生活就越能得到改善，而物质文化条件越充分，又越能推进人的全面发展。"江泽民谈到集体人权与个人人权的统一，反对脱离主权谈人权的倾向。江泽民指出："历史和现实都告诉我们，国家主权是一国人民充分享受人权的前提和保障。这两者不是相互对立的，而是相辅相成的。"❷1990年5月，江泽民在首都青年纪念五四报告会上的讲话指出："如果失去了国家主权、民族独立和国家尊严，也就失去了人民民主，并且从根本上失去了人权。"❸2000年9月，江泽民在联合国千年首脑会议分组讨论会上提出："中国人民深知，一个国家不能保障自己的主权，就根本谈不上人权。"❹

第二，强调最重要的人权就是生存权与发展权，并且人权是绝大多数人的人权。1991年4月，江泽民在会见美国前总统吉米·卡特一行时指出："对于中国来说，最重要的人权就是生存权。"1991年10月，江泽民畅谈国际国内大事，指出"民主、自由和人权，一个根本的问题，是人在自然界和人类社会的生存权和发展权，也就是人能否真正掌握自己命运的权利"。1997年10月，江泽民在美中协会等六团体举行的午餐会上的演讲指出，"中国是一个有十二亿人口的发展中国家，这个国情决定了在中国生存权、发展权是最基本最重要的人权"。1991年5月，江泽民与优秀残疾人和助残先进集体、个人代表座谈时指出，"保障绝大多数人的根本利益，是我国在人权问题上的出发点"。

第三，尊重人权的普遍性原则，强调走符合中国国情的促进和发展人权

---

❶ 江泽民在"'99《财富》全球论坛 上海"开幕晚宴上的讲话[EB/OL].（2011-12-22）[2020-12-30]. http://news.cntv.cn/china/20111222/115189.shtml.
❷ 江泽民. 江泽民文选：第3卷[M]. 北京：人民出版社，2006：114.
❸ 江泽民. 江泽民文选：第1卷[M]. 北京：人民出版社，2006：123.
❹ 同❷：114.

第三章
我国权利保障思想的创新发展

的道路。1991年10月，江泽民会见斯里兰卡自由党主席班达拉奈克夫人时指出，"我们党中央一贯坚持的观点是，民主、自由、人权是相对的，而不是绝对的"。1999年3月，江泽民同瑞士联邦主席德赖富斯会谈时指出，中国尊重国际社会关于人权的普遍性原则，同时认为，世界是丰富多彩的，各国历史传统、经济发展水平、政治社会制度不同，促进和保护人权必须与各国国情相结合，而不可能都遵循一个模式"。1999年11月，江泽民会见联合国秘书长安南时再次强调："世界应该是一个丰富多彩的世界。中国尊重国际人权文书中关于人权的普遍性原则，但同时认为，由于各国社会制度、文化、历史传统和经济发展的程度不同，保护人权的具体措施和民主的表现形式应有所不同。"2000年11月，江泽民在会见联合国人权事务高级专员玛丽·鲁宾逊时指出："中国是世界上最大的发展中国家，人口众多，教育水平和生产力发展水平相对较低，我们办事情都要充分考虑上述国情，在总结历史经验的基础上，我们已经找到了一条符合中国国情的促进和发展人权的道路。"❶与此同时，江泽民指出："各国的历史文化和社会制度不同，发展水平各异，其实现人权理想的方式、途径和进程也必然有所不同，世界应该是丰富多彩的，世界各国无论大小、强弱和贫富，都有权选择符合本国国情的民主形式和政治制度，各国应通过平等和相互尊重基础上的对话，共同探索促进和保护人权的有效途径。"❷

第四，强调对话是处理人权问题不同意见的最好办法。1999年3月，江泽民会见奥地利总统克莱斯蒂尔时指出，"对于人权问题上的不同意见，最好的办法就是对话"。2000年9月，江泽民在联合国千年首脑会议上发表重要讲话："人权领域内的对话与合作，必须在尊重国家主权的基础上开展，这是保护和促进人权事业最根本最有效的途径。"2000年3月，江泽民在第八届亚太人权研讨会的贺信中指出："新世纪如何进一步加强国际人权领域的合作，促进国际人权事业的发展，是摆在国际社会面前的重要课题。"同

---

❶ 江泽民会见联合国人权事务高级专员［EB/OL］.（2000-11-21）［2020-12-30］. http://www.chinanews.com/2000-11-21/26/57166.html.

❷ 同❶.

时也指出:"各国应本着平等和相互尊重的精神,开展对话与交流,以加深了解,缩小分歧,扩大共识,共同进步。"❶2000年11月,江泽民在会见联合国人权事务高级专员玛丽·鲁宾逊时表示,"开展人权领域的国际交流与合作是中国政府的一贯立场"。

第五,强调为人民权利提供各种保障。1999年9月,江泽民在"'99《财富》全球论坛 上海"开幕晚宴上的讲话中指出:"中华民族历来尊重人的尊严和价值。中国共产党领导人民进行革命、建设和改革,就是要实现全中国人民的自由、民主和人权。今天中国所焕发出来的巨大活力,生动地反映出中国人民具有自由、民主地发挥创造力的广阔空间。"❷1999年10月,江泽民在英国剑桥大学演讲时指出:"中国共产党领导人民进行革命、建设和改革,就是要实现全中国人民广泛的自由、民主和人权。今天中国所焕发出来的巨大活力,是中国人民拥有广泛自由、民主的生动写照。"❸江泽民注重运用法律制度保障人民权利,他曾指出:"共产党执政,就是领导和支持人民掌握和行使管理国家的权力,实行民主选举、民主决策、民主管理、民主监督,保证人民依法享有广泛的权利和自由,尊重和保护人权。"❹1998年12月,江泽民就《世界人权宣言》发表五十周年纪念会召开致中国人权研究会的贺信指出:"我们要继续加强民主法制建设,依法治国,建设社会主义法治国家,进一步推进我国人权事业,充分保障人民依法享受人权和民主自由权利。"❺2000年3月,江泽民致第八届亚太人权研讨会的贺信指出:"二十一世纪,我们将进一步发展民主,依法治国,确保人民享有更广泛的权利和自由,努力把中国建设成为一个富强民主文明的现代化国家。"❻

---

❶ 江泽民主席致信祝贺第八届亚太人权研讨会在京召开[EB/OL].(2000-03-01)[2020-12-30].http://www.gov.cn/gongbao/content/2000/content_60032.htm.
❷ 江泽民在"'99《财富》全球论坛 上海"开幕晚宴上的讲话[EB/OL].(2011-12-22)[2020-12-30]. http://news.cntv.cn/china/20111222/115189.shtml.
❸ 江泽民.1999年10月22日 在英国剑桥大学的演讲[EB/OL].(2002-09-16)[2020-12-30]. https://www.cctv.com/special/756/1/50347.html.
❹ 江泽民.江泽民文选:第2卷[M].北京:人民出版社,2006.
❺ 同❹.
❻ 同❶.

二、"三个代表"重要思想蕴含的权利保障内容

2000年2月25日,江泽民同志在广东省考察工作时,从全面总结党的历史经验和如何适应新形势新任务的要求出发,首次对"三个代表"重要思想进行了比较全面的阐述。他提出,"总结我们党七十多年的历史,可以得出一个重要的结论,这就是:我们党所以赢得人民的拥护,是因为我们党在革命、建设、改革的各个历史时期,总是代表着中国先进社会生产力的发展要求,代表着中国先进文化的前进方向,代表着中国最广大人民的根本利益,并通过制定正确的路线方针政策,为实现国家和人民的根本利益而不懈奋斗"。2002年,党的十六大报告指出,"三个代表"重要思想是对马克思列宁主义、毛泽东思想和邓小平理论的继承和发展,反映了当代世界和中国的发展变化对党和国家工作的新要求,是加强和改进党的建设、推进我国社会主义自我完善和发展的强大理论武器,是全党集体智慧的结晶,是党必须长期坚持的指导思想。党的十六大报告阐述了"三个代表"重要思想的时代背景、实践基础、科学内涵、精神实质和历史地位,阐明了贯彻"三个代表"重要思想的根本要求,提出要把"三个代表"重要思想贯彻到社会主义现代化建设的各个领域。在权利保障领域,也要贯彻落实"三个代表"重要思想。

"三个代表"重要思想蕴含的权利保障内容,主要体现在以下几个方面。

第一,与时俱进的权利保障思想。党的十六大报告指出,贯彻"三个代表"重要思想,必须使全党始终保持与时俱进的精神状态,不断开拓马克思主义理论发展的新境界。[1]"与时俱进,就是党的全部理论和工作要体现时代性,把握规律性,富于创造性。"[2] 在权利保障领域,体现与时俱进的品质,表现为三个方面:一是权利保障的时代性。江泽民曾指出:"只要我们站在

---

[1] 江泽民. 全面建设小康社会,开创中国特色社会主义事业新局面——在中国共产党第十六次全国代表大会上的报告 [N]. 人民日报, 2002-11-18.
[2] 同[1].

时代前列，立足于新的实践，把握住时代特点，运用马克思主义基本理论研究现实中的重大问题，不断深化对共产党执政的规律、对社会主义建设的规律、对人类社会发展的规律的认识，不断吸取一切科学的新经验、新思想、新成果，我们就能够对丰富和发展马克思主义作出新的贡献。"❶权利保障根据时代变化及实践变化，应当创新权利保障的观念与理论。党的十五大报告提出："依法治国，建设社会主义法治国家。"❷中国共产党在治理方式上，已经转向了依法治国。为顺应和把握时代特点，权利保障的观念和理论也应当在依法治国框架下创新发展。二是权利保障的开拓性。党的十六大报告指出："创新就要不断解放思想、实事求是、与时俱进。实践没有止境，创新也没有止境。"❸在权利保障领域贯彻"三个代表"重要思想，必须依据权利保障实践而不断创新。在依法治国框架下"保证人民依法享有广泛的权利和自由，尊重和保障人权"，"扩大基层民主，保证人民群众直接行使民主权利"，通过完善法律体系，切实保障公民权利。同时，也要开拓权利保障的内涵，使之更加丰富。三是权利保障的规律性。权利保障必须遵循权利保障的规律。例如，将人权的普遍性原则与特殊性相结合；尊重文明的多样性，反对一切形式的霸权主义和强权政治，促进世界和平与发展，推动国际人权事业的健康发展。

第二，把发展作为党执政兴国的第一要务，为权利保障提供坚实的经济基础。党的十六大报告提出，贯彻"三个代表"重要思想，必须把发展作为党执政兴国的第一要务，不断开创现代化建设的新局面。❹同时指出："我们党在中国这样一个经济文化落后的发展中大国领导人民进行现代化建设，能

---

❶ 江泽民. 江泽民文选：第3卷[M]. 北京：人民出版社，2006：284.
❷ 江泽民. 高举邓小平理论伟大旗帜，把建设有中国特色社会主义事业全面推向二十一世纪——江泽民在中国共产党第十五次全国代表大会上的报告[N]. 人民日报，1997-09-22.
❸ 江泽民. 全面建设小康社会，开创中国特色社会主义事业新局面——在中国共产党第十六次全国代表大会上的报告[N]. 人民日报，2002-11-18.
❹ 同❸.

不能解决好发展问题，直接关系人心向背、事业兴衰。"❶要使人民充分享有并实现各项权利，尤其是经济、社会与文化权利，经济社会发展是一个基本的前提条件。所以，党的十六大报告提出："发展必须坚持以经济建设为中心，立足中国现实，顺应时代潮流，不断开拓促进先进生产力和先进文化发展的新途径。"❷在这一时期，中国共产党坚持和深化改革，坚决革除影响发展的体制弊端，为权利保障提供经济社会基础。

第三，必须最广泛最充分地调动一切积极因素，切实保障人民各项权利。党的十六大报告指出，贯彻"三个代表"重要思想，必须最广泛最充分地调动一切积极因素，不断为中华民族的伟大复兴增添新力量。❸在权利保障事业中，也要最广泛最充分地调动一切积极因素，促进人民各项权利的享有和实现。这是因为"最大多数人的利益和全社会全民族的积极性创造性，对党和国家事业的发展始终是最具有决定性的因素"❹。权利的本质属性为利益，如果要保障人民权利，必须妥善处理各方面的利益关系，把一切积极因素调动起来，最大限度地使人民群众实现利益。例如，通过保障各权利的合法权益，调动各群体的积极性，让一切创造社会财富的源泉充分涌流，造福于人民。

第四，保持党的先进性，促进权利保障事业发展。党的十六大报告指出："党的先进性是具体的、历史的，必须放到推动当代中国先进生产力和先进文化的发展中去考察，放到维护和实现最广大人民根本利益的奋斗中去考察，归根到底要看党在推动历史前进中的作用。"❺权利保障是重要的社会利益，人民群众的权利是否获得有力保障也是党的先进性的重要体现。党的十六大报告指出，党要承担起推动中国社会进步的历史责任，必须始终紧紧抓住发展这个执政兴国的第一要务，把坚持党的先进性和发挥社会主义制度

---

❶ 江泽民. 全面建设小康社会，开创中国特色社会主义事业新局面——在中国共产党第十六次全国代表大会上的报告［N］. 人民日报，2002-11-18.
❷ 同❶.
❸ 同❶.
❹ 同❶.
❺ 同❶.

的优越性，落实到发展先进生产力、发展先进文化、实现最广大人民的根本利益上来，推动社会全面进步，促进人的全面发展。❶ 对人民群众的权利保障上，既保障经济、社会、文化权利，也保障公民权利与政治权利，以推动社会全面进步和人的全面发展。

第三节 科学发展观蕴含的权利保障思想

2002—2012年，以胡锦涛同志为总书记的党中央带领中国走过不平凡的10年。在这10年，我国高举毛泽东思想、邓小平理论与"三个代表"重要思想伟大旗帜，深入贯彻落实科学发展观，继续解放思想，坚持改革开放，推动科学发展，促进社会和谐，全面建设小康社会，取得了举世瞩目的成就。这一时期，我国权利保障思想主要表现为两个方面：一是胡锦涛关于人权的主要论述；二是科学发展观蕴含的权利保障内容。这些权利保障思想继承和发扬了前一阶段的权利保障思想，不断地创新发展，并指导中国特色社会主义权利保障事业的进步与发展。

一、胡锦涛关于人权及权利保障的论述

2002—2012年，胡锦涛同志在不同场合发表了一系列关于人权及权利保障的观点，主要观点如下。

第一，强调权利的依法保障。2002年12月，胡锦涛在首都各界纪念《中华人民共和国宪法》公布实施20周年大会上的讲话指出："宪法对公民的基本权利和义务作了全面的规定，为广大人民群众充分享有民主权利，在国家生活中发挥积极性、主动性、创造性提供了可靠的法律保障。二十年

---

❶ 江泽民. 全面建设小康社会，开创中国特色社会主义事业新局面——在中国共产党第十六次全国代表大会上的报告[N]. 人民日报，2002-11-18.

来，我们根据宪法制定了一批保护公民基本权利的法律，签署了一批保护公民权利的国际公约，尊重和保护人权，建立和健全社会保障体系，动员全社会的力量扶助困难群众，推动我国人权事业取得了显著进展"。[1]2004年1月，胡锦涛在法国国民议会的演讲中指出，中国"积极推进政治体制改革，完善社会主义民主的具体制度，保证人民充分行使民主选举、民主决策、民主管理、民主监督的权利。……中国人民的公民权利、政治权利和基本自由依法得到维护和保障"[2]。2006年4月胡锦涛在美国耶鲁大学的演讲，以及2008年胡锦涛致信纪念《世界人权宣言》发表60周年座谈会都指出了中国共产党依据宪法和法律保障人民的权利。

第二，保障人民的生存权和发展权仍是中国的首要任务。胡锦涛关于生存权与发展权的观点，继承了邓小平及江泽民等老一辈党和国家领导人的观点。2003年，胡锦涛在曼谷就中国问题答记者问时指出："中国政府在实现现代化的进程中，把共同富裕确立为我们的目标。因此，我们在允许一部分人先富裕起来的同时，还将下更大的决心，采取更有力的措施，来帮助困难群体尽快摆脱困难局面，使他们的生活也能够进一步得到改善。"[3]2005年11月，胡锦涛在美国总统布什访华时的重要讲话中指出："从中国的国情出发，根据中国人民的意愿，不断建设中国特色的民主政治，不断提高中国人民享受人权的水平。"2006年4月，胡锦涛在美国耶鲁大学的演讲中指出："保障人民的生存权和发展权仍是中国的首要任务。我们将大力推动经济社会发展，依法保障人民享有自由、民主和人权，实现社会公平和正义，使13亿中国人民过上幸福生活。"[4]2008年，胡锦涛致信纪念《世界人权宣言》

---

[1] 胡锦涛同志关于人权问题的部分论述［EB/OL］．（2014-06-23）［2020-12-30］．http：//www.humanrights.cn/html/2014/2_0623/862_2.html.
[2] 胡锦涛同志关于人权问题的部分论述［EB/OL］．（2014-06-23）［2020-12-30］．http：//www.humanrights.cn/html/2014/2_0623/862_5.html.
[3] 胡锦涛同志关于人权问题的部分论述［EB/OL］．（2014-06-23）［2020-12-30］．http：//www.humanrights.cn/html/2014/2_0623/862_4.html.
[4] 胡锦涛在美国耶鲁大学发表重要演讲［EB/OL］．（2006-04-22）［2020-12-30］．http：//www.gov.cn/ldhd/2006-04/22/content_260592.htm.

发表 60 周年座谈会也指出了，"切实把保障人民的生存权、发展权放在保障人权的首要位置"❶。

第三，尊重人权普遍性原则，强调人权普遍性原则必须与各国国情相结合。2008 年，胡锦涛致信纪念《世界人权宣言》发表 60 周年座谈会指出："在全面建设小康社会、加快推进社会主义现代化的进程中，我们要一如既往地坚持以人为本，既尊重人权普遍性原则，又从基本国情出发，切实把保障人民的生存权、发展权放在保障人权的首要位置，在推动经济社会又好又快发展的基础上，依法保证全体社会成员平等参与、平等发展的权利。"❷ 2011 年 1 月，胡锦涛在与美国总统奥巴马举行的联合记者会上表示："中国承认和尊重人权的普遍性原则，但同时认为人权普遍性原则必须与各国国情相结合。"❸

第四，在尊重基础上，加强国际人权对话与合作。2005 年 9 月，胡锦涛在联合国成立 60 周年首脑会议上的讲话指出："我们应该尊重各国自主选择社会制度和发展道路的权利，相互借鉴而不是刻意排斥，取长补短而不是定于一尊，推动各国根据本国国情实现振兴和发展；应该加强不同文明的对话和交流，在竞争比较中取长补短，在求同存异中共同发展，努力消除相互的疑虑和隔阂，使人类更加和睦，让世界更加丰富多彩；应该以平等开放的精神，维护文明的多样性，促进国际关系民主化，协力构建各种文明兼容并蓄的和谐世界。"❹ 2008 年，胡锦涛致信纪念《世界人权宣言》发表 60 周年座谈会指出："中国人民将一如既往地加强国际人权合作，同世界各国人民一道，共同为推动世界人权事业健康发展，为建设持久和平、共同繁荣的和

---

❶ 胡锦涛. 依法保证全社会成员平等参与、发展权利［EB/OL］.（2008-12-11）［2020-12-30］. http://www.chinanews.com/gn/news/2008/12-11/1483946.shtml.

❷ 同❶.

❸ 胡锦涛. 人权普遍性原则必须与各国国情相结合［EB/OL］.（2011-01-20）［2020-12-30］. http://www.chinanews.com/gn/2011/01-20/2800551.shtml.

❹ 胡锦涛同志关于人权问题的部分论述［EB/OL］.（2014-06-23）［2020-12-30］. http://www.humanrights.cn/html/2014/2_0623/862_9.html.

谐世界作出应有的贡献。"❶2011年1月，胡锦涛在与美国总统奥巴马举行的联合记者会上表示："将进一步提高人民生活水平，推进民主法治建设，我们也愿意与各国就人权问题开展交流对话，相互借鉴有益的做法。"❷

第五，坚持以人为本，发展人权事业。2006年4月，胡锦涛在美国耶鲁大学的演讲中指出："今天，我们坚持以人为本，就是要坚持发展为了人民、发展依靠人民、发展成果由人民共享，关注人的价值、权益和自由，关注人的生活质量、发展潜能和幸福指数，最终是为了实现人的全面发展。"❸2008年，胡锦涛致信纪念《世界人权宣言》发表60周年座谈会指出："新中国成立以来，中国社会取得了举世公认的巨大进步，中国人民的命运发生了翻天覆地的巨大变化，中国人权事业也实现了历史性发展。特别是改革开放30年来，党和政府把尊重和保障人权作为治国理政的重要原则，庄严载入中国共产党章程和中华人民共和国宪法，并采取切实有效的措施促进人权事业发展，使广大人民群众物质文化生活水平得到显著提高，政治、经济、文化、社会权益得到切实保障，谱写了中国人权事业发展的新篇章。"❹

二、科学发展观蕴含的权利保障内容

2003年4月，胡锦涛在广东考察时提出"全面的发展观"；同年7月，胡锦涛在全国防治"非典"工作会议上提出了"协调发展、全面发展、可持续发展的发展观"；同年8月，胡锦涛在江西考察时明确使用"科学发展观"概念。2004年3月，胡锦涛在中央人口资源环境工作座谈会上，全面阐述了科学发展观的理论基础、深刻内涵、基本要求和指导意义。2007年10月，

---

❶ 胡锦涛.依法保证全社会成员平等参与、发展权利［EB/OL］.（2008-12-11）［2020-12-30］.http://www.chinanews.com/gn/news/2008/12-11/1483946.shtml.
❷ 胡锦涛.人权普遍性原则必须与各国国情相结合［EB/OL］（2011-01-20）［2020-12-30］.http://www.chinanews.com/gn/2011/01-20/2800551.shtml.
❸ 胡锦涛在美国耶鲁大学发表重要演讲［EB/OL］（2006-04-22）［2020-12-30］.http://www.gov.cn/ldhd/2006-04/22/content_260592.htm.
❹ 同❶.

党的十七大对科学发展观的科学内涵、精神实质、根本要求进行了全面系统深入的阐述,指出:"科学发展观,第一要义是发展,核心是以人为本,基本要求是全面协调可持续,根本方法是统筹兼顾。"❶科学发展观对新形势下实现什么样的发展、怎样发展等重大问题作出了新的科学回答。党的十七大指出,科学发展观,是对党的三代中央领导集体关于发展的重要思想的继承和发展,是马克思主义关于发展的世界观和方法论的集中体现,是同马克思列宁主义、毛泽东思想、邓小平理论和"三个代表"重要思想既一脉相承又与时俱进的科学理论,是我国经济社会发展的重要指导方针,是发展中国特色社会主义必须坚持和贯彻的重大战略思想。❷党的十八大指出,科学发展观同马克思列宁主义、毛泽东思想、邓小平理论、"三个代表"重要思想一道,是党必须长期坚持的指导思想。❸在权利保障领域,要深入贯彻落实科学发展观,以发展促进权利保障,坚持"以人为本"的权利保障思想,促进权利的全面协调可持续保障,并做到统筹兼顾。

第一,坚持发展作为党执政兴国的第一要务,为权利保障提供坚实的经济基础。党的十七大报告指出:"发展,对于全面建设小康社会、加快推进社会主义现代化,具有决定性意义。"❹党的十八大报告指出,全党必须更加自觉地把推动经济社会发展作为深入贯彻落实科学发展观的第一要义,牢牢扭住经济建设这个中心,坚持聚精会神搞建设、一心一意谋发展,着力把握发展规律、创新发展理念、破解发展难题,深入实施科教兴国战略、人才强国战略、可持续发展战略,加快形成符合科学发展要求的发展方式和体制机制,不断解放和发展社会生产力,不断实现科学发展、和谐发展、和平发

---

❶ 胡锦涛. 高举中国特色社会主义伟大旗帜 为夺取全面建设小康社会新胜利而奋斗——在中国共产党第十七次全国代表大会上的报告[N]. 人民日报,2007-10-25.
❷ 同❶.
❸ 胡锦涛. 坚定不移沿着中国特色社会主义道路前进 为全面建成小康社会而奋斗——在中国共产党第十八次全国代表大会上的报告[N]. 人民日报,2012-11-18.
❹ 同❶.

展，为坚持和发展中国特色社会主义打下牢固基础。❶发展是解决权利问题、权利冲突的关键；离开经济社会发展谈权利保障，是不切实际的。

第二，"以人为本"权利保障思想。党的十七大报告指出，必须坚持以人为本。全心全意为人民服务是党的根本宗旨，党的一切奋斗和工作都是为了造福人民。要始终把实现好、维护好、发展好最广大人民的根本利益作为党和国家一切工作的出发点和落脚点，尊重人民主体地位，发挥人民首创精神，保障人民各项权益，走共同富裕道路，促进人的全面发展，做到发展为了人民、发展依靠人民、发展成果由人民共享。❷在权利保障中，坚持"以人为本"，"就是要以实现人的全面发展为目标，从人民群众的根本利益出发谋发展、促发展，不断满足人民群众日益增长的物质文化需要，切实保障人民群众的经济、政治和文化权益，让发展的成果惠及全体人民"❸。

第三，权利的全面协调可持续保障思想。党的十七大报告指出，必须坚持全面协调可持续发展。要按照中国特色社会主义事业总体布局，全面推进经济建设、政治建设、文化建设、社会建设，促进现代化建设各个环节、各个方面相协调，促进生产关系与生产力、上层建筑与经济基础相协调。❹权利是一个有机联系整体，权利保障是一个系统工程，不仅要保障经济、社会及文化权利，也要保障公民权利与政治权利；不仅要保障个人权利，也要保障集体权利，为此，要对人民权利实行全面保障。在实施权利保障过程中，各项权利也具有自身的特殊性，导致在权利保障措施选择中有所差别，引发权利之间的冲突，因此，也需要推进各项权利的协调保障。而某些权利保障必须建立在社会经济发展基础之上，在贯彻科学发展观中，还应考虑对于这种权利的保障是否可持续的问题。

---

❶ 胡锦涛.坚定不移沿着中国特色社会主义道路前进 为全面建成小康社会而奋斗——在中国共产党第十八次全国代表大会上的报告［N］.人民日报，2012–11–18.
❷ 胡锦涛.高举中国特色社会主义伟大旗帜 为夺取全面建设小康社会新胜利而奋斗——在中国共产党第十七次全国代表大会上的报告［N］.人民日报，2007–10–25.
❸ 胡锦涛同志关于人权问题的部分论述［EB/OL］.（2014–06–23）［2020–12–30］.http://http://www.humanrights.cn/html/2014/2_0623/862_6.html.
❹ 同❷.

第四，统筹兼顾的权利保障思想。党的十七大指出，统筹城乡发展、区域发展、经济社会发展、人与自然和谐发展、国内发展和对外开放，统筹中央和地方关系，统筹个人利益和集体利益、局部利益和整体利益、当前利益和长远利益，充分调动各方面积极性。统筹国内国际两个大局。❶ 统筹兼顾的权利保障思想要求在权利保障中要"总揽全局、统筹规划"，尤其要抓住牵动全局的权利问题、权利冲突，着力解决、重点突破，使人民权利得到切实保障。

第四节 习近平新时代中国特色社会主义思想蕴含的权利保障思想

2012年以来，以习近平同志为核心的党中央带领中国人民迈进新时代，开启人民权利保障事业新篇章。这一时期，在毛泽东思想、邓小平理论、"三个代表"重要思想、科学发展观和习近平新时代中国特色社会主义思想指导下，解放思想，改革开放，为全面建成小康社会而奋斗。这一时期，我国权利保障思想主要表现为两个方面：一是习近平关于人权及权利保障的论述；二是习近平新时代中国特色社会主义思想蕴含的权利保障内容。这些权利保障思想，指导这一时期中国特色社会主义权利保障事业的进步与发展。

一、习近平关于人权及权利保障的论述

2012年以来，习近平总书记在不同场合对人权发表了观点。从2015年到2018年，习近平总书记连续4年分别给"2015·北京人权论坛"、

---

❶ 胡锦涛. 高举中国特色社会主义伟大旗帜 为夺取全面建设小康社会新胜利而奋斗——在中国共产党第十七次全国代表大会上的报告［N］. 人民日报，2007-10-25.

2016"纪念《发展权利宣言》通过 30 周年国际研讨会"、2017 首届"南南人权论坛"、2018"纪念《世界人权宣言》发表 70 周年座谈会"致贺信,发表了对人权的看法,这些观点集中反映了中国共产党人关于人权的深邃思想。

第一,人民权利和自由的法治保障。2012 年 12 月 4 日,习近平在纪念现行宪法公布实施 30 周年大会上指出:"保证宪法实施,就是保证人民根本利益的实现。只要我们切实尊重和有效实施宪法,人民当家作主就有保证,党和国家事业就能顺利发展。反之,如果宪法受到漠视、削弱甚至破坏,人民权利和自由就无法保证,党和国家事业就会遭受挫折。"而且进一步指出:"公民的基本权利和义务是宪法的核心内容,宪法是每个公民享有权利、履行义务的根本保证。宪法的根基在于人民发自内心的拥护,宪法的伟力在于人民出自真诚的信仰。只有保证公民在法律面前一律平等,尊重和保障人权,保证人民依法享有广泛的权利和自由,宪法才能深入人心,走入人民群众,宪法实施才能真正成为全体人民的自觉行动。"❶2015 年 9 月,习近平致"2015·北京人权论坛"的贺信中指出:"加强人权法治保障。"❷2018 年,习近平在第五个国家宪法日强调指出:"我国现行宪法是在党的领导下,在深刻总结我国社会主义革命、建设、改革实践经验基础上制定和不断完善的,实现了党的主张和人民意志的高度统一,具有强大生命力,为改革开放和社会主义现代化建设提供了根本法治保障。"在谈到具体的权利保障时,习近平也指出应当实行法治。例如,在谈到"建设生态文明"中指出:"只有实行最严格的制度、最严密的法治,才能为生态文明建设提供可靠保障。"

第二,坚持把人权的普遍性原则同中国实际相结合,走符合本国国情的发展道路。2012 年 2 月,习近平会见爱尔兰总统希金斯时表示,中国人民

---

❶ 习近平在纪念现行宪法公布施行 30 周年大会上的讲话[EB/OL].(2012-12-04)[2020-12-30].http://www.gov.cn/ldhd/2012-12/04/content_2282522.htm.
❷ 习近平致"2015·北京人权论坛"的贺信[EB/OL].(2015-09-16)[2020-12-30]. http://www.xinhuanet.com/politics/2015-09/16/c_1116583281.htm.

享受了前所未有的开放和自由,中国的人权事业取得了举世瞩目的成就,这其中的关键就在于找到了一条适合中国国情的发展道路。❶2015年9月,习近平致"2015·北京人权论坛"的贺信中指出,中国共产党和中国政府始终尊重和保障人权。长期以来,中国坚持把人权的普遍性原则同中国实际相结合,不断推动经济社会发展,增进人民福祉,促进社会公平正义,加强人权法治保障,努力促进经济、社会、文化权利和公民、政治权利全面协调发展,显著提高了人民生存权、发展权的保障水平,走出了一条适合中国国情的人权发展道路。❷2016年12月,习近平致"纪念《发展权利宣言》通过30周年国际研讨会"的贺信中指出,多年来,中国坚持以人民为中心的发展思想,把增进人民福祉、保障人民当家作主、促进人的全面发展作为发展的出发点和落脚点,有效保障了人民发展权益,走出了一条中国特色人权发展道路。❸2017年1月,习近平在联合国日内瓦总部的演讲中指出,中国坚持走符合本国国情的发展道路,始终把人民权利放在首位,不断促进和保护人权。❹2017年12月,习近平致首届"南南人权论坛"的贺信中指出,发展中国家应该坚持人权的普遍性和特殊性相结合的原则,不断提高人权保障水平。❺2018年12月,习近平致"纪念《世界人权宣言》发表70周年座谈会"的贺信中指出,中国坚持把人权的普遍性原则和当代实际相结合,走符合国情的人权发展道路。❻

---

❶ 习近平. 改革开放以来中国人权事业取得举世瞩目成就[EB/OL].(2012-02-22)[2020-12-30]. http://news.cntv.cn/20120222/123143.shtml.

❷ 习近平致"2015·北京人权论坛"的贺信[EB/OL].(2015-09-16)[2020-12-30]. http://www.xinhuanet.com/politics/2015-09/16/c_1116583281.htm.

❸ 习近平致"纪念《发展权利宣言》通过30周年国际研讨会"的贺信[EB/OL].(2016-12-04)[2020-12-30]. http://www.xinhuanet.com//politics/2016-12/04/c_1120048817.htm.

❹ 习近平主席在联合国日内瓦总部的演讲(全文)[EB/OL].(2017-01-19)[2020-12-30]. http://www.xinhuanet.com/world/2017-01/19/c_1120340081.htm.

❺ 习近平致首届"南南人权论坛"的贺信[EB/OL].(2017-12-07)[2020-12-30]. http://www.xinhuanet.com/politics/2017-12/07/c_1122073544.htm.

❻ 习近平致信纪念《世界人权宣言》发表70周年座谈会[EB/OL].(2018-12-10)[2020-12-30]. http://www.gov.cn/xinwen/2018-12/10/content_5347429.htm.

第三，坚持以人民为中心，强调生存权和发展权是首要人权，并在更高水平上保障人民权利。2015年9月，习近平致"2015·北京人权论坛"的贺信中指出，人权保障没有最好，只有更好。国际社会应该积极推进世界人权事业，尤其是要关注广大发展中国家民众的生存权和发展权。中国人民正在为实现中华民族伟大复兴的中国梦而奋斗，这将在更高水平上保障中国人民的人权，促进人的全面发展。❶2016年12月，习近平致"纪念《发展权利宣言》通过30周年国际研讨会"的贺信中指出，作为一个拥有13亿多人口的世界最大发展中国家，发展是解决中国所有问题的关键，也是中国共产党执政兴国的第一要务。中国坚持把人权的普遍性原则同本国实际相结合，坚持生存权和发展权是首要的基本人权。❷2017年12月，习近平致首届"南南人权论坛"的贺信中指出，中国共产党和中国政府坚持以人民为中心的发展思想，始终把人民利益摆在至高无上的地位，把人民对美好生活的向往作为奋斗目标，不断提高尊重与保障中国人民各项基本权利的水平。❸2018年，习近平向改革开放与中国扶贫国际论坛致贺信指出："我们将坚持以人民为中心的发展思想，大力实施精准扶贫、精准脱贫，发挥中国制度优势，坚持政府主导，深化东西部协作，动员全社会参与，把扶贫同扶志扶智相结合，开发式扶贫同保障性扶贫相统筹，确保到2020年消除绝对贫困。"❹2018年12月，习近平致"纪念《世界人权宣言》发表70周年座谈会"的贺信中指出，奉行以人民为中心的人权理念，把生存权、发展权作为首要的基本人权，协调增进全体人民的经济、政治、社会、文化、环境权

---

❶ 习近平致"2015·北京人权论坛"的贺信［EB/OL］.（2015-09-16）［2020-12-30］. http://www.xinhuanet.com/politics/2015-09/16/c_1116583281.htm.
❷ 习近平致"纪念《发展权利宣言》通过30周年国际研讨会"的贺信［EB/OL］.（2016-12-04）［2020-12-30］. http://www.xinhuanet.com//politics/2016-12/04/c_1120048817.htm.
❸ 习近平致首届"南南人权论坛"的贺信［EB/OL］.（2017-12-07）［2020-12-30］. http://www.xinhuanet.com/politics/2017-12/07/c_1122073544.htm.
❹ 习近平向改革开放与中国扶贫国际论坛致贺信［EB/OL］.（2018-11-02）［2020-12-30］. http://www.humanrights.cn/html/2018/1_1102/40179.html.

利,努力维护社会公平正义,促进人的全面发展。❶

第四,人民幸福生活是最大的人权。2018年12月,习近平致"纪念《世界人权宣言》发表70周年座谈会"的贺信中指出,人民幸福生活是最大的人权。中国共产党从诞生那一天起,就把为人民谋幸福、为人类谋发展作为奋斗目标。中华人民共和国成立近70年特别是改革开放40年来,中华民族迎来了从站起来、富起来到强起来的伟大飞跃。中国发展成就归结到一点,就是亿万中国人民生活日益改善。❷

二、习近平新时代中国特色社会主义思想蕴含的权利保障内容

党的十九大报告指出,习近平新时代中国特色社会主义思想,是对马克思列宁主义、毛泽东思想、邓小平理论、"三个代表"重要思想、科学发展观的继承和发展,是马克思主义中国化最新成果,是党和人民实践经验和集体智慧的结晶,是中国特色社会主义理论体系的重要组成部分,是全党全国人民为实现中华民族伟大复兴而奋斗的行动指南,必须长期坚持并不断发展。习近平新时代中国特色社会主义思想体现的权利保障内容主要表现在以下几个方面。

第一,"以人民为中心"的权利保障思想。以人民为中心是新时代坚持和发展中国特色社会主义根本立场,也是中国特色社会主义权利保障实践的根本立场。党的十九大报告指出,人民是历史的创造者,是决定党和国家前途命运的根本力量。必须坚持人民主体地位,坚持立党为公、执政为民,践行全心全意为人民服务的根本宗旨,把党的群众路线贯彻到治国理政全部活动之中,把人民对美好生活的向往作为奋斗目标,依靠人民创造历史伟业。❸

---

❶ 习近平致信纪念《世界人权宣言》发表70周年座谈会[EB/OL].(2018-12-10)[2020-12-30]. http://www.gov.cn/xinwen/2018-12/10/content_5347429.htm.

❷ 同❶.

❸ 习近平.决胜全面建成小康社会 夺取新时代中国特色社会主义伟大胜利——在中国共产党第十九次全国代表大会上的报告[N].人民日报,2017-10-28.

习近平总书记在庆祝中华人民共和国成立70周年大会上的重要讲话中指出："中国的今天正在亿万人民手中创造。"在2019年新年贺词中也指出："人民是共和国的坚实根基，人民是我们执政的最大底气。"❶党和国家事业发展的一切成就，归功于人民。只要我们紧紧依靠人民，就没有战胜不了的艰难险阻，就没有成就不了的宏图大业。为此，在中国特色社会主义权利保障道路上，必须坚持人民立场，把人民权利放在最高的位置，始终推进人民权利的实现，不断满足人民日益增长的权利需要，推动我国权利保障事业不断发展。

第二，坚持新发展理念，为人民权利提供经济保障。"党的十八大以来，习近平总书记顺应时代和实践发展的新要求，坚持以人民为中心的发展思想，鲜明提出要坚定不移贯彻创新、协调、绿色、开放、共享的新发展理念，引领我国发展全局发生历史性变革。"❷党的十九大报告指出，发展是解决我国一切问题的基础和关键，发展必须是科学发展，必须坚定不移贯彻创新、协调、绿色、开放、共享的发展理念。❸"新发展理念深刻揭示了实现更高质量、更有效率、更加公平、更可持续发展的必由之路，是引领我国发展全局深刻变革的科学指引，对于进一步转变发展方式、优化经济结构、转换增长动力，推动我国经济实现高质量发展具有重大指导意义。"❹要保障人民的经济、社会及文化权利，必须要发展，尤其经济社会发展。只有发展，形成更高层次的开放型经济，不断壮大我国经济实力和综合国力，才能为权利保障提供坚实的经济基础。

第三，坚持全面依法治国，为人民权利提供法治保障。全面依法治国是中国特色社会主义的本质要求和重要保障，是国家治理的一场

---

❶ 国家主席习近平发表二〇一九年新年贺词［EB/OL］.（2018-12-31）［2020-12-30］. http://www.xinhuanet.com/politics/2018-12/31/c_1123931806.htm.
❷ 中共中央宣传部. 习近平新时代中国特色社会主义思想三十讲［M］. 北京：学习出版社，2018：105.
❸ 习近平. 决胜全面建成小康社会 夺取新时代中国特色社会主义伟大胜利——在中国共产党第十九次全国代表大会上的报告［N］. 人民日报，2017-10-28.
❹ 同❷.

深刻革命，并为中国特色社会主义权利保障事业提供法治保障。党的十九大报告指出，全面依法治国是中国特色社会主义的本质要求和重要保障。必须把党的领导贯彻落实到依法治国全过程和各方面，坚定不移走中国特色社会主义法治道路，完善以宪法为核心的中国特色社会主义法律体系，建设中国特色社会主义法治体系，建设社会主义法治国家，发展中国特色社会主义法治理论，坚持依法治国、依法执政、依法行政共同推进，坚持法治国家、法治政府、法治社会一体建设，坚持依法治国和以德治国相结合，依法治国和依规治党有机统一，深化司法体制改革，提高全民族法治素养和道德素质。❶改革开放以来，政策与法律是中国特色社会主义权利保障的两种主要方式。政策的灵活性，使人民权利随着经济、政治、社会及文化变化而获得及时保障；法律的稳定性，使人民权利保障获得可预见性及长期性。依据政策与法律的辩证关系，权利最终必然要诉诸法律保障，即由政策保障上升为法律保障。为此，坚持全面依法治国，将为全面保障人民权利提供坚实的法治基础。

第四，坚持在发展中保障和改善民生，为人民权利提供社会保障。党的十九大报告指出，增进民生福祉是发展的根本目的。必须多谋民生之利、多解民生之忧，在发展中补齐民生短板、促进社会公平正义，在幼有所育、学有所教、劳有所得、病有所医、老有所养、住有所居、弱有所扶上不断取得新进展，深入开展脱贫攻坚，保证全体人民在共建共享发展中有更多获得感，不断促进人的全面发展、全体人民共同富裕。❷民生问题关涉群众利益，是人民群众最关心的问题之一。人民群众最期盼有更好的教育、更稳定的工作、更满意的收入、更可靠的社会保障、更高水平的医疗卫生服务，工作得更好、生活得更好。实际上，人民群众的这些期盼涉及教育权、工作权、财

---

❶ 习近平. 决胜全面建成小康社会　夺取新时代中国特色社会主义伟大胜利——在中国共产党第十九次全国代表大会上的报告［N］. 人民日报，2017-10-28.
❷ 同❶.

产权、社会保障权及健康权等的实现。而这些权利的实现，最终依赖社会经济发展。所以，必须坚持在发展中保障和改善民生，为人民权利的实现提供社会基础。

第四章　我国权利保障政策的历史演进及其基本特点

政策主要包括两类：党的政策与国家的政策。这两类政策的区别在于制定主体不同，党的政策制定主体为中国共产党领导机构，主要为中国共产党全国代表大会、中国共产党中央委员会、中国共产党中央政治局等；国家的政策制定主体为国家机关，主要为国务院。尽管本书的研究对象为我国权利保障政策，但是主要聚焦于中国共产党关于权利保障的政策及部分国家政策。改革开放以来，在邓小平理论、"三个代表"重要思想、科学发展观和习近平新时代中国特色社会主义思想指导下，中国共产党制定了一系列权利保障政策，主要表现为：第一，中国共产党全国代表大会报告确定的权利保障方针。第二，中国共产党中央委员会通过的决定提出的权利保障要求。第三，中国共产党中央委员会通过的关于制定国民经济和社会发展规划的建议作出的权利保障规划。除此之外，党的中央机关也制定一些关于权利保障的政策文件，基于研究主题的需要，本书不作详细分析。在中国共产党的领导下，国家也制定了一系列的权利保障政策，本书只选取了国民经济和社会发展规划进行分析。

第一节　中国共产党全国代表大会批准的
政治报告确定的权利保障方针

中国共产党全国代表大会是中国共产党最高领导机关，每五年召开一次。改革开放以来，中国共产党一共召开了八次全国代表大会，即中国共产党第十二次全国代表大会（简称党的十二大）、中国共产党第十三次全国代表大会（简称党的十三大）、中国共产党第十四次全国代表大会（简称党的十四大）、中国共产党第十五次全国代表大会（简称党的十五大）、中国共产党第十六次全国代表大会（简称党的十六大）、中国共产党第十七次全国代表大会（简称党的十七大）、中国共产党第十八次全国代表大会（简称党的十八大）、中国共产党第十九次全国代表大会（简称党的十九大）。党代会的主要任务之一是审议批准中央委员会的政治报告。每次中国共产党全国代表大会召开之际，上一届中央委员会向全会作报告，中央委员会所作的政治报告由全会审议并批准，作为今后党和国家事业发展的纲领性文件。改革开放以来，历届全会审议并批准的中央委员会的报告（简称党的报告），主要有党的十二大报告、党的十三大报告、党的十四大报告、党的十五大报告、党的十六大报告、党的十七大报告、党的十八大报告、党的十九大报告等。中国共产党中央委员会向全国代表大会所作的政治报告，确定了某一时期权利保障的方针，指明了权利保障事业前进的方向，对公民权利的享有和实现具有重要意义。

一、党的十二大报告确定的权利保障方针

1982年9月，中国共产党第十二次全国代表大会召开，胡耀邦向大会作了题为《全面开创社会主义现代化建设的新局面》的报告。这次大会审议了中央委员会的报告，确立了全党和全国人民迈向21世纪的宏伟目标和

战略重点。党的十二大报告指出,"中国共产党在新的历史时期的总任务是:团结全国各族人民,自力更生,艰苦奋斗,逐步实现工业、农业、国防和科学技术现代化,把我国建设成为高度文明、高度民主的社会主义国家"。为实现这个总任务,党的十二大报告也提出了任务要求,"从当前实际出发,大力推进社会主义物质文明和精神文明的建设,继续健全社会主义民主和法制,认真整顿党的作风和组织,争取实现国家财政经济状况的根本好转,实现社会风气的根本好转,实现党风的根本好转"。

党的十二大报告关于权利保障的论述比较宏观,主要表现为在推进经济建设中,增加城乡人民的收入,改善人民生活水平。党的十二大报告指出,"在全面开创新局面的各项任务中,首要的任务是把社会主义现代化经济建设继续推向前进",并提出"在不断提高经济效益的前提下,力争使全国工农业的年总产值翻两番,即由一九八〇年的七千一百亿元增加到二〇〇〇年的二万八千亿元左右"的经济建设奋斗目标,而且在促进社会主义经济建设中,全会强调特别要注意解决"继续改善人民生活的问题"。在推动经济建设条件下,促进城乡人民收入,提高人民的物质文化生活水平,保障了人民的生存权和发展权。

党的十二大报告还提出了实现中心任务的战略重点,指出"在今后二十年内,一定要牢牢抓住农业、能源和交通、教育和科学这几个根本环节,把它们作为经济发展的战略重点",进而达到"保障人民生活的改善"。为此,党的十二大报告在教育权利保障方面,提出"必须大力普及初等教育,加强中等职业教育和高等教育,发展包括干部教育、职工教育、农民教育、扫除文盲在内的城乡各级各类教育事业,培养各种专业人才,提高全民族的科学文化水平"。中国共产党注重教育权利保障,为经济建设和发展提供智力支持。

二、党的十三大报告确定的权利保障方针

1987年10月,中国共产党第十三次全国代表大会召开,大会报告题为《沿着有中国特色的社会主义道路前进》。党的十三大审议了中央委员会

的报告,第一次系统阐明了社会主义初级阶段的理论,明确提出了党在这个阶段的基本路线,并依据这个理论和路线制定了全面改革的基本方针和行动纲领。党的十三大对我国所处的历史阶段作出明确判断,提出"我国正处在社会主义的初级阶段"。社会主义初级阶段的论断是制定权利保障政策的总依据。我国社会主义初级阶段是一个什么样的历史阶段?党的十三大报告指出,社会主义初级阶段是这样的一个阶段,即"特指我国在生产力落后、商品经济不发达条件下建设社会主义必然要经历的特定阶段"。在这个特定阶段中,社会面临的主要矛盾是"人民日益增长的物质文化需要同落后的社会生产之间的矛盾"。从党的十一届三中全会到党的十三大召开,已经经历了九年的时间。党的十三大报告指出,"九年间国民生产总值、国家财政收入和城乡居民平均收入都大体上翻了一番",同时,"我们党领导人民在政治、思想、文化、国防、外交等领域,进行了大量工作,取得了显著成效"。基于社会主义初级阶段的实际和我国对经济权利、社会权利、文化权利及政治权利等保障状况,党的十三大报告确立一系列权利保障的指导方针,提出了一系列的权利保障要求。

(1)经济权利。党的十三大报告提出:保护企业的合法权益,要求"实行所有权与经营权分离,把经营权真正交给企业,理顺企业所有者、经营者和生产者的关系,切实保护企业的合法权益,使企业真正做到自主经营,自负盈亏";保护私营经济的合法权益,要求"必须尽快制订有关私营经济的政策和法律,保护它们的合法利益";保护中外合资企业、合作经营企业和外商独资企业的合法权益,要求"应当切实保护国外投资者的合法利益"。在收入方面,提出"进行价格改革要同调整收入政策相配合,保证人民群众的实际生活水平不致在改革中下降,并随着生产的发展逐步提高"。在收入分配方面,党的十三大报告提出分配方式的原则是"以按劳分配为主体,其他分配方式为补充",其他的分配方式包括凭债权取得的利息、股份分红、风险补偿、企业主的非劳动收入等。党的十三大报告指出,"只要是合法的,就应当允许"。对业务类公务员,提出"他们的训练、工资、福利和退休的权利由法律保障"。

(2)社会权利。党的十三大报告提出,"应当制定促进人员合理流动的法规,建立劳动仲裁制度,积极推进公共福利事业的社会化"。

(3)文化权利。党的十三大报告主要针对文化权利中的受教育权保障作出明确规定,没有涉及其他文化权利。党的十三大报告指出,"必须坚持把发展教育事业放在突出的战略位置,加强智力开发。随着经济的发展,国家要逐年增加教育经费,同时继续鼓励社会各方面力量集资办学",而且"必须下极大的力量,通过各种途径,加强对劳动者的职业教育和在职继续教育"。

(4)环境权利。党的十三大报告指出,"人口控制、环境保护和生态平衡是关系经济和社会发展全局的重要问题",在处理这三者之间的关系时,要求"在推进经济建设的同时,要大力保护和合理利用各种自然资源,努力开展对环境污染的综合治理,加强生态环境的保护",即加强对环境权利保护。

(5)政治权利。党的十三大报告指出,"社会主义民主政治的本质和核心,是人民当家作主,真正享有各项公民权利"。在选举权方面,提出"继续依法坚持差额选举制度,改进候选人的提名方式,完善候选人的介绍办法"。在公民权利与自由权方面,"必须抓紧制定新闻出版、结社、集会、游行等法律,建立人民申诉制度,使宪法规定的公民权利和自由得到保障,同时依法制止滥用权利和自由的行为"。

三、党的十四大报告确定的权利保障方针

1992年10月,中国共产党第十四次全国代表大会召开,江泽民向大会作了题为《加快改革开放和现代化建设步伐 夺取有中国特色社会主义事业的更大胜利》的报告。党的十四大的突出特点和最大贡献,在于对建设有中国特色社会主义的理论作了新的概括。建设有中国特色社会主义理论,第一次比较系统地初步回答了中国这样的经济文化比较落后的国家如何建设社会主义、如何巩固和发展社会主义的一系列基本问题。它主要阐释了社会主义

的发展道路、发展阶段、根本任务、发展动力、外部条件、政治保证、战略步骤、领导力量和依靠力量及祖国统一问题。这一理论，也指导了这一时期的权利保障事业。中国共产党在这一理论指导下，确定了权利保障指导方针。另外，党的十四大还确立了20世纪90年代改革和建设十个方面关系全局的主要任务，而实现这些关系全局的主要任务，有助于人民权利的保障。

（1）经济权利。党的十四大围绕社会主义市场经济的建立，加强保障与市场经济相关的权利，如市场主体自由竞争权利。党的十四大报告提出，"国有企业、集体企业和其他企业都进入市场，通过平等竞争发挥国有企业的主导作用"，与此同时，"通过理顺产权关系，实行政企分开，落实企业自主权，使企业真正成为自主经营、自负盈亏、自我发展、自我约束的法人实体和市场竞争的主体"，进而"加强市场制度和法规建设，坚决打破条条块块的分割、封锁和垄断，促进和保护公平竞争"及"建立起以市场形成价格为主的价格机制"。在分配制度方面，"以按劳分配为主体，其他分配方式为补充，兼顾效率与公平"；"加快工资制度改革，逐步建立起符合企业、事业单位和机关各自特点的工资制度与正常的工资增长机制"。在扶贫方面，提出"贫困地区尽快脱贫致富"，"对少数民族地区以及革命老根据地、边疆地区和贫困地区，国家要采取有效政策加以扶持，经济比较发达地区要采取多种形式帮助他们加快发展"。

（2）社会权利。党的十四大提出建立社会主义市场经济体制，指出要"积极建立待业、养老、医疗等社会保障制度，努力推进城镇住房制度改革"，推进社会保障制度的改革，切实保障人民的社会保障权利。

（3）文化权利。党的十四大报告在文化权利保障方面，对知识产权、受教育权等提出了保障措施，尤其通过文化体制改革促进文化权利的享有和实现。党的十四大报告指出，"科学技术是第一生产力"，要求"不断完善保护知识产权的制度"，加强知识产权保护。在受教育权方面，党的十四大报告提出，"必须把教育摆在优先发展的战略地位"。在这样的方针指导下，党的十四大报告对各层级办学、教育投入、办学形式及教育目标等提出相应要求。党的十四大报告提出,"大力加强基础教育,积极发展职业教育、成人教育和高等教育";"各级政府要增加教育投入";"鼓励多渠道、多形式社会集资办学和民间办学,改变国家包办教育的做法";"到本世纪末,基本扫除青壮年文盲,基本实现九年制义务教育"。在切实保障人民文化权利方面,党的十四大提出了文化体制改革的目标,指出要"积极推进文化体制改革,完善文化事业的有关经济政策,繁荣社会主义文化",而且"要重视社会效益,鼓励创作内容健康向上特别是讴歌改革开放和现代化建设的具有艺术魅力的精神产品"。

(4)环境权利。党的十四大报告把加强环境保护确立为一项基本国策,并要求"增强全民族的环境意识,保护和合理利用土地、矿藏、森林、水等自然资源,努力改善生态环境"。

(5)政治权利。党的十四大报告提出"积极推进政治体制改革,使社会主义民主和法制建设有一个较大的发展"的指导方针。在推进政治体制改革方面,提出要切实保障公民的平等权、监督权等。在平等权利方面,提出"坚持和完善民族区域自治制度,坚持平等、互助、团结、合作,以促进各民族的共同繁荣"。在监督权方面,提出"强化法律监督机关和行政监察机关的职能,重视传播媒介的舆论监督,逐步完善监督机制,使各级国家机关及其工作人员置于有效的监督之下";而且"要严格执行宪法和法律,加强执法监督"。

(6)公民权利。党的十四大报告指出,"坚决纠正以言代法、以罚代刑等现象,保障人民法院和检察院依法独立进行审判和检察"。

(7)特定群体权利。党的十四大开始关注特定群体权利问题,主要涉及老年人权利问题,提出"重视研究人口老龄化问题,认真做好这方面的工作"。

四、党的十五大报告确定的权利保障方针

1997年9月,中国共产党第十五次全国代表大会召开,江泽民向大会作了题为《高举邓小平理论伟大旗帜,把建设有中国特色社会主义事业全面

推向二十一世纪》的报告。党的十五大报告深刻论述了邓小平理论的历史地位和指导意义，第一次系统、完整地提出并论述了党在社会主义初级阶段的基本纲领，并对跨世纪的伟大事业作出了战略部署。党的十五大报告指出："围绕建设富强民主文明的社会主义现代化国家的目标，进一步明确什么是社会主义初级阶段有中国特色社会主义的经济、政治和文化，怎样建设这样的经济、政治和文化，是必要的。"在邓小平理论及社会主义初级阶段的基本路线和纲领指引下，中国共产党在建设有中国特色社会主义的经济、政治、文化方面促进对各项权利的保障。尤其是在经济体制改革与经济发展战略方面，为各项权利保障提供坚实的经济基础。党的十五大提出了21世纪的奋斗目标，即"第一个十年实现国民生产总值比二零零零年翻一番，使人民的小康生活更加宽裕，形成比较完善的社会主义市场经济体制；再经过十年的努力，到建党一百年时，使国民经济更加发展，各项制度更加完善；到世纪中叶建国一百年时，基本实现现代化，建成富强民主文明的社会主义国家"。为实现奋斗目标，中国共产党也加强了对各项权利的保障。

（1）经济权利。党的十五大报告提出，"在这个时期，建立比较完善的社会主义市场经济体制，保持国民经济持续快速健康发展，是必须解决好的两大课题"。为解决好这两大课题，中国共产党对经济权利保障方面提出要求。在财产权利方面，党的十五大报告提出"要健全财产法律制度，依法保护各类企业的合法权益和公平竞争，并对它们进行监督管理"。在就业方面，尤其对在国有企业改革中下岗失业工人的就业保障方面，党的十五大报告提出"党和政府要采取积极措施，依靠社会各方面的力量，关心和安排好下岗职工的生活，搞好职业培训，拓宽就业门路，推进再就业工程"。在收入分配方面，提出仍然"坚持按劳分配为主体、多种分配方式并存的制度"，而且提出要"依法保护合法收入""取缔非法收入""整顿不合理收入"等。特别针对农民合法收益，强调"要尊重农民的生产经营自主权，保护农民的合法权益"。在扶贫与基本生活水准权方面，提出"国家从多方面采取措施，加大扶贫攻坚力度，到本世纪末基本解决农村贫困人口的温饱问题"，以及提出"实行保障城镇困难居民基本生活的政策"。

（2）社会权利。党的十五大在推进国有企业改革中，一方面，重视下岗职工的就业保障；另一方面，也加快建立社会保障体系，提出"建立社会保障体系，实行社会统筹和个人帐户相结合的养老、医疗保险制度，完善失业保险和社会救济制度，提供最基本的社会保障"，积极推进国有企业改革中的各项配套改革，使经济体制改革能够得以顺利进行。党的十五大报告还提出，"逐步增加公共设施和社会福利设施。提高教育和医疗保健水平"。

（3）文化权利。在教育权利方面，党的十五大报告提出"实施科教兴国战略"，提出"深化科技和教育体制改革，促进科技、教育同经济的结合"。同时强调"要切实把教育摆在优先发展的战略地位"，"大力普及九年义务教育、扫除青壮年文盲，积极发展各种形式的职业教育和成人教育，稳步发展高等教育"等。除此之外，党的十五大报告在"有中国特色社会主义的文化建设"方针指导下，提出很多保护文化权利的措施。例如，"深化文化体制改革，落实和完善文化经济政策"，以促进各项文化政策落地见效，保障人民的文化权利。在文化环境方面，"一手抓繁荣，一手抓管理，促进文化市场健康发展"，而且着力"加强文化基础设施建设"，"重视科学、历史、文化的遗产和革命文物的保护"，促进人民的文化共同享有权的保障。

（4）环境权利。党的十五大提出"在现代化建设中必须实施可持续发展战略"，坚持保护环境的基本国策，要求"正确处理经济发展同人口、资源、环境的关系"，"严格执行土地、水、森林、矿产、海洋等资源管理和保护的法律"，"加强对环境污染的治理，植树种草，搞好水土保持，防治荒漠化，改善生态环境"。由此，党的十五大报告提出了环境权利的法律保障议题。

（5）政治权利。党的十五大在"继续推进政治体制改革"中，促进各项民主政治权利保障，提出"依法治国，建设社会主义法治国家"，并在建设社会主义法治国家的框架下，保障人民享有广泛的权利和自由。党的十五大报告还提出，"实行民主选举、民主决策、民主管理和民主监督，保证人民依法享有广泛的权利和自由，尊重和保障人权"。在选举权方面，提出"扩大基层民主，保证人民群众直接行使民主权利"，"城乡基层政权机关和基层群众性自治组织，都要健全民主选举制度"。在监督权方面，提出"一切干部都是人民的公仆，必须受到人民和法律的监督"，"要深化改革，完善监督法制，建立健全依法行使权力的制约机制"；而且要实施"公开办事制度"，"加强对各级干部特别是领导干部的监督，防止滥用权力，严惩执法犯法、贪赃枉法"。

（6）特定群体权利。党的十五大报告对老年人权利保护提出了要求，提出要"重视人口老龄化问题"。

五、党的十六大报告确定的权利保障方针

2002年11月，中国共产党第十六次全国代表大会召开，江泽民向大会作了题为《全面建设小康社会，开创中国特色社会主义事业新局面》的报告。党的十六大报告全面分析了我们党面临的国际国内形势，科学总结了十三年来的基本经验，进一步阐明了贯彻"三个代表"重要思想的根本要求，深刻阐明了我们党在新世纪坚持举什么旗、走什么路、实现什么目标等重大问题，对建设中国特色社会主义经济、政治、文化和党的建设等各项工作作出了全面部署。与此同时，对权利保障也作出了战略性部署，并提出"全面建设小康社会的奋斗目标"，提出了在经济、政治、文化及生态环境等方面建设小康社会所要达到的目标。例如，在全面建设小康社会的目标中，党的十六大提出要"社会保障体系比较健全，社会就业比较充分，家庭财产普遍增加，人民过上更加富足的生活"。这一奋斗目标的实现，有助于社会保障权利、工作权、财产权及基本生活水准权等权利的保障。实现小康社会的目标，既是对权利保障的促进，也是很好保障人民权利的享有和实现的举措。

（1）经济权利。党的十六大提出21世纪头二十年经济建设和改革的主要任务，提出要"完善社会主义市场经济体制，推动经济结构战略性调整，基本实现工业化，大力推进信息化，加快建设现代化，保持国民经济持续快速健康发展，不断提高人民生活水平"。在完善社会主义市场经济体制中，党的十六大报告提出了完善社会主义市场经济体制各项权利保障，重视经济平等权利和自由权。党的十六大报告提出，一方面，保障市场主体的平等

权利,"在更大程度上发挥市场在资源配置中的基础性作用,健全统一、开放、竞争、有序的现代市场体系","创造各类市场主体平等使用生产要素的环境";另一方面,保障市场主体的自由权利,提出"整顿和规范市场经济秩序,健全现代市场经济的社会信用体系,打破行业垄断和地区封锁,促进商品和生产要素在全国市场自由流动"。在分配制度方面,提出"确立劳动、资本、技术和管理等生产要素按贡献参与分配的原则,完善按劳分配为主体、多种分配方式并存的分配制度"。与此同时,"再分配注重公平,加强政府对收入分配的调节职能,调节差距过大的收入","规范分配秩序,合理调节少数垄断性行业的过高收入,取缔非法收入","以共同富裕为目标,扩大中等收入者比重,提高低收入者收入水平"。在就业方面,党的十六大报告提出"国家实行促进就业的长期战略和政策",以及"对提供新就业岗位和吸纳下岗失业人员再就业的企业给予政策支持",并要求"各级党委和政府必须把改善创业环境和增加就业岗位作为重要职责",通过"完善就业培训和服务体系,提高劳动者就业技能","依法加强劳动用工管理,保障劳动者的合法权益"。在生命权和财产权方面,党的十六大报告提出"高度重视安全生产,保护国家财产和人民生命的安全","建立适应新形势要求的卫生服务体系和医疗保健体系,着力改善农村医疗卫生状况,提高城乡居民的医疗保健水平"。在扶贫方面,党的十六大报告提出"继续大力推进扶贫开发,巩固扶贫成果,尽快使尚未脱贫的农村人口解决温饱问题,并逐步过上小康生活"。

(2)社会权利。为完成21世纪头二十年的经济建设和改革的任务,在社会权利保障方面,党的十六大报告提出"健全社会保障体系"指导方针,并对如何健全社会保障体系作出具体战略部署。党的十六大报告提出要"坚持社会统筹和个人帐户相结合,完善城镇职工基本养老保险制度和基本医疗保险制度",要"健全失业保险制度和城市居民最低生活保障制度",并通过"多渠道筹集和积累社会保障基金";而且要求"各地要根据实际情况合理确定社会保障的标准和水平",并"探索建立农村养老、医疗保险和最低生活保障制度"。

（3）文化权利。全面建设小康社会，是党的十六大提出的奋斗目标。全面建设小康社会，除了经济生活水准提升，还"必须大力发展社会主义文化，建设社会主义精神文明"。党的十六大通过发展教育和科学事业、文化事业和文化产业及深化文化体制改革，切实保障人民的各项文化权利。在教育权利方面，党的十六大报告仍然强调教育的优先发展的战略地位，提出"继续普及九年义务教育"，"加强职业教育和培训，发展继续教育，构建终身教育体系"，"加大对教育的投入和对农村教育的支持，鼓励社会力量办学"，"完善国家资助贫困学生的政策和制度"，等等。在公民享有和实现文化权利方面，党的十六大报告提出，"大力发展先进文化，支持健康有益文化，努力改造落后文化，坚决抵制腐朽文化"；"国家支持和保障文化公益事业，并鼓励它们增强自身发展活力"；"坚持和完善支持文化公益事业发展的政策措施，扶持党和国家重要的新闻媒体和社会科学研究机构，扶持体现民族特色和国家水准的重大文化项目和艺术院团，扶持对重要文化遗产和优秀民间艺术的保护工作，扶持老少边穷地区和中西部地区的文化发展"；"加强文化基础设施建设，发展各类群众文化"；"抓紧制定文化体制改革的总体方案"；"健全文化市场体系，完善文化市场管理机制，为繁荣社会主义文化创造良好的社会环境"。

（4）政治权利。全面建设小康社会的重要目标是，发展社会主义民主政治，建设社会主义政治文明。社会主义民主政治对人民的政治权利保障具有促进作用。党的十六大报告提出，"健全民主制度，丰富民主形式，扩大公民有序的政治参与，保证人民依法实行民主选举、民主决策、民主管理和民主监督，享有广泛的权利和自由，尊重和保障人权"；"健全基层自治组织和民主管理制度，完善公开办事制度，保证人民群众依法直接行使民主权利"。党的十六大报告提出，"扩大党员和群众对干部选拔任用的知情权、参与权、选择权和监督权"；"重点加强对领导干部特别是主要领导干部的监督，加强对人财物管理和使用的监督"；"实行多种形式的领导干部述职述廉制度，健全重大事项报告制度、质询制度和民主评议制度"；"认真推行政务公开制度"；"加强组织监督和民主监督，发挥舆论监督的作用"。

（5）公民权利。党的十六大对公民的法律平等权、公开审判权及法律监督权等作出要求。在法律平等权方面，党的十六大报告提出"坚持法律面前人人平等"。在公正审判权方面，提出"从制度上保证审判机关和检察机关依法独立公正地行使审判权和检察权"，而且"完善诉讼程序，保障公民和法人的合法权益"。在法律监督权方面，提出"加强对司法工作的监督，惩治司法领域中的腐败"。

（6）环境权利。在环境权利保障方面，党的十六大仍然坚持保护环境和保护资源的基本国策，要求"合理开发和节约使用各种自然资源"，并"抓紧解决部分地区水资源短缺问题，兴建南水北调工程"，等等。

六、党的十七大报告确定的权利保障方针

2007年10月，中国共产党第十七次全国代表大会召开，胡锦涛向大会作了题为《高举中国特色社会主义伟大旗帜　为夺取全面建设小康社会新胜利而奋斗》的报告。党的十七大对继续推进改革开放和社会主义现代化建设、实现全面建设小康社会的宏伟目标作出了全面部署。基于我国仍处于并将长期处于社会主义初级阶段的基本国情，适应国内外形势的新要求，顺应各族人民过上更好生活的新期待，党的十七大提出了实现全面建设小康社会奋斗目标的新要求，即要"增强发展协调性，努力实现经济又好又快发展"，"扩大社会主义民主，更好保障人民权益和社会公平正义"，"加强文化建设，明显提高全民族文明素质"，"加快发展社会事业，全面改善人民生活"，"建设生态文明，基本形成节约能源资源和保护生态环境的产业结构、增长方式、消费模式"等。党的十七大提出的全面建设小康社会奋斗目标的新要求，既是权利诉求，也是对人民权利的保障。

（1）经济权利。党的十七大报告提出"促进国民经济又好又快发展"的目标，实现这样的目标关键在于加快转变经济发展方式和完善社会主义市场经济体制。为实现未来经济发展目标，党的十七大报告注重推进人民各项经济权利的保障。在经济平等权方面，党的十七大报告提出"坚持平等保护物

权,形成各种所有制经济平等竞争、相互促进新格局","推进公平准入,改善融资条件,破除体制障碍,促进个体、私营经济和中小企业发展"等。在就业权利保障方面,党的十七大报告对就业培训、平等就业及困难职工、农民工就业等与就业权利相关的问题作出规定,提出"要坚持实施积极的就业政策,加强政府引导,完善市场就业机制,扩大就业规模,改善就业结构",而且要"健全面向全体劳动者的职业教育培训制度,加强农村富余劳动力转移就业培训","建立统一规范的人力资源市场,形成城乡劳动者平等就业的制度","完善面向所有困难群众的就业援助制度,及时帮助零就业家庭解决就业困难"。同时,还要注意一些特定群体的就业工作落实,如高校毕业生、农民工,党的十七大报告提出要"积极做好高校毕业生就业工作"及"完善和落实国家对农民工的政策"等。在财产和收入权利方面,党的十七大报告提出,"要坚持和完善按劳分配为主体、多种分配方式并存的分配制度","着力提高低收入者收入,逐步提高扶贫标准和最低工资标准,建立企业职工工资正常增长机制和支付保障机制","创造条件让更多群众拥有财产性收入","保护合法收入,调节过高收入,取缔非法收入"等。在扶贫方面,提出"以促进农民增收为核心,发展乡镇企业,壮大县域经济,多渠道转移农民就业",同时"提高扶贫开发水平","加大对革命老区、民族地区、边疆地区、贫困地区发展扶持力度"。

(2) 社会权利。党的十七大报告对养老、医疗、最低生活保障及特定群体权利保障等提出要求,并统揽在"加快完善社会保障体系"框架之下。具体而言,要"促进企业、机关、事业单位基本养老保险制度改革,探索建立农村养老保险制度","全面推进城镇职工基本医疗保险、城镇居民基本医疗保险、新型农村合作医疗制度建设","完善城乡居民最低生活保障制度,逐步提高保障水平","完善失业、工伤、生育保险制度","健全社会救助体系","发扬人道主义精神,发展残疾人事业","加强老龄工作","健全廉租住房制度,加快解决城市低收入家庭住房困难","建立基本医疗卫生制度,提高全民健康水平"。

(3) 文化权利。党的十七大报告提出"推动社会主义文化大发展大繁荣",促进人民各项文化权利的享有和实现。在文化权利的享有、参与方面,党的十七大报告提出"要坚持社会主义先进文化前进方向,兴起社会主义文化建设新高潮,激发全民族文化创造活力,提高国家文化软实力,使人民基本文化权益得到更好保障","重视城乡、区域文化协调发展,着力丰富农村、偏远地区、进城务工人员的精神文化生活","坚持把发展公益性文化事业作为保障人民基本文化权益的主要途径,加大投入力度,加强社区和乡村文化设施建设"。在教育权利方面,"优化教育结构,促进义务教育均衡发展,加快普及高中阶段教育,大力发展职业教育,提高高等教育质量","重视学前教育,关心特殊教育","保障经济困难家庭、进城务工人员子女平等接受义务教育","鼓励和规范社会力量兴办教育","发展远程教育和继续教育,建设全民学习、终身学习的学习型社会"。

(4)政治权利。党的十七大报告提出"坚定不移发展社会主义民主政治",而且要"推进社会主义民主政治制度化、规范化、程序化,为党和国家长治久安提供政治和法律制度保障"。党的十七大报告提出"依法实行民主选举、民主决策、民主管理、民主监督,保障人民的知情权、参与权、表达权、监督权",切实保障人民各项政治权利。在民族平等权方面,提出"坚持各民族一律平等,保证民族自治地方依法行使自治权";"保障少数民族合法权益,巩固和发展平等团结互助和谐的社会主义民族关系"。在政治参与权方面,提出"增强决策透明度和公众参与度"。在基层民主权利方面,提出"发展基层民主,保障人民享有更多更切实的民主权利"。在监督权方面,提出"完善各类公开办事制度,提高政府工作透明度和公信力",并"重点加强对领导干部特别是主要领导干部、人财物管理使用、关键岗位的监督,健全质询、问责、经济责任审计、引咎辞职、罢免等制度",以"加强民主监督,发挥好舆论监督作用,增强监督合力和实效",等等。

(5)公民权利。党的十七大报告对法律平等权、公正审判权等作出了要求。在法律平等权方面,党的十七大报告提出"坚持公民在法律面前一律平等,维护社会公平正义,维护社会主义法制的统一、尊严、权威","尊重和保障人权,依法保证全体社会成员平等参与、平等发展的权利"。在公正审判权方面,党的十七大报告指出"深化司法体制改革,优化司法职权配置,规范司法行为,建设公正高效权威的社会主义司法制度,保证审判机关、检察机关依法独立公正地行使审判权、检察权"。

(6)环境权利。党的十七大报告提出,"要完善有利于节约能源资源和保护生态环境的法律和政策,加快形成可持续发展体制机制","加大节能环保投入,重点加强水、大气、土壤等污染防治,改善城乡人居环境"。

(7)特定群体权利。党的十七大报告对妇女权利、儿童权利提出保障措施,提出"开展爱国卫生运动,发展妇幼卫生事业"。

七、党的十八大报告确定的权利保障方针

2012年11月,中国共产党第十八次全国代表大会召开,胡锦涛向大会作了题为《坚定不移沿着中国特色社会主义道路前进 为全面建成小康社会而奋斗》的报告。党的十八大报告指出,我们胜利完成"十一五"规划,顺利实施"十二五"规划,各方面工作都取得新的重大成就。经济平稳较快发展,改革开放取得重大进展,为权利保障提供了基础和条件,也促进了人民各项权利保障。党的十八大报告提出"全面建成小康社会和全面深化改革开放的目标"。具体而言,根据我国经济社会发展实际,要在党的十六大、十七大确立的全面建设小康社会目标的基础上努力实现新的要求,这些要求包括"经济持续健康发展""人民民主不断扩大""文化软实力显著增强""人民生活水平全面提高""资源节约型、环境友好型社会建设取得重大进展"等,这对人民权利保障提出更高层次的要求。

(1)经济权利。党的十八大报告指出"只有推动经济持续健康发展,才能筑牢国家繁荣富强、人民幸福安康、社会和谐稳定的物质基础"。也只有坚持发展,才能保障人民各项经济权利。党的十八大报告指出在"加快完善社会主义市场经济体制和加快转变经济发展方式"中,推进各项经济权利保障。在经济平等权方面,党的十八大报告提出,"保证各种所有制经济依法平等使用生产要素、公平参与市场竞争、同等受到法律保护"。在减贫方面,

"采取对口支援等多种形式,加大对革命老区、民族地区、边疆地区、贫困地区扶持力度","加大强农惠农富农政策力度,让广大农民平等参与现代化进程、共同分享现代化成果","依法维护农民土地承包经营权、宅基地使用权、集体收益分配权","促进城乡要素平等交换和公共资源均衡配置"。在就业权利保障方面,党的十八大报告提出,"做好以高校毕业生为重点的青年就业工作和农村转移劳动力、城镇困难人员、退役军人就业工作","加强职业技能培训","健全人力资源市场,完善就业服务体系","健全劳动标准体系和劳动关系协调机制,加强劳动保障监察和争议调解仲裁"。在收入保障方面,党的十八大报告提出,"千方百计增加居民收入","完善劳动、资本、技术、管理等要素按贡献参与分配的初次分配机制,加快健全以税收、社会保障、转移支付为主要手段的再分配调节机制","深化企业和机关事业单位工资制度改革,推行企业工资集体协商制度","多渠道增加居民财产性收入",等等。

(2)社会权利。在加强社会建设中,党的十八大推进人民各项社会权利保障。党的十八大报告提出,"全面建成覆盖城乡居民的社会保障体系","改革和完善企业和机关事业单位社会保险制度,整合城乡居民基本养老保险和基本医疗保险制度,逐步做实养老保险个人账户,实现基础养老金全国统筹,建立兼顾各类人员的社会保障待遇确定机制和正常调整机制","完善社会救助体系,健全社会福利制度,支持发展慈善事业,做好优抚安置工作","建立市场配置和政府保障相结合的住房制度,加强保障性住房建设和管理,满足困难家庭基本需求"。在健康权保障方面,党的十八大报告提出,"完善国民健康政策,为群众提供安全有效方便价廉的公共卫生和基本医疗服务","健全全民医保体系,建立重特大疾病保障和救助机制,完善突发公共卫生事件应急和重大疾病防控机制","健全农村三级医疗卫生服务网络和城市社区卫生服务体系,深化公立医院改革,鼓励社会办医",等等。

(3)文化权利。党的十八大在"扎实推进社会主义文化强国建设"指导方针下,切实保障人民各项文化权利。在文化共享、参与等权利方面,党的十八大报告提出,"人民基本文化权益得到更好保障",要通过"加快推进重点文化惠民工程,加大对农村和欠发达地区文化建设的帮扶力度,继续推动公共文化服务设施向社会免费开放",以及"开展群众性文化活动"与"开展全民阅读活动","加强重大公共文化工程和文化项目建设,完善公共文化服务体系,提高服务效能。促进文化和科技融合,发展新型文化业态,提高文化产业规模化、集约化、专业化水平"等,全方位推进人民对文化的享有。在受教育权方面,党的十八大报告既提出各类教育发展的目标,提出"办好学前教育,均衡发展九年义务教育,基本普及高中阶段教育,加快发展现代职业教育,推动高等教育内涵式发展,积极发展继续教育,完善终身教育体系,建设学习型社会",也提出教育公平权利要求,"大力促进教育公平,合理配置教育资源,重点向农村、边远、贫困、民族地区倾斜,支持特殊教育,提高家庭经济困难学生资助水平,积极推动农民工子女平等接受教育",等等。

(4)政治权利。党的十八大提出在坚持走中国特色社会主义政治发展道路和推进政治体制改革中,切实保障人民的政治权利。党的十八大报告提出,"保证人民依法实行民主选举、民主决策、民主管理、民主监督","保证人民依法享有广泛权利和自由"。为保障人民通过人民代表大会行使国家权力,提出"提高基层人大代表特别是一线工人、农民、知识分子代表比例,降低党政领导干部代表比例"。在政治参与权方面,提出"推进政治协商、民主监督、参政议政制度建设"。在基层民主权利方面,党的十八大报告提出,"要健全基层党组织领导的充满活力的基层群众自治机制"以"保障人民享有更多更切实的民主权利";"健全以职工代表大会为基本形式的企事业单位民主管理制度,保障职工参与管理和监督的民主权利"。在监督权方面,党的十八大报告提出,"坚持用制度管权管事管人,保障人民知情权、参与权、表达权、监督权",以及"推进权力运行公开化、规范化,完善党务公开、政务公开、司法公开和各领域办事公开制度,健全质询、问责、经济责任审计、引咎辞职、罢免等制度,加强党内监督、民主监督、法律监督、舆论监督,让人民监督权力,让权力在阳光下运行",等等。

（5）公民权利。党的十八大报告提出了对法律平等权与公正审判权的保障。在法律平等权方面，党的十八大报告在强调"坚持法律面前人人平等"原则的同时，尤其指出"党必须在宪法和法律范围内活动"，以及"任何组织或者个人都不得有超越宪法和法律的特权，绝不允许以言代法、以权压法、徇私枉法"等。在公正审判权方面，党的十八大报告提出"确保审判机关、检察机关依法独立公正行使审判权、检察权"。

（6）特定群体权利。党的十八大对妇女权利、儿童权利、老年人权利及残疾人权利保障作出了要求。为保障妇女、儿童权利，党的十八大报告既提出"坚持男女平等基本国策"，也提出"保障妇女儿童合法权益"，并给予妇女、儿童以特殊性保障。为保障老年人权利，提出"积极应对人口老龄化，大力发展老龄服务事业和产业"。为保障残疾人权利，提出"健全残疾人社会保障和服务体系，切实保障残疾人权益"。

（7）环境权利。党的十八大报告仍然强调"坚持节约资源和保护环境的基本国策"，注重在源头上保护环境权利。党的十八大报告提出"优化国土开发格局""全面促进资源节约""加大自然生态系统和环境保护力度""加强生态文明制度建设"等措施，促进环境权利的保障。尤其是党的十八大强调环境权利的制度保护，提出"建立国土空间开发保护制度，完善最严格的耕地保护制度、水资源管理制度、环境保护制度"，"建立反映市场供求和资源稀缺程度、体现生态价值和代际补偿的资源有偿使用制度和生态补偿制度"，"健全生态环境保护责任追究制度和环境损害赔偿制度"，等等。

八、党的十九大报告确定的权利保障方针

2017年10月，中国共产党第十九次全国代表大会召开，习近平向大会作了题为《决胜全面建成小康社会 夺取新时代中国特色社会主义伟大胜利》的报告。在总结过去五年的工作和历史性变革中，党的十九大报告指出，五年来，我们统筹推进"五位一体"总体布局、协调推进"四个全面"战略布局，"十二五"规划胜利完成，"十三五"规划顺利实施，党和国家事业全面

开创新局面。在过去的五年,人民的各项权利获得有效的保障。党的十九大报告对我国所处的历史方位作出新的判断——"中国特色社会主义进入了新时代"。党的十九大报告明确指出,我国社会主要矛盾已经转化为人民日益增长的美好生活需要和不平衡不充分的发展之间的矛盾。在人民美好生活需要日益广泛的条件下,不仅对物质文化生活提出了更高要求,而且在民主、法治、公平、正义、安全、环境等方面的要求日益增长。这就促进党和国家在更高层次上保障人民的各项权利。

(1)经济权利。党的十九大报告指出,实现"两个一百年"奋斗目标、实现中华民族伟大复兴的中国梦,不断提高人民生活水平,必须坚定不移把发展作为党执政兴国的第一要务,坚持解放和发展社会生产力,坚持社会主义市场经济改革方向,推动经济持续健康发展。在坚持社会主义市场经济改革方向中,对产权保护、自由权等方面,党的十九大报告提出"实现产权有效激励、要素自由流动、价格反应灵活、竞争公平有序、企业优胜劣汰",以及"全面实施市场准入负面清单制度,清理废除妨碍统一市场和公平竞争的各种规定和做法",并"打破行政性垄断,防止市场垄断";对"凡是在我国境内注册的企业,都要一视同仁、平等对待",等等。在就业权利方面,党的十九大报告提出"要坚持就业优先战略和积极就业政策,实现更高质量和更充分就业"。采取的主要举措为"大规模开展职业技能培训","促进高校毕业生等青年群体、农民工多渠道就业创业",等等。在收入分配方面,党的十九大报告提出"坚持按劳分配原则,完善按要素分配的体制机制,促进收入分配更合理、更有序",并要求"鼓励勤劳守法致富,扩大中等收入群体,增加低收入者收入,调节过高收入,取缔非法收入"等。在减贫方面,党的十九大报告要求"确保到二〇二〇年我国现行标准下农村贫困人口实现脱贫,贫困县全部摘帽,解决区域性整体贫困,做到脱真贫、真脱贫"。

(2)社会权利。党的十九大报告强调,必须始终把人民利益摆在至高无上的地位,让改革发展成果更多更公平惠及全体人民,朝着实现全体人民共同富裕不断迈进。而改善和保障民生,抓住人民最关心最直接的利益问题,这需要对养老、医疗、失业、基本生活保障及健康权等权利给予切实保障。在社会权利保障方面，党的十九大报告在宏观上提出，要"全面建成覆盖全民、城乡统筹、权责清晰、保障适度、可持续的多层次社会保障体系"与"全面实施全民参保计划"；并具体地建立相关的养老、医疗、失业及生活保障制度，即"完善城镇职工基本养老保险和城乡居民基本养老保险制度，尽快实现养老保险全国统筹"，"完善统一的城乡居民基本医疗保险制度和大病保险制度"，"完善失业、工伤保险制度"，"建立全国统一的社会保险公共服务平台"，"统筹城乡社会救助体系，完善最低生活保障制度"，等等。在健康权保障方面，提出"要完善国民健康政策，为人民群众提供全方位全周期健康服务"，具体措施为"加强基层医疗卫生服务体系和全科医生队伍建设"，"全面取消以药养医，健全药品供应保障制度"，"支持社会办医，发展健康产业"，等等。

（3）文化权利。党的十九大报告强调，"要坚持为人民服务、为社会主义服务，坚持百花齐放、百家争鸣"，推动社会主义文化繁荣兴盛，切实保障人民群众对文化的享有、参与和实现。在文化权利的享有和实现方面，党的十九大报告提出，"完善公共文化服务体系，深入实施文化惠民工程，丰富群众性文化活动"，"加强文物保护利用和文化遗产保护传承"，"广泛开展全民健身活动，加快推进体育强国建设"。在教育权利方面，党的十九大报告仍然坚持"必须把教育事业放在优先位置"，而且要"推进教育公平"，通过"推动城乡义务教育一体化发展，高度重视农村义务教育，办好学前教育、特殊教育和网络教育，普及高中阶段教育，努力让每个孩子都能享有公平而有质量的教育"，"完善职业教育和培训体系"，"实现高等教育内涵式发展"，"健全学生资助制度，使绝大多数城乡新增劳动力接受高中阶段教育、更多接受高等教育"等，促进受教育权的公平享有并实现。

（4）政治权利。党的十九大报告提出，"加强人权法治保障，保证人民依法享有广泛权利和自由"，以及"完善基层民主制度，保障人民知情权、参与权、表达权、监督权"等，并"支持和保证人大依法行使立法权、监督权、决定权、任免权"。在政治参与权方面，党的十九大报告提出"加强协商民主制度建设,形成完整的制度程序和参与实践,保证人民在日常政治生活中有广泛持续深入参与的权利"。

(5)公民权利。党的十九大报告提出"科学立法、严格执法、公正司法、全民守法"的"新十六字方针"。通过"深化司法体制综合配套改革,全面落实司法责任制,努力让人民群众在每一个司法案件中感受到公平正义",保障公民获得公正审判权利。在法律平等权方面,党的十九大报告提出"树立宪法法律至上、法律面前人人平等的法治理念",并规定"任何组织和个人都不得有超越宪法法律的特权,绝不允许以言代法、以权压法、逐利违法、徇私枉法"。

(6)特定群体权利。党的十九大报告对妇女权利、儿童权利、老年人权利及残疾人权利作出了规定,提出"坚持男女平等基本国策,保障妇女儿童合法权益",尤其要"健全农村留守儿童和妇女、老年人关爱服务体系"。对残疾人权利保障,提出"发展残疾人事业,加强残疾康复服务"等措施。

(7)环境权利。党的十九大报告提出"加快生态文明体制改革",在建设美丽中国中,保障人民的环境权利。党的十九大报告提出"加快建立绿色生产和消费的法律制度","构建清洁低碳、安全高效的能源体系"等,以推进绿色发展。党的十九大报告还提出,"持续实施大气污染防治行动,打赢蓝天保卫战","加快水污染防治","加强农业面源污染防治","健全环保信用评价、信息强制性披露、严惩重罚等制度";与此同时,还提出"实施重要生态系统保护和修复重大工程","完善天然林保护制度","健全耕地草原森林河流湖泊休养生息制度","完善生态环境管理制度","构建国土空间开发保护制度",通过建构一系列制度切实保护公民的环境权利。

九、历届党代会的政治报告确定的权利保障政策演进的基本特点

党的政治报告作为某一时期内的政治宣言与行动纲领,也是某一时期的权利保障的行动纲领。一是指明了权利保障的前进方向。党的政治报告指明

了党和国家事业的前进方向，也必然涵盖权利保障的前进方向。二是确定了权利保障的战略部署。权利保障事业是党和国家事业的重要组成部分，党的政治报告在确定某一时期的宏伟目标与战略重点之时，也对权利保障作出了战略部署。改革开放以来，历届党代会的政治报告对权利保障的规定的演进，呈现出以下特点。

第一，从历届党代会的政治报告对权利保障的任务与目标上看，其与历届党代会确立的总任务密切相关，由于历届党代会确立的任务与目标具有差异性，所以它也呈现出差异。历届党代会的政治报告，不但确立了大会的主题，而且确定了某一时期的任务。党代会的政治报告对权利保障的规定都是为大会确立的目标与任务服务的。历届党代会的政治报告确立的目标与任务不同，决定了权利保障的战略、方针及重点领域也有所差异。例如，党的十二大报告提出，中国共产党在新的历史时期的总任务是：团结全国各族人民，自力更生，艰苦奋斗，逐步实现工业、农业、国防和科学技术现代化，把我国建设成为高度文明、高度民主的社会主义国家。基于此，党的十二大报告对受教育权保障的要求比较多，受教育权保障直接关系公民的科学素质与文化素质的提高，关系科学技术现代化的实现。

第二，整体推进与重点部署相统一。改革开放以来，中国共产党对公民权利的保障，在历届党代会的政治报告中，体现了整体推进与重点部署相统一原则。一方面，中国共产党对公民权利保障过程中，将人民权利作为一个整体进行保障，不但注意到了公民享有的经济权利、社会权利和文化权利等，而且注意到了公民权利与政治权利。尽管在历届党代会的政治报告中，公民的各项权利规定不尽相同，但是基本涵盖了经济权利、社会权利、文化权利、公民权利与政治权利。另一方面，历届党代会的政治报告根据各个时期确定的任务和目标，以及社会发展程度、社会尖锐问题等，重点确立了某些权利的保障。例如，在经济权利保障方面，党的十三大报告重点规定了"保护企业的合法权益"；在收入分配方面，提出了"以按劳分配为主体，其他分配方式为补充"的原则。党的十四大报告重点对国有企业、集体企业和其他企业进入市场竞争中的各项权利进行了规定，包括主体平等权利、公平竞争权利及产权保护等；在收入分配制度方面，提出"加快工资制度改革"；还提出了对"少数民族地区的扶贫开发"。

第三，从部分权利的保障到较为全面的保障。从历届党代会的政治报告对权利保障的内容上看，也经历了从部分权利的保障到较为全面的保障。这种政策变迁表现在两个方面：一是就权利整体而言。如果将权利分为两大类：公民权利与政治权利，经济、社会与文化权利，历届党代会的政治报告在对权利保障作出规定时，先是针对经济权利、文化权利等作出规定，而后过渡到对经济权利、社会权利、文化权利及公民权利、政治权利的全部规定。二是就某类权利而言。某类权利当中蕴含着很多子权利，如文化权利包含了受教育权、参与文化生活的权利、享受文化成果的权利、开展文化创造的权利、文化成果受保障的权利等。历届党代会的政治报告，先是保障了公民受教育权利，而后随着公共文化服务体系的建构，扩展文化权利的其他方面。

第四，从初浅层次的保障到更高水平的保障。从历届党代会的政治报告对权利保障的水平上看，也经历了从初浅层次的保障到更高水平的保障。例如，在收入方面，党的十三大报告提出了"以按劳分配为主体，其他分配方式为补充"的原则。党的十四大报告提出了"以按劳分配为主体，其他分配方式为补充，兼顾效率与公平"。党的十五大报告提出仍然"坚持按劳分配为主体、多种分配方式并存的制度"，而且提出要"依法保护合法收入""取缔非法收入""整顿不合理收入"等。而后党的十六大报告、十七大报告、十八大报告在原来的基础之上，又提出了很多深层次的要求，到了党的十九大报告，提出"坚持按劳分配原则，完善按要素分配的体制机制，促进收入分配更合理、更有序"，并要求"鼓励勤劳守法致富，扩大中等收入群体，增加低收入者收入，调节过高收入，取缔非法收入"等。历届党代会的政治报告对收入分配方面的规定，经历了由原则性的规定，扩展到体制机制的规定，还提出了收入分配实现的途径；从确立收入分配的制度，到确立公平合理的收入分配制度，等等。这既满足了人民对收入分配的公平、正义需要，也体现了党代会的政治报告在更高层次水平上保障人民权利。

第二节　中国共产党中央委员会通过的
　　　　决定提出的权利保障要求

中国共产党中央委员会是中国共产党全国代表大会产生的中央权力机构，中央委员会全体会议每年至少举行一次。在全国代表大会闭会期间，中央委员会执行全国代表大会的决议，领导党的全部工作，对外代表中国共产党。历届中央委员会召开会议，都会讨论相关议题，作出决议或者决定，指导党的建设与发展、国家的经济社会发展。改革开放以来，中国共产党中央委员会通过了很多决定，在权利保障领域，主要涉及农民权利、文化权利及与社会主义市场经济相关权利的保障。

一、关于农民权利保障的政策规定

中国共产党历来重视对农民权利的保障。改革开放以来，中国共产党中央委员会在三次全会上研究了农村农业农民社会发展问题，并形成了相关的决定。这些决定为：1979年9月，中国共产党第十一届中央委员会第四次全体会议通过的《中共中央关于加快农业发展若干问题的决定》；1998年10月，中国共产党第十五届中央委员会第三次全体会议通过的《中共中央关于农业和农村工作若干重大问题的决定》；2008年10月，中国共产党第十七届中央委员会第三次全体会议通过的《中共中央关于推进农村改革发展若干重大问题的决定》。这些决定对农民权利保障提出了不同阶段的要求。

（一）《中共中央关于加快农业发展若干问题的决定》

1979年9月，中国共产党第十一届中央委员会第四次全体会议召开，全会通过《中共中央关于加快农业发展若干问题的决定》，并提出了一系列适合我国现阶段农业生产发展的方针、政策。这一决定对最大限度地调动农民的积极性，在经济上充分关心农民的物质利益，在政治上切实保证农民的民主权利具有重要意义。这一决定对农民财产权、收入及经济平等权作出了规定。

第一，财产权。全会的决定对农村集体财产权进行保障，提出"人民公社、生产大队和生产队的所有权和自主权应该受到国家法律的切实保护，任何单位和个人都不得任意剥夺或侵犯它的利益"；同时规定"任何单位和个人，绝对不允许无偿调用和占有生产队的劳力、土地、牲畜、机械、资金、产品和物资"。

第二，收入方面。全会的决定对农民收入分配方面的权益也作出了规定，提出"人民公社各级经济组织必须认真执行各尽所能、按劳分配的原则，多劳多得，少劳少得，男女同工同酬"；"社员自留地、自留畜、家庭副业和农村集市贸易，是社会主义经济的附属和补充，不能当作所谓资本主义尾巴去批判"，"在保证巩固和发展集体经济的同时，应当鼓励和扶持农民经营家庭副业，增加个人收入，活跃农村经济"。

第三，经济平等权。全会的决定对城乡间的经济交换权利进行保障，提出"商业工作要认真贯彻执行等价交换的原则，搞好城乡物资交流"。

（二）《中共中央关于农业和农村工作若干重大问题的决定》

1998年10月，中国共产党第十五届中央委员会第三次全体会议召开，全会通过《中共中央关于农业和农村工作若干重大问题的决定》。全会按照党的十五大确定的我国社会主义初级阶段的基本纲领和总体部署，从经济、政治、文化三个方面，提出了从1998年至2010年建设有中国特色社会主义新农村的目标：在经济上，"坚持以公有制为主体、多种所有制经济共同发展，不断解放和发展农村生产力"；在政治上，"坚持中国共产党的领导，加强农村社会主义民主政治建设，进一步扩大基层民主，保证农民依法直接行使民主权利"；在文化上，"坚持全面推进农村社会主义精神文明建设，培养有理想、有道德、有文化、有纪律的新型农民"。为了实现这些目标，全会的决定还对农民权利保障作出了规定。

第一，经济权利。全会强调，"必须始终把发展农村经济、提高农业生产力水平作为整个农村工作的中心"，以农村发展促进农民各项权利保障。在土地承包权方面，全会的决定提出，"长期稳定以家庭承包经营为基础、统分结合的双层经营体制"；"要切实保障农户的土地承包权、生产自主权和经营收益权，使之成为独立的市场主体"。稳定土地承包关系，既保障了农民的土地承包权，也保障了农民的基本生活水准权。在集体财产权方面，全会的决定提出"农村集体经济组织要管理好集体资产"。在收入方面，全会的决定提出"千方百计解决好农民增收问题"，主要措施有：拓宽就业门路；提高农产品附加值；组织农民外出务工，增加农民的现金收入；减轻农民负担，尤其"严禁乱收费、乱集资、乱罚款和各种摊派，纠正变相增加农民负担的各种错误做法"；"逐步改革税费制度，加快农民承担费用和劳务的立法"。在扶贫方面，全会的决定指出"解决农村贫困人口的温饱问题，是一项紧迫而艰巨的任务"，提出的主要措施为：大幅度、多渠道增加扶贫投入，搞好以工代赈，重点改善基本生产生活条件，发展种养业；"对极少数生存条件极端恶劣的贫困人口可以有计划地实行移民开发"；"动员社会各方面力量参与扶贫，做好各部门和东部地区对口帮扶贫困地区的工作"。

第二，基层政治权利。全会认为，必须切实"加强农村基层民主法制建设"，保障农民各项政治权利。在选举权方面，全会的决定提出全面推进村级民主选举，村委会直接选举。在政治参与权利方面，全会的决定提出"全面推进村级民主决策"，凡是涉及村民利益的重要事项，都须提请全体村民或村民代表会议讨论，按多数人的意见作出决定。在监督权方面，全会的决定提出"全面推进村级民主监督"，重点为"财务公开"，在公开中落实监督权。

第三，文化权利。文化权利保障是促进社会主义精神文明建设的重要方面。全会的决定保障农民文化权利。在文化权利的享有、参与方面，全会的决定提出：加强农村文化设施建设，扩大广播、电视覆盖面，组织好文化、科技、卫生"三下乡"，鼓励和支持农民业余文化体育活动。在教育权利方面，全会的决定提出以下措施加以保障："积极推进农村教育综合改革，统筹安排基础教育、职业教育和成人教育，进一步完善农村教育体系"；而且"抓紧实施农村尤其是少数民族地区和贫困地区的义务教育，切实解决适龄儿童尤其是女童的辍学问题"；还要"合理调整中等教育结构"；"积极发展多层次、多形式的职业教育，办好农业高等中等专业学校，大力发展卫星广播电视教育，为农村培养大批专业技术人才"；特别是"要十分重视农村成人教育，加大扫盲工作力度"，加强对务工农民的岗位培训、技能培训等。

第四，健康权。全会的决定提出"完善农村医疗卫生设施，稳步发展合作医疗，提高农民健康水平"，以保障农民健康权。

第五，农村环境权利保障。全会的决定提出"加快以水利为重点的农业基本建设，改善农业生态环境"，保障农民环境权利的享有和实现。

（三）《中共中央关于推进农村改革发展若干重大问题的决定》

2008年10月，中国共产党第十七届中央委员会第三次全体会议召开，全会通过《中共中央关于推进农村改革发展若干重大问题的决定》。全会的决定确立了到二〇二〇年农村改革发展基本目标任务，全方位对农村的经济、政治、文化、社会及环境提出目标和任务，保证了农民各项权利。全会的决定指出，到二〇二〇年，农村经济体制更加健全，城乡经济社会发展一体化体制机制基本建立；现代农业建设取得显著进展，农业综合生产能力明显提高，国家粮食安全和主要农产品供给得到有效保障；农民人均纯收入比二〇〇八年翻一番，消费水平大幅提升，绝对贫困现象基本消除；农村基层组织建设进一步加强，村民自治制度更加完善，农民民主权利得到切实保障；城乡基本公共服务均等化明显推进，农村文化进一步繁荣，农民基本文化权益得到更好落实，农村人人享有接受良好教育的机会，农村基本生活保障、基本医疗卫生制度更加健全，农村社会管理体系进一步完善；资源节约型、环境友好型农业生产体系基本形成，农村居住和生态环境明显改善，可持续发展能力不断增强。

第一，经济权利。全会的决定对土地承包经营权及农民对土地的各种权利作出规定，提出"稳定和完善农村基本经营制度"，"赋予农民更加充分而有保障的土地承包经营权，现有土地承包关系要保持稳定并长久不变"；"完善农村土地管理制度"，"坚持最严格的耕地保护制度，层层落实责任，坚决守住十八亿亩耕地红线。划定永久基本农田，建立保护补偿机制，确保基本农田总量不减少、用途不改变、质量有提高"；"搞好农村土地确权、登记、颁证工作。完善土地承包经营权权能，依法保障农民对承包土地的占有、使用、收益等权利"。在就业权利方面，全会的决定提出"统筹城乡劳动就业，加快建立城乡统一的人力资源市场，引导农民有序外出就业，鼓励农民就近转移就业，扶持农民工返乡创业"。在扶贫方面，全会的决定提出"完善国家扶贫战略和政策体系，坚持开发式扶贫方针，实现农村最低生活保障制度和扶贫开发政策有效衔接。实行新的扶贫标准，对农村低收入人口全面实施扶贫政策，把尽快稳定解决扶贫对象温饱并实现脱贫致富作为新阶段扶贫开发的首要任务。重点提高农村贫困人口自我发展能力，对没有劳动力或劳动能力丧失的贫困人口实行社会救助。加大对革命老区、民族地区、边疆地区、贫困地区发展扶持力度"。

第二，社会权利。全会的决定对农民、农民工的各项社会权利提出保障要求。在医疗健康权利保障方面，全会的决定提出"巩固和发展新型农村合作医疗制度，提高筹资标准和财政补助水平，坚持大病住院保障为主、兼顾门诊医疗保障。完善农村医疗救助制度"；"向农民提供安全价廉的基本医疗服务"；"加强农村妇幼保健，逐步推行住院分娩补助政策"。在社会保障权利方面，全会的决定提出的总体目标为"加快健全农村社会保障体系"，具体包括养老保险、最低生活保障及救助等。全会的决定提出"建立新型农村社会养老保险制度"，"使被征地农民基本生活长期有保障"，"完善农村最低生活保障制度，加大中央和省级财政补助力度，做到应保尽保，不断提高保障标准和补助水平"，"全面落实农村五保供养政策，确保供养水平达到当地村民平均生活水平。完善农村受灾群众救助制度"。在农民工各项社会权利保障方面，全会的决定提出"加强农民工权益保护，逐步实现农民工劳动报酬、子女就学、公共卫生、住房租购等与城镇居民享有同等待遇，改善农民工劳动条件,保障生产安全,扩大农民工工伤、医疗、养老保险覆盖面,尽快制定和实施农民工养老保险关系转移接续办法"。

第三,文化权利。在受教育权保障方面,全会的决定对义务教育、高中教育及农村中等职业教育等提出要求,切实保障农民子女及农民的受教育权。全会的决定提出"巩固农村义务教育普及成果,提高义务教育质量,完善义务教育免费政策和经费保障机制,保障经济困难家庭儿童、留守儿童特别是女童平等就学、完成学业,改善农村学生营养状况,促进城乡义务教育均衡发展。加快普及农村高中阶段教育,重点加快发展农村中等职业教育并逐步实行免费";"健全县域职业教育培训网络,加强农民技能培训,广泛培养农村实用人才";"发展农村学前教育、特殊教育、继续教育"。在文化的享有、参与权利方面,全会的决定提出"推进广播电视村村通、文化信息资源共享、乡镇综合文化站和村文化室建设、农村电影放映、农家书屋等重点文化惠民工程,建立稳定的农村文化投入保障机制,尽快形成完备的农村公共文化服务体系";"扶持农村题材文化产品创作生产,开展农民乐于参与、便于参与的文化活动,建立文化科技卫生'三下乡'长效机制,支持农民兴办演出团体和其他文化团体,引导城市文化机构到农村拓展服务"。

第四,政治权利。全会的决定对保障农民的民主政治权利作出一系列规定,提出"发展农村基层民主,以扩大有序参与、推进信息公开、健全议事协商、强化权力监督为重点,加强基层政权建设,扩大村民自治范围,保障农民享有更多更切实的民主权利";"逐步实行城乡按相同人口比例选举人大代表,扩大农民在县乡人大代表中的比例,密切人大代表同农民的联系";"完善与农民政治参与积极性不断提高相适应的乡镇治理机制,实行政务公开,依法保障农民知情权、参与权、表达权、监督权";还规定了民主选举、民主决策及民主管理等。在迁徙自由权利方面,全会的决定对农民向城镇迁移户籍作出明确规定,提出:通过户籍制度改革,推动农民有序转变为城镇居民,并享有与城镇居民同等的待遇";"统筹城乡社会管理,推进户籍制度改革,放宽中小城市落户条件,使在城镇稳定就业和居住的农民有序转变为城镇居民"。

第五，特定群体权利。全会的决定还关注农村的特定群体，提出：落实好军烈属和伤残病退伍军人等优抚政策；发展以扶老、助残、救孤、济困、赈灾为重点的社会福利和慈善事业；发展农村老龄服务；加强农村残疾预防和残疾人康复工作，促进农村残疾人事业发展。

二、与市场经济相关的权利保障

自改革开放起，中国共产党就探索建立社会主义市场经济，出台了一系列政策引导经济社会发展。关于市场经济的政策主要有：1984年10月，中国共产党第十二届中央委员会第三次全体会议通过的《中共中央关于经济体制改革的决定》；1993年11月，中国共产党第十四届中央委员会第三次全体会议通过的《中共中央关于建立社会主义市场经济体制若干问题的决定》；2003年10月，中国共产党第十六届中央委员会第三次全体会议通过的《中共中央关于完善社会主义市场经济体制若干问题的决定》。

（一）《中共中央关于经济体制改革的决定》

1984年10月，中国共产党第十二届中央委员会第三次全体会议召开，全会通过《中共中央关于经济体制改革的决定》。全会认为，"必须按照把马克思主义基本原理同中国实际结合起来，建设有中国特色的社会主义的总要求，进一步贯彻执行对内搞活经济、对外实行开放的方针，加快以城市为重点的整个经济体制改革的步伐，以利于更好地开创社会主义现代化建设的新局面"。党的十二届三中全会决定推动以城市为重点的经济体制改革，经济体制改革的基本任务是：建立起具有中国特色的、充满生机和活力的社会主义经济体制。推进社会主义经济体制，保障与市场经济相关的各项权利。

第一，市场经济主体各项权利保障。①在经济自主权方面，党的十二届三中全会提出"增强企业活力是经济体制改革的中心环节"。全会提出解决好两个方面的关系问题：一是确立国家和全民所有制企业之间的正确关系，扩大企业自主权。二是确立职工和企业之间的正确关系，保证劳动者在企业中的主人翁地位。国家和全民所有制企业之间的关系、职工和企业之间的关系，涉及对经济主体的权利保障问题。全会在正确处理这两种关系时提出"要使企业真正成为相对独立的经济实体，成为自主经营、自负盈亏的社会主义商品生产者和经营者，具有自我改造和自我发展的能力，成为具有一定权利和义务的法人"。党的十二届三中全会"明确认识社会主义计划经济必须自觉依据和运用价值规律，是在公有制基础上的有计划的商品经济"，要"建立合理的价格体系，充分重视经济杠杆的作用"。②在分配方面，全会的决定提出坚持"按劳分配的社会主义原则"，"在企业内部，要扩大工资差距，拉开档次，以充分体现奖勤罚懒、奖优罚劣，充分体现多劳多得、少劳少得，充分体现脑力劳动和体力劳动、复杂劳动和简单劳动、熟练劳动和非熟练劳动、繁重劳动和非繁重劳动之间的差别"。③在扶贫方面，全会的决定提出政策的倾斜与物质技术支持，"对还没有富裕起来的人积极扶持，对经济还很落后的一部分革命老根据地、少数民族地区、边远地区和其他贫困地区实行特殊的优惠政策，并给以必要的物质技术支援"。

第二，政治权利。全会的决定提出在推进市场经济体制改革的同时，也推进政治体制改革，以适应经济社会发展。全会的决定认为，在增强企业活力之时，必须保证企业职工的主人翁地位，"必须坚决保证广大职工和他们选出的代表参加企业民主管理的权利"。"按照政企职责分开、简政放权的原则进行改革。"还提出"必须健全职工代表大会制度和各项民主管理制度，充分发挥工会组织和职工代表在审议企业重大决策、监督行政领导和维护职工合法权益等方面的权力和作用，体现工人阶级的主人翁地位"。在保障企业职工的各项政治权利中，保障经济体制改革顺利进行。

第三，经济体制改革的法治保障。全会的决定提出"国家立法机关要加快经济立法，法院要加强经济案件的审判工作，检察院要加强对经济犯罪行为的检察工作，司法部门要积极为经济建设提供法律服务"。

第四，特定群体权利。全会的决定提出"必须对老弱病残、鳏寡孤独等实行社会救济"。

(二)《中共中央关于建立社会主义市场经济体制若干问题的决定》

1993年11月,中国共产党第十四届中央委员会第三次全体会议召开,全会通过《中共中央关于建立社会主义市场经济体制若干问题的决定》。这个决定把党的十四大确定的经济体制改革的目标和基本原则加以系统化、具体化,是我国建立社会主义市场经济体制的总体规划,是20世纪90年代进行经济体制改革的行动纲领。全会的决定对建设社会主义市场经济中的权利保障也提出了相应的要求。

第一,经济权利。全会的决定提出"建立现代企业制度",为企业职工权利提供制度保障。在建立现代企业制度中,使"企业拥有包括国家在内的出资者投资形成的全部法人财产权,成为享有民事权利、承担民事责任的法人实体","工会与职工代表大会要组织职工参加企业的民主管理,维护职工的合法权益","国家要为各种所有制经济平等参与市场竞争创造条件,对各类企业一视同仁"。在经济自由和平等权保障方面,全会的决定提出"着重发展生产要素市场,规范市场行为,打破地区、部门的分割和封锁,反对不正当竞争,创造平等竞争的环境,形成统一、开放、竞争、有序的大市场","建立正常的市场进入、市场竞争和市场交易秩序,保证公平交易,平等竞争,保护经营者和消费者的合法权益"。在劳动力流动自由方面,"鼓励和引导农村剩余劳动力逐步向非农产业转移和地区间的有序流动","发展多种就业形式,运用经济手段调节就业结构,形成用人单位和劳动者双向选择、合理流动的就业机制"。在收入分配方面,全会的决定提出"个人收入分配要坚持以按劳分配为主体、多种分配方式并存的制度,体现效率优先、兼顾公平的原则","国家依法保护法人和居民的一切合法收入和财产,鼓励城乡居民储蓄和投资,允许属于个人的资本等生产要素参与收益分配"。

第二,社会保障权利。全会的决定提出"建立多层次的社会保障体系",为城乡居民提供同我国国情相适应的社会保障。这个多层次的社会保障体系主要"包括社会保险、社会救济、社会福利、优抚安置和社会互助、个人储蓄积累保障"。与此同时,全会的决定还提出了"社会保障政策要统一",以及"管理要法制化","重点完善企业养老和失业保险制度,强化社会服务功能以减轻企业负担,促进企业组织结构调整,提高企业经济效益和竞争能力","城镇职工养老和医疗保险金由单位和个人共同负担,实行社会统筹和个人帐户相结合。进一步健全失业保险制度,保险费由企业按职工工资总额一定比例统一筹交","普遍建立企业工伤保险制度","农民养老以家庭保障为主,与社区扶持相结合。有条件的地方,根据农民自愿,也可以实行个人储蓄积累养老保险。发展和完善农村合作医疗制度"。

第三,文化权利。在建立社会主义市场经济中,科技与教育体制也要进行改革,以适应经济体制的发展。在教育权利方面,"确保教育投入,提高教学质量和办学效益。改变政府包揽办学的状况,形成政府办学为主与社会各界参与办学相结合的新体制。强化义务教育,大力发展职业教育和成人教育,优化教育结构"。

第四,建设与社会主义市场经济各项权利保障相关的法律制度。党的十四届三中全会提出,"遵循宪法规定的原则,加快经济立法,进一步完善民商法律、刑事法律、有关国家机构和行政管理方面的法律,本世纪末初步建立适应社会主义市场经济的法律体系","改革、完善司法制度和行政执法机制,提高司法和行政执法水平;建立健全执法监督机制和法律服务机构";"要搞好立法规划,抓紧制订关于规范市场主体、维护市场秩序、加强宏观调控、完善社会保障、促进对外开放等方面的法律。要适时修改和废止与建立社会主义市场经济体制不相适应的法律和法规";"加强和改善司法、行政执法和执法监督,维护社会稳定,保障经济发展和公民的合法权益。依法惩处刑事犯罪和经济犯罪,及时处理经济和民事纠纷。各级政府都要依法行政,依法办事。坚决纠正经济活动以及其他活动中有法不依,执法不严,违法不究,滥用职权,以及为谋求部门和地区利益而违反法律等现象"。

（三）《中共中央关于完善社会主义市场经济体制若干问题的决定》

2003年10月，中国共产党第十六届中央委员会第三次全体会议召开，全会通过《中共中央关于完善社会主义市场经济体制若干问题的决定》。全会的决定是进一步深化经济体制改革，促进经济和社会全面发展的纲领性文件。它是党的十四届三中全会作出《中共中央关于建立社会主义市场经济体制若干问题的决定》以后，专门对建设社会主义市场经济体制若干问题作出的又一个行动指南。1993—2003年，我国经济体制改革取得了重大进展。社会主义市场经济体制初步建立，公有制为主体、多种所有制经济共同发展的基本经济制度已经确立，全方位、宽领域、多层次的对外开放格局基本形成。公民的基本权利保障基本符合社会主义市场经济体制的初步要求。

中国共产党在完善社会主义市场经济体制中不断加强权利保障。党的十六届三中全会提出的完善社会主义市场经济体制的目标为，"按照统筹城乡发展、统筹区域发展、统筹经济社会发展、统筹人与自然和谐发展、统筹国内发展和对外开放的要求，更大程度地发挥市场在资源配置中的基础性作用，增强企业活力和竞争力，健全国家宏观调控，完善政府社会管理和公共服务职能，为全面建设小康社会提供强有力的体制保障"。为了实现完善社会主义市场经济的目标，全会的决定在基本制度、体制、机制等很多方面提出了完善社会主义市场经济的主要任务，"完善公有制为主体、多种所有制经济共同发展的基本经济制度；建立有利于逐步改变城乡二元经济结构的体制；形成促进区域经济协调发展的机制；建设统一开放竞争有序的现代市场体系；完善宏观调控体系、行政管理体制和经济法律制度；健全就业、收入分配和社会保障制度；建立促进经济社会可持续发展的机制"。在完成这些任务过程中，既实现了既定的奋斗目标，也保障了公民在市场经济中各项权利。

第一，经济权利。在财产权方面，全会的决定通过"建立健全现代产权制度"对财产权进行保障。全会的决定提出"建立归属清晰、权责明确、保护严格、流转顺畅的现代产权制度",保护公有财产权和私有财产权,"要依法保护各类产权,健全产权交易规则和监管制度,推动产权有序流转,保障所有市场主体的平等法律地位和发展权利"。在市场主体自由权方面,全会的决定提出"废止妨碍公平竞争、设置行政壁垒、排斥外地产品和服务的各种分割市场的规定,打破行业垄断和地区封锁"。在就业权方面,全会的决定提出,"鼓励企业创造更多的就业岗位","完善就业服务体系,加强职业教育和技能培训,帮助特殊困难群体就业","规范企业用工行为,保障劳动者合法权益"。在收入分配权利方面,全会的决定提出"完善按劳分配为主体、多种分配方式并存的分配制度,坚持效率优先、兼顾公平,各种生产要素按贡献参与分配","以共同富裕为目标,扩大中等收入者比重,提高低收入者收入水平,调节过高收入,取缔非法收入"。

第二,社会权利。在社会保障权利方面,全会的决定提出"加快建设与经济发展水平相适应的社会保障体系",主要措施为:"完善企业职工基本养老保险制度","将城镇从业人员纳入基本养老保险";"健全失业保险制度,实现国有企业下岗职工基本生活保障向失业保险并轨";"继续完善城镇职工基本医疗保险制度、医疗卫生和药品生产流通体制的同步改革,扩大基本医疗保险覆盖面,健全社会医疗救助和多层次的医疗保障体系";"继续推行职工工伤和生育保险";"完善城市居民最低生活保障制度,合理确定保障标准和方式";"农村养老保障以家庭为主,同社区保障、国家救济相结合。有条件的地方探索建立农村最低生活保障制度"。在医疗卫生健康权利方面,全会的决定提出,"建立与社会主义市场经济体制相适应的卫生医疗体系","建立健全疾病信息网络体系、疾病预防控制体系和医疗救治体系","加快城镇医疗卫生体制改革","改善乡村卫生医疗条件,积极建立新型农村合作医疗制度,实行对贫困农民的医疗救助","健全卫生监管体系,保证群众的食品、药品和医疗安全"。

第三,文化权利。在文化的享有和参与权利方面,全会的决定提出"健全文化市场体系,建立富有活力的文化产品生产经营体制。完善文化产业政策,鼓励多渠道资金投入,促进各类文化产业共同发展,形成一批大型文化企业集团,增强文化产业的整体实力和国际竞争力。依法规范文化市场秩序"。在受教育权利方面,全会的决定提出"构建现代国民教育体系和终身教育体系";"巩固和完善以县级政府管理为主的农村义务教育管理体制。实施全员聘用和教师资格准入制度。完善和规范以政府投入为主、多渠道筹措经费的教育投入体制,形成公办学校和民办学校共同发展的格局。完善国家和社会资助家庭经济困难学生的制度"。

第四,农民权利。全会的决定完善了农村经济体制,保障农民权利。全会的决定提出,"要长期稳定并不断完善以家庭承包经营为基础、统分结合的双层经营体制,依法保障农民对土地承包经营的各项权利",并对土地流转、耕地保护、征地补偿等作出规划。在农民参与市场方面,全会的决定提出"完善农产品市场体系,放开粮食收购市场,把通过流通环节的间接补贴改为对农民的直接补贴,切实保护种粮农民的利益"。在收入方面,全会的决定提出通过税费改革,减轻农民负担,从而增加农民收入,提出"完善农村税费改革试点的各项政策,取消农业特产税","逐步降低农业税率,切实减轻农民负担"。在农民就业权利方面,全会的决定提出"建立健全农村劳动力的培训机制,推进乡镇企业改革和调整,大力发展县域经济,积极拓展农村就业空间,取消对农民进城就业的限制性规定,为农民创造更多就业机会。逐步统一城乡劳动力市场,加强引导和管理,形成城乡劳动者平等就业的制度"。在农民迁徙自由方面,通过推进户籍制度改革,促进农业人口自由流动,全会的决定提出"深化户籍制度改革,完善流动人口管理,引导农村富余劳动力平稳有序转移。加快城镇化进程,在城市有稳定职业和住所的农业人口,可按当地规定在就业地或居住地登记户籍,并依法享有当地居民应有的权利,承担应尽的义务"。

第五,推进经济法制建设。全会的决定提出"完善市场主体和中介组织法律制度,使各类市场主体真正具有完全的行为能力和责任能力。完善产权法律制度,规范和理顺产权关系,保护各类产权权益。完善市场交易法律制度,保障合同自由和交易安全,维护公平竞争",为社会主义市场经济的各项权利提供法律保障。

三、关于文化权利保障的政策规定

2011年10月，中国共产党第十七届中央委员会第六次全体会议召开，全会通过《中共中央关于深化文化体制改革　推动社会主义文化大发展大繁荣若干重大问题的决定》。全会的决定为指导我国文化改革发展的纲领性文件，对文化权利保障也具有重要意义。

全会的决定提出文化改革的奋斗目标："社会主义核心价值体系建设深入推进，良好思想道德风尚进一步弘扬，公民素质明显提高；适应人民需要的文化产品更加丰富，精品力作不断涌现；文化事业全面繁荣，覆盖全社会的公共文化服务体系基本建立，努力实现基本公共文化服务均等化；文化产业成为国民经济支柱性产业，整体实力和国际竞争力显著增强，公有制为主体、多种所有制共同发展的文化产业格局全面形成；文化管理体制和文化产品生产经营机制充满活力、富有效率，以民族文化为主体、吸收外来有益文化、推动中华文化走向世界的文化开放格局进一步完善；高素质文化人才队伍发展壮大，文化繁荣发展的人才保障更加有力。"

全会的决定提出，"必须全面贯彻为人民服务、为社会主义服务的方向和百花齐放、百家争鸣的方针"。

第一，在享受文化成果的权利方面，"实施精品战略，组织好'五个一工程'、重大革命和历史题材创作工程、重点文学艺术作品扶持工程、优秀少儿作品创作工程，鼓励原创和现实题材创作，不断推出文艺精品。扶持代表国家水准、具有民族特色和地方特色的优秀艺术品种，积极发展新的艺术样式"。"实施网络内容建设工程，推动优秀传统文化瑰宝和当代文化精品网络传播，制作适合互联网和手机等新兴媒体传播的精品佳作，鼓励网民创作格调健康的网络文化作品。支持重点新闻网站加快发展，打造一批在国内外有较强影响力的综合性网站和特色网站，发挥主要商业网站建设性作用，培育一批网络内容生产和服务骨干企业。""大力发展公益性文化事业，保障人民基本文化权益。""完善国家数字图书馆建设。整合有线电视网络，组建国家级广播电视网络公司。推进电信网、广电网、互联网三网融合，建设国家新媒体集成播控平台。""加强文化典籍整理和出版工作，推进文化典籍资源数字化。加强国家重大文化和自然遗产地、重点文物保护单位、历史文化名城名镇名村保护建设，抓好非物质文化遗产保护传承。"

第二，开展文化创造的权利。开展文化创造，必须有一定的经济财政支持，全会的决定提出，"要以公共财政为支撑，以公益性文化单位为骨干，以全体人民为服务对象，以保障人民群众看电视、听广播、读书看报、进行公共文化鉴赏、参与公共文化活动等基本文化权益为主要内容，完善覆盖城乡、结构合理、功能健全、实用高效的公共文化服务体系"，"把主要公共文化产品和服务项目、公益性文化活动纳入公共财政经常性支出预算。采取政府采购、项目补贴、定向资助、贷款贴息、税收减免等政策措施鼓励各类文化企业参与公共文化服务。鼓励国家投资、资助或拥有版权的文化产品无偿用于公共文化服务"。

第三，参加文化生活的权利。全会的决定提出"加强文化馆、博物馆、图书馆、美术馆、科技馆、纪念馆、工人文化宫、青少年宫等公共文化服务设施和爱国主义教育示范基地建设并完善向社会免费开放服务，鼓励其他国有文化单位、教育机构等开展公益性文化活动，各类公共场所要为群众性文化活动提供便利"。同时，"加强社区公共文化设施建设，把社区文化中心建设纳入城乡规划和设计，拓展投资渠道。完善面向妇女、未成年人、老年人、残疾人的公共文化服务设施。引导和鼓励社会力量通过兴办实体、资助项目、赞助活动、提供设施等形式参与公共文化服务。推进国家公共文化服务体系示范区创建"。"深入挖掘民族传统节日文化内涵，广泛开展优秀传统文化教育普及活动。"

全会的决定提出很多措施，推进农民对文化权利的保障。这些措施有："加快城乡文化一体化发展"，"要以农村和中西部地区为重点，加强县级文化馆和图书馆、乡镇综合文化站、村文化室建设，深入实施广播电视村村通、文化信息资源共享、农村电影放映、农家书屋等文化惠民工程"，"加大对革命老区、民族地区、边疆地区、贫困地区文化服务网络建设支持和帮扶力度","深入开展全民阅读、全民健身活动,推动文化科技卫生'三下乡'、科教文体法律卫生'四进社区'、'送欢乐下基层'等活动经常化",等等。

四、中国共产党中央委员会通过的决定对权利保障演进的基本特点

改革开放以来,中国共产党中央委员会(简称党中央)通过很多的决定,对不同领域内的权利提出了相应的要求。综观这些决定对权利保障的要求,其呈现出以下特点。

第一,围绕改革进程中的重大问题多次提出保障要求,并由部分保障到全面保障、初浅层次保障到更高水平保障。一些问题对改革开放和现代化建设具有重大影响,并且一直都存在,党中央依据不同时期的挑战,对相关权利提出不同的保障要求。例如,农业、农村和农民问题是关系我国改革开放和现代化建设全局的重大问题。1979年至今,党中央召开了三次全会集中讨论农业和农村问题,逐步扩大和深化对农民权利的保障。1979年,党的十一届四中全会通过的《中共中央关于加快农业发展若干问题的决定》,规定了农民经济权利,包括财产权、收入分配权利、经济平等权利等;1998年,党的十五届三中全会通过的《中共中央关于农业和农村工作若干重大问题的决定》,规定了农民的经济权利、文化权利及政治权利等;2008年,党的十七届三中全会通过的《中共中央关于推进农村改革发展若干重大问题的决定》,规定了农民的经济权利、文化权利、社会权利及政治权利等。

第二,以对公民的经济、社会和文化权利保障为主,兼顾公民权利与政治权利。党中央全会的决定,无论是对农业、农村和农民问题,还是社会主义市场经济体制问题,都以保障公民的经济、社会和文化权利为主。例如,2003年,党的十六届三中全会通过的《中共中央关于完善社会主义市场经济体制若干问题的决定》,对财产权、市场主体权利、就业权利、收入分配权利、社会保障权利、教育权利、文化权利、医疗健康卫生权利等作出了具

体规定；同时，也提出通过加强经济法制建设，切实保障经济、社会与文化权利的实现。

第三节 国民经济和社会发展规划作出的权利保障规划

国民经济和社会发展规划是全国或者某一地区经济、社会发展的总体纲要，是具有战略意义的指导性文件。依据时间长短，分为长期计划（十至二十年）、中期计划（一般为五年）和年度计划。中国国民经济和社会发展规划在中国共产党领导下制定，并由全国人民代表大会审查批准，不但指导经济、社会及文化建设工作，而且指导某一时期公民的权利保障。中国共产党中央委员会在每一个五年规划即将结束之时，召开全会提出国民经济和社会发展规划的建议，然后由全国人民代表大会批准。改革开放以来，一共制定了九个五年规划。本部分主要分析国民经济和社会发展的五年规划中关于权利保障的具体规定。

一、"六五"计划对权利保障的具体规划

"六五"计划对权利保障的规定，主要表现在以下几个方面。

（1）经济权利。"六五"计划指导这一时期的经济发展，促进各项经济权利保障。在就业权利保障方面，"六五"计划提出，"到1985年底，全国城镇新成长起来的劳动力，基本上可以得到安置"；"做好城镇待业青年就业前培训工作"；"有效地改善劳动条件，努力防止伤亡事故，并使职业病发病率降到历史最低水平以下"；"完善劳保制度，改进劳保福利办法"。

（2）社会权利。在住房权方面，"六五"计划提出，"五年内，预计农民新建住宅25亿平方米，新建公共福利设施3亿平方米"；"五年内计划在城镇共建成住宅3.1亿平方米，平均每年6200万平方米。城镇居民的无房户、

特别拥挤户和不方便户的居住条件将会有所改善"。在社会保障权利方面,"六五"计划提出,"充分挖掘各方面可利用的潜力,采取多种形式,积极兴办各项社会福利事业";"妥善照顾农村'五保户'和烈军属的生活";"适当发展一批疗养院、休养所,分期分批地安排工人、干部疗养和休息";"国家用于抚恤和社会救济的经费,五年合计126.7亿元"。在健康权保障方面,"六五"计划提出,"加强城乡各级医疗卫生机构的建设";"增加专业卫生人员","加强赤脚医生、农村卫生员和接生员的培训提高工作";"医药工业必须切实加强科学研究,大力提高产品质量,提高疗效,努力增产一批短线产品";"结合企业整顿、改组,坚决关闭不合标准的医药生产企业,淘汰那些损害人民健康的、质量低劣的产品"。

（3）文化权利。"六五"计划对文化权利及受教育权作出计划安排。在文化权利方面,为保障公民的文化参与权利、文化共享权利、开展文化活动等权利,"六五"计划提出,增加"新摄制的电影故事片","大力发展科教片,改进和发展纪录片,增加美术片和电视片";"积极改善新闻出版手段,搞好各种出版印刷发行机构的精简和体制改革,在提高书刊质量的基础上发展数量";"改进图书发行工作";"广播电视事业要有适当的发展";"加强文物保护工作,进一步发展文物事业";"充实、提高现有博物馆。目前尚无博物馆的市,要逐步建立博物馆";"加强公共图书馆的建设。认真抓好北京图书馆建设工程。目前尚无公共图书馆的省、市、县,要逐步地建立起来";"在大中城市要建立儿童图书馆";"积极发展少数民族地区特别是边境地区的文化事业,建设和扩充图书馆、文化馆、博物馆、影剧院等文化设施。在没有剧团的县、旗,要建立乌兰牧骑式的演出队";"搞好影片的民族语言翻译和磁带录音工作";"做好对少数民族的书刊出版工作,编纂出版少数民族语文工具书,整理出版少数民族的文化遗产";"积极开展群众文化活动,加强群众性文化设施的建设"。在受教育权方面,"六五"期间,积极发展幼儿教育,充实加强小学,整顿提高初中,调整改革高中,大力发展职业技术教育,积极扫除文盲。主要目标为:到1985年,争取全国绝大部分县普及或基本普及小学教育;其他地区也要积极创造条件,使更多的适龄儿童入学。

各省、市、自治区要采取有效措施，努力提高广大农村、边远地区和少数民族聚居地区学龄儿童的入学率，特别要提高入学巩固率。1985年以前，城市要普及初中教育。重视成人高等和中等专业教育。发展广播电视大学、函授大学、夜大学、职工大学、农民大学，提倡和鼓励自学成材。

（4）环境权利。"六五"计划提出，制止对自然环境的破坏，防止新污染的发展，努力控制生态环境的继续恶化，抓紧解决突出的污染问题。搞好环境保护的立法、执法。

（5）在社会秩序方面，"六五"计划提出，进一步整顿社会治安，坚决打击反社会主义的敌对分子和刑事犯罪分子；坚决打击经济领域中严重犯罪活动，保卫社会主义经济制度和现代化建设。

二、"七五"计划对权利保障的具体规划

1985年9月，中国共产党第十二届中央委员会第四次全体会议召开，会议讨论并原则通过了《中共中央关于制定国民经济和社会发展第七个五年计划的建议（草案）》。1986年4月，第六届全国人民代表大会第四次会议通过决议，原则批准国务院制订的《中华人民共和国国民经济和社会发展第七个五年计划》（简称"七五"计划）。"七五"期间经济和社会发展的主要任务为：一是进一步为经济体制改革创造良好的经济环境和社会环境，努力保持社会总需求和总供给的基本平衡，使改革更加顺利地展开，力争在五年或更长一些的时间内，基本上奠定有中国特色的新型社会主义经济体制的基础。二是保持经济的持续稳定增长，在控制固定资产投资总额的前提下大力加强重点建设、技术改造和智力开发，在物质技术和人才方面为90年代经济和社会的继续发展准备必要的后续能力。三是在发展生产和提高经济效益的基础上，继续改善城乡人民生活。"七五"计划规定，一方面，为经济、社会及文化权利的保障奠定经济基础，如对增加收入、教育投入及公共服务的投入提供经济基础；另一方面，也促进对公民权利与政治权利的保障。

（1）经济权利。"七五"计划在经济权利方面，主要对扶贫、自由权等

进行保障。在扶贫方面,"七五"计划提出,"国家对老、少、边、穷地区继续在资金方面实行扶持政策;继续减轻老、少、边、穷地区的税收负担。进一步组织发达地区和城市对老、少、边、穷地区的对口支援工作"。在市场主体自由权方面,"七五"计划提出,在经济体制改革中,"进一步增强企业特别是全民所有制大中型企业的活力,使它们真正成为相对独立的经济实体,成为自主经营、自负盈亏的社会主义商品生产者和经营者"。

(2)社会权利。在水权方面,"七五"计划提出,"缓和城市供水紧张的局面,基本解决全国县城居民饮用水"。在住房权方面,"七五"计划提出,"农村新建住宅30亿平方米",切实保障农村住房权问题。在社会保障权利方面,"七五"计划提出,"要有步骤地建立起具有中国特色的社会主义的社会保障制度雏形";"建立健全社会保险制度,进一步发展社会福利事业,继续做好优抚、救济工作";"要通过多种渠道筹集社会保障基金"。在健康权方面,为保障公民健康权的实现,"七五"计划提出的主要措施为:"继续贯彻预防为主的方针,普及卫生知识";"加强重点医院的建设";"积极发展中医事业。重点搞好中医药研究基地的建设。有计划地积极发展中医机构和中医病床,争取达到一般市、县都有一所中医医院或中医门诊部";"加强卫生队伍建设";"积极开展医药科学研究";"建立健全药品、食品的国家监督保证体系"。

(3)文化权利。在各项文化权利保障方面,"七五"计划提出,"各项文化事业的发展,必须坚持为人民服务、为社会主义服务的方向,正确处理经济效益和社会效益的关系,把社会效益放在首位"。为促进文化共享权利的实现,"七五"计划提出,"到1990年,除某些地区外,争取做到市市、县县都有一个规模不等的图书馆";"加强档案馆的建设";"改善县文化馆的馆舍和业务用房条件,巩固和发展乡文化站"。为促进少数民族文化权利的实现,"七五"计划提出,"积极发展少数民族地区文化事业"。在受教育权利保障方面,"七五"计划提出,"逐步实行九年制义务教育";在五年内,增加各类全日制中等职业技术学校、普通高等学校毕业生;发展多种形式的成人高等教育;加强对在职干部、工人和农民的培训。主要措施为:"要简政放权,改变国家对各级各类学校管得过多过死的状况。经过试点,逐步推行以中心城市管理高等学校的管理体制。加强教育立法,逐步建立系统的教育评价和监督制度";"中央和地方政府教育拨款的增长要高于财政经常性收入的增长,并使按在校学生人数平均的教育费用逐步增长";"广泛推行广播电视教学形式"。

(4) 环境权利。"七五"计划提出,"到 1990 年,使工业的主要污染物有 50%~70%达到国家规定的排放标准;保护江河、湖泊、水库和沿海的水质;保护重点城市的环境;保护农村环境;改善生态环境"。

(5) 政治权利。"七五"计划提出,"继续加强社会主义民主,健全社会主义法制,并把这两个方面的建设紧密结合起来,使社会主义民主制度化、法律化"。

三、"八五"计划对权利保障的具体规划

1990 年 12 月,中国共产党第十三届中央委员会第七次全体会议召开,会议审议并通过了《中共中央关于制定国民经济和社会发展十年规划和"八五"计划的建议》。1991 年 4 月,第七届全国人民代表大会第四次会议审议并批准了国务院提出的《中华人民共和国国民经济和社会发展十年规划和第八个五年计划纲要》(简称"八五"计划)。"八五"计划总的要求是,"实现我国社会主义现代化建设的第二步战略目标,把国民经济的整体素质提高到一个新的水平"。奋斗目标为:"在大力提高经济效益和优化经济结构的基础上,使国民生产总值按不变价格计算,到本世纪末比 1980 年翻两番。……人民生活从温饱达到小康,生活资料更加丰裕,消费结构趋于合理,居住条件明显改善,文化生活进一步丰富,健康水平继续提高,社会服务设施不断完善。发展教育事业,推动科技进步,改善经济管理,调整经济结构,加强重点建设,为二十一世纪初叶我国经济和社会的持续发展奠定物质技术基础。初步建立适应以公有制为基础的社会主义有计划商品经济发展的、计划经济和市场调节相结合的经济体制与运行机制。"

"八五"计划对权利保障的具体规划，主要表现在以下几个方面。

（1）经济权利。"八五"计划对经济发展权利、市场经济主体的平等权利与自由权利及扶贫等方面作出规划。在经济发展权方面，"八五"计划提出经济发展权的协调，提出在"八五"期间，要按照今后十年地区经济发展和生产力布局的基本原则，正确处理发挥地区优势与全国统筹规划、沿海与内地、经济发达地区与较不发达地区之间的关系，促进地区经济朝着合理分工、各展其长、优势互补、协调发展的方向前进。积极扶持少数民族地区和贫困地区经济的发展，以利于逐步实现共同富裕。在经济主体的平等权与自由权方面，"八五"计划提出，在初步建立社会主义有计划商品经济新体制和计划经济与市场调节相结合运行机制的总要求下，推进经济体制改革。在改革企业体制中，逐步创造使大中型企业与其他企业平等竞争的条件。在发展社会主义市场体系中，努力消除各种形式的关卡壁垒，改变地区封锁、条块分割的状况，促进统一市场的形成。在扶贫方面，"八五"计划提出，要坚持以经济开发为主的扶贫方针，继续贯彻帮助贫困地区尽快改变面貌的政策措施，增强这些地区经济自立致富的能力和经济内在活力。经过五年努力，基本上解决现在尚属贫困地区群众的温饱问题"。在就业权利方面，"八五"计划提出，"充分开发和合理利用劳动力资源，拓宽就业渠道，积极解决劳动就业问题"。而且提出了就业方面的具体目标为：五年内，要通过多种形式安置城镇劳动力就业3200万人，争取在"八五"期间把城镇待业率控制在3.5%以内。在农村，要大力推进农村经济向广度、深度进军，充分发挥农村富余劳动力的作用。

（2）社会权利。"八五"计划对水权、住房权及社会保障权利作出了规划。在水权方面，"八五"计划提出，要把水利作为国民经济的基础产业，放在重要战略地位。要着手建设一些跨流域的调水工程，逐步缓解华北和其他重点缺水地区、缺水城市的供水困难，努力解决部分地区人、畜饮水困难的问题。在住房权方面，"八五"计划提出，"要积极推行住房制度改革。逐步改变低租金、无偿分配住房的办法，促进住房商品化进程。要调动各方面的积极性，加快住房建设，形成国家、集体、个人三结合筹资建房的机制"。

在社会保障权利方面,"八五"计划提出"努力推进社会保障制度的改革",主要措施为:"以改革和建立社会养老保险和待业保险制度为重点,带动其他社会保险事业和社会福利、社会救济与优抚等事业的发展。按照国家、集体和个人共同合理负担的原则,在城镇各类职工中逐步建立社会养老保险制度,扩大待业保险的范围,完善待业保险办法,实行多层次的社会保险。"与此同时,"八五"计划也注重农村社会保障制度建立,提出"采取积极引导的方针,逐步建立不同形式的老年保障制度。同时,努力改革医疗保险和工伤保险制度,继续推行合作医疗保险。保护残疾人的合法权益"。在健康权方面,"八五"计划提出"贯彻预防为主、依靠科技进步、动员全社会参与、中西医并重、为人民健康服务的方针","同时把医疗卫生工作的重点放在农村"。在具体的目标方面,"八五"计划提出"到 1995 年,使全国 50%的县达到《在我国农村实现'2000 年人人享有初级卫生保健'规划目标》的低限标准。五年内,婴儿死亡率下降 10%—15%;主要传染病报告发病率下降 20%,有效控制血吸虫病;乡、镇计划免疫接种率达到 85%;农村饮用水改水受益人口达到 85%"。

(3)文化权利。在文化享有权利、参与权利及开展文化活动权利方面,"八五"计划提出,"大力弘扬民族优秀文化,提高精神产品质量,不断满足人民群众日益增长的文化需要,为社会的稳定、繁荣、文明、进步提供更多的优秀作品",尤其"要继续积极稳妥地进行各类文化管理体制的改革,认真研究制定促进文化事业发展的经济政策,对繁荣社会主义文化给予必要物质支持"。而且提出,"加强文化设施的建设。进一步办好图书馆、文化馆、艺术馆、博物馆、科技馆、文化站、俱乐部、广播电视站和图书、报刊发行网点等各类文化活动场所。要充分发挥集体和个人的力量,积极建设城市、集镇、农村的群众性文化设施,增加活动网点。'八五'期间,要努力做到县县有图书馆、文化馆,乡乡有文化站。同时,加强文化市场的建设和管理。积极发展少数民族地区和边境口岸地区的文化事业。加强民族文字的图书、杂志和报纸的出版发行工作"。在受教育权方面,"八五"计划对基础教育、中等职业教育、高等教育及继续教育等提出了具体目标:在基础教育方面，进一步推行小学阶段或初中阶段义务教育；五年内，力争在占全国人口80%以上的地区普及小学阶段义务教育，占全国人口30%以上的地区普及初中阶段义务教育。在中等职业教育方面，要统筹规划普通高中、中等专业学校、职业高中、技工学校等，使各种形式的职业教育得到较快发展，并努力提高中等职业技术学校的办学水平。在普通高等教育方面，合理调整普通高等教育结构。在成人教育方面，积极发展成人教育。继续采取多种途径、多种力量、多种形式办学，大力开展岗位培训；加强专业技术人员的继续教育工作；努力办好农民文化技术学校；进一步整顿和调整现有成人高等学历教育，切实提高教育水平和质量，鼓励自学成才；积极抓好扫除青壮年文盲工作。为了达到这些目标，主要措施为：一是中央和地方各级政府要逐步增加对教育的投入；二是继续深入开展教育体制改革；三是加强师资队伍建设。

（4）政治权利。"八五"计划提出，建立健全民主决策、民主监督的程序和制度；加强基层政权建设，健全村民、居民自治制度，活跃基层民主生活，提高公民参政、议政意识和能力。

（5）公民权利。"八五"计划提出，继续打击严重刑事犯罪和经济犯罪活动，保护广大人民群众的生命、财产安全和合法权益。

四、"九五"计划对权利保障的具体规划

1995年9月，中国共产党第十四届中央委员会第五次全体会议召开，会议审议并通过了《中共中央关于制定国民经济和社会发展"九五"计划和2010年远景目标的建议》。1996年3月，第八届全国人民代表大会第四次会议审议并通过了国务院提出的《中华人民共和国国民经济和社会发展"九五"计划和2010年远景目标纲要》(简称"九五"计划)。"九五"计划确定的国民经济和社会发展的主要奋斗目标是："全面完成现代化建设的第二步战略部署，到2000年，人口控制在13亿以内，实现人均国民生产总值比1980年翻两番；基本消除贫困现象，人民生活达到小康水平；加快现代企业制度建设，初步建立社会主义市场经济体制。"

"九五"计划对权利保障的具体规划,主要表现在以下几个方面。

(1)经济权利。第一,在经济发展方面,"九五"计划提出,"坚持区域经济协调发展,逐步缩小地区发展差距"。从"九五"开始,"要更加重视支持内地的发展,实施有利于缓解差距扩大趋势的政策,并逐步加大工作力度,积极朝着缩小差距的方向努力"。对于部分社会成员之间收入差距悬殊问题,要采取正确政策,"国家依法保护合法收入,取缔非法收入,调节过高收入",通过"促进区域经济协调发展",逐步缩小地区发展差距,最终实现共同富裕。第二,在收入方面,"九五"计划提出,"坚持和完善按劳分配为主体、多种分配方式并存的分配制度","坚持效率优先、兼顾公平的原则,继续实行依靠诚实劳动和合法经营致富的政策,并通过税收调节等措施解决社会分配差别过大问题","推进个人收入的公开化、货币化和规范化","运用法律、分配政策等手段,以及社会保障等措施,协调城乡之间、地区之间、行业之间、不同社会群体之间的分配关系"。第三,在市场主体的经济自由权与平等权方面,"九五"计划主要通过企业制度改革,促进市场主体的经济自由权与平等权保障。"九五"计划提出,"使大多数国有大中型骨干企业在本世纪末初步建立现代企业制度,成为自主经营、自负盈亏、自我发展、自我约束的法人实体和市场竞争主体"。制定和完善市场规则,加强市场管理和物价监督,规范流通秩序,打破地区封锁和部门分割,制止不正当竞争,保护生产者和消费者的合法权益。对于市场主体,提出"加快经济立法","并把经济立法放在重要位置,用法律引导、推进和保障社会主义市场经济的健康发展"。第四,在扶贫方面,"九五"计划提出,"进一步加大扶贫工作力度"。主要方式为:"切实落实国家扶贫攻坚计划,继续执行扶持贫困地区经济发展的各项优惠政策","广泛动员全社会关心和支持扶贫开发工作,加强发达地区对贫困地区的支援,继续巩固和发展各种形式的对口扶持",等等。第五,在就业权利方面,"九五"计划提出,"积极拓宽就业渠道,统筹规划,不断扩大城乡就业",主要解决措施为:"引导和组织农业劳动力进行农业深度和广度开发,积极发展乡镇企业、第三产业,大力发展城乡集体经济,继续发展个体和私营经济,增加劳动积累型工程和城乡基础设施建设","建立规范化的劳动力市场,促进城乡劳动力合理有序流动","采取多种就业形式,建立与社会主义市场经济相适应的新型劳动制度","实行就业前和在岗培训制度","建立失业预警和调控体系,以及失业保险、救济、转化和促进再就业的新机制"。

(2)社会权利。"九五"计划对社会保障权利作出具体规划,提出要"加快养老、失业、医疗保险制度改革,初步形成社会保险、社会救济、社会福利、优抚安置和社会互助、个人储蓄积累保障相结合的多层次社会保障制度"。

(3)文化权利。第一,在文化享有、参与及开展文化活动的权利方面,"九五"计划强调"坚持'为人民服务,为社会主义服务'的方向和'百花齐放,百家争鸣'的方针,弘扬主旋律,提倡多样化,努力繁荣文艺创作"。第二,在受教育权方面,"九五"计划提出,"实施科教兴国战略",在教育方面提出具体的目标为:"重点普及义务教育,积极发展职业教育和成人教育,适度发展高等教育,优化教育结构。2000年,全国基本普及九年义务教育,基本扫除青壮年文盲。"

(4)环境权利。"九五"计划强调经济建设、城乡建设与环境建设之间的关系,提出"坚持经济建设、城乡建设与环境建设同步规划、同步实施、同步发展"。具体提出的目标为:"2000年,力争使环境污染和生态破坏加剧的趋势得到基本控制,部分城市和地区的环境质量有所改善。"

(5)政治权利。"九五"期间,"坚持工人阶级领导的、以工农联盟为基础的人民民主专政,加强社会主义民主和法制建设,使社会主义民主制度化、法律化,保障人民当家作主的权利",继续完善人民代表大会制度,坚持和完善中国共产党领导的多党合作和政治协商制度,"建立健全科学决策、民主监督的程序和制度",坚持和完善民族区域自治制度,"加强基层政权建设,发展基层民主"。

(6)公民权利。"九五"计划提出,"加强立法、司法、执法、普法工作","坚决纠正有法不依、执法不严、违法不究、滥用职权等现象,建立对执法违法的追究制度和赔偿制度","积极防范和依法严厉打击各类严重刑事犯罪与经济犯罪活动,坚决扫除各种社会丑恶现象",等等。

（7）特定群体权利保障。"九五"计划提出,"制定相应政策,切实保护妇女、未成年人、老年人、残疾人等社会群体和优抚救济对象的合法权益"。

五、"十五"计划对权利保障的具体规划

2000年10月,中国共产党第十五届中央委员会第五次全体会议召开,会议审议并通过了《中共中央关于制定国民经济和社会发展第十个五年计划的建议》。2001年3月,第九届全国人民代表大会第四次会议审议并批准了国务院提出的《中华人民共和国国民经济和社会发展第十个五年计划纲要》(简称"十五"计划)。"十五"计划提出了"十五"期间国民经济和社会发展的主要目标:国民经济保持较快发展速度,经济结构战略性调整取得明显成效,经济增长质量和效益显著提高,为到2010年国内生产总值比2000年翻一番奠定坚实基础;国有企业建立现代企业制度取得重大进展,社会保障制度比较健全,完善社会主义市场经济体制迈出实质性步伐,在更大范围内和更深程度上参与国际经济合作与竞争;就业渠道拓宽,城乡居民收入持续增加,物质文化生活有较大改善,生态建设和环境保护得到加强;科技、教育加快发展,国民素质进一步提高,精神文明建设和民主法制建设取得明显进展。

"十五"计划对权利保障的具体规划,主要表现在以下几个方面。

（1）经济权利。第一,在财产权利方面,"十五"计划提出建立和完善适应社会主义市场经济体制的法律体系,规范市场经济条件下的财产关系。在市场中,"十五"计划提出,"严厉打击制售假冒伪劣产品的行为,保护生产者和消费者合法权益。禁止价格欺诈、价格垄断、价格歧视、低价倾销等不正当价格行为"。第二,在收入方面,"十五"计划提出,坚持效率优先、兼顾公平的原则,实行按劳分配为主体、多种分配方式并存的分配制度,把按劳分配与按生产要素分配结合起来。建立健全与经济发展水平相适应的最低工资保障制度和最低工资标准调整机制。最后强调,保护合法收入,整顿不

合理收入，调节过高收入，取缔非法收入，防止收入分配两极分化。

（2）社会权利。第一，在社会保障权利方面，"十五"计划提出，"在健全社会保险制度的同时，继续发展社会福利、社会救济、优抚安置和社会互助等社会保障事业，推进社会福利的社会化进程"，"完善城市居民最低生活保障制度"，"逐步提高城市贫困人口救济补助标准"，"建立社会医疗救助制度"。"十五"计划提出，"健全社会保险制度"，具体而言，要"依法扩大养老保险实施范围，继续完善社会统筹与个人账户相结合的城镇职工基本养老保险制度"，同时，"适时改革并完善机关事业单位职工基本养老保险制度"；"全面推行城镇职工基本医疗保险制度"；"同步推进医疗保险制度"；"进一步完善失业保险制度"并"逐步把国有企业下岗职工基本生活保障纳入失业保险"；"完善工伤保险和生育保险制度"；"加快社会保障立法步伐"。第二，在健康权方面，"十五"计划提出，改革和完善卫生服务、医疗保障和卫生监督体系，发展基本医疗、预防保健、康复医疗。"十五"计划尤其重视"健全农村初级卫生保健服务体系，重点加强农村卫生基础设施建设，因地制宜发展合作医疗，努力解决农民基本卫生医疗问题"。

（3）文化权利。第一，在文化享有、参与及开展文化活动等权利方面，"十五"计划提出，"坚持为人民服务、为社会主义服务的方向和百花齐放、百家争鸣的方针，以繁荣社会主义文化为中心，弘扬民族优秀文化，吸收外国文化有益成果，抵制不良文化，提高全社会的文化生活质量"。一方面，"发展新闻出版、广播影视等各项事业"；另一方面，加强图书馆、博物馆、文化馆、科技馆、档案馆和青少年活动场所等文化设施建设。继续实行支持文化事业发展的有关政策，增加对重要新闻媒体和公益文化事业的投入。加强民族文化遗产保护。积极开展对外文化交流。完善文化产业政策，加强文化市场建设和管理，推动有关文化产业发展。第二，在受教育权方面，"十五"计划提出的目标为："各级各类教育加快发展，基本普及九年义务教育的成果进一步巩固，初中毛入学率达到90%以上，高中阶段教育和高等教育毛入学率力争分别达到60%左右和15%左右。"具体措施为"发展各级各类教育"与"深化教育体制改革"。

（4）政治权利。"十五"计划提出，"继续推进政治体制改革，加强民主政治建设，发展社会主义民主"；政协发挥参政议政的作用；"实行民主选举、民主决策、民主管理和民主监督，保证人民依法享有广泛的权利和自由，尊重和保障人权"。在公民政治参与权方面，"十五"计划提出，"加强城乡基层政权机关和群众性自治组织建设，扩大公民有序的政治参与，引导人民群众依法参与经济、文化和社会事务的管理"；"实行政务、厂务、村务公开"；坚持和完善民族区域自治制度，促进民族平等权实现；"保障公民宗教信仰自由"，等等。

（5）公民权利。第一，在公正审判权方面，"十五"计划提出，"推进司法改革，完善司法体制，健全侦查、检察、审判、执行等制度，强化司法保障和法律监督，支持依法独立行使审判权和检察权"，"依法办案，反对地方保护主义，严格执法，公正司法"。第二，在法律监督权方面，"十五"计划提出，"加强对权力运行的民主监督、群众监督和舆论监督"。第三，在法律援助权利方面，"十五"计划提出，"建立法律援助体系"，保障公民获得法律援助的权利。

（6）特定群体权利。"十五"计划对老年、妇女、儿童、残疾人等特定群体的权利保障，提出以下规划："重视人口老龄化趋势，鼓励家庭养老。加强老年人服务设施建设，发展老龄事业和产业。贯彻落实妇女、儿童发展纲要，切实保障妇女、未成年人的合法权益。加强残疾人事业，帮助残疾人康复、就学和就业，创造残疾人平等参与社会生活的条件。"

六、"十一五"规划对权利保障的具体规划

2005年10月，中国共产党第十六届中央委员会第五次全体会议召开，会议审议并通过了《中共中央关于制定国民经济和社会发展第十一个五年规划的建议》。2006年3月，第十届全国人民代表大会第四次会议审议并批准了国务院提出的《中华人民共和国国民经济和社会发展第十一个五年规划纲要》（简称"十一五"规划）。

"十一五"规划对权利保障的具体规划,主要表现在以下几个方面。

(1)经济权利。第一,在经济发展权利方面,"十一五"规划提出城乡、区域经济协调发展,具体目标为:"社会主义新农村建设取得明显成效,城镇化率提高到47%。各具特色的区域发展格局初步形成,城乡、区域间公共服务、人均收入和生活水平差距扩大的趋势得到遏制";"坚持实施推进西部大开发,振兴东北地区等老工业基地,促进中部地区崛起,鼓励东部地区率先发展的区域发展总体战略,健全区域协调互动机制,形成合理的区域发展格局";"支持革命老区、民族地区和边疆地区发展"。第二,在经济自由权方面,"十一五"规划提出"健全市场机制,打破行政区划的局限,促进生产要素在区域间自由流动";"推进垄断行业管理体制"改革。第三,在扶贫方面,"十一五"规划提出,"优先解决特困少数民族贫困问题,扶持人口较少民族的经济社会发展,推进兴边富民行动"。对具备基本生存条件的贫困地区,继续实行就地扶贫,改善基本生产生活条件,开辟增收途径;对生存条件恶劣的贫困地区,实行易地扶贫。对有劳动能力的贫困人口,实行技能培训、技术扶贫和劳务输出扶贫,增强其增收能力;对不具备劳动能力的贫困人口,实行救济和救助。第四,在收入方面,"十一五"规划提出,"挖掘农业增收潜力","增加非农产业收入"。"完善按劳分配为主体、多种分配方式并存的分配制度,坚持各种生产要素按贡献参与分配","更加注重社会公平,特别要关注就学、就业机会和分配过程的公平。着力提高低收入者收入水平,逐步扩大中等收入者比重,有效调节过高收入。严格执行最低工资制度,逐步提高最低工资标准"。第五,在就业权利方面,"十一五"规划对就业培训提出具体规划,提出"加强劳动力技能培训"。"继续实施和完善鼓励企业增加就业岗位、加强就业培训的财税、信贷等优惠政策。健全就业服务体系,加快建立政府扶助、社会参与的职业技能培训机制。完善对困难地区、困难行业和困难群体的就业援助制度","加强劳动力市场监管、劳动保护和劳动执法监察,规范用工行为,切实维护劳动者合法权益"。

(2)社会权利。第一,在住房权方面,"十一五"规划提出,"健全普通商品住房与经济适用住房、廉租住房相结合的城镇住房供应体系"。第二,在健康权利方面,"十一五"规划在建设社会主义新农村框架下,提出积极"发展农村卫生事业",围绕乡镇卫生院建设、卫生服务体系与医疗救助体系、卫生人员培训等,保障农民健康权利。"加强以乡镇卫生院为重点的农村卫生基础设施建设,健全农村三级卫生服务和医疗救助体系","培训乡村卫生人员,开展城市医师支援农村活动","建设农村药品供应网和监督网"。"高度关注人民健康,加大政府投入力度,加快发展医疗卫生事业,认真解决群众看病难看病贵问题",完善公共卫生和医疗服务体系,加强疾病防治和预防保健,加强中医药和医学科研工作,保障饮食和用药安全,等等。第三,在社会保障权利方面,"十一五"规划分为农村社会保障权利与城镇居民社会保障权利。在农村社会保障权利方面,"十一五"规划提出,"探索建立与农村经济发展水平相适应、与其他保障措施相配套的农村养老保险制度。基本建立新型农村合作医疗制度。有条件的地方要建立农村最低生活保障制度。完善农村'五保户'供养、特困户生活补助、灾民救助等社会救助体系"。在城镇居民社会保障权利方面,"十一五"规划提出,扩大城镇基本养老保险覆盖范围,推进机关事业单位养老保险制度改革,完善失业保险制度,完善和落实工伤保险政策和标准,建立健全生育保险制度,认真解决进城务工人员社会保障问题。完善城市居民最低生活保障制度,逐步提高保障标准。建立城乡医疗救助制度,将城市居民最低生活保障对象、农村特困户和五保供养对象纳入救助范围。完善城市生活无着流浪乞讨人员特别是流浪未成年人的救助制度。

(3)文化权利。第一,在文化享有、参与及开展文化活动权利方面,"十一五"规划提出,"引导文化工作者深入乡村,满足农民群众精神文化需求"。而且,要"积极发展文化事业和文化产业,创造更多更好适应人民群众需求的优秀文化产品。加大政府对文化事业的投入,逐步形成覆盖全社会的比较完备的公共文化服务体系"。第二,在知识产权方面,"十一五"规划提出,"加强公民知识产权意识,健全知识产权保护体系,建立知识产权预警机制,依法严厉打击侵犯知识产权行为"。第三,在受教育权利方面,"十一五"期间,"着力普及和巩固农村九年制义务教育。对农村义务教育阶段学生免收学杂费,对其中的贫困家庭学生免费提供课本和补助寄宿生生活费";"实施农村教师培训计划";"全面实施农村中小学远程教育"。对革命老区、民族地区和边疆地区,"十一五"规划提出,"发展学前教育,加快普及义务教育,办好中心城市的民族初中班和高中班,加强民族大学建设和民族地区高等教育"。在农民工子女平等教育权保障方面,提出"各地政府要保证进城务工人员子女与当地学生平等接受义务教育"。"大力发展职业教育","提高高等教育质量";加大教育投入,"保证财政性教育经费的增长幅度明显高于财政经常性收入的增长幅度,逐步使财政性教育经费占国内生产总值的比例达到4%。强化政府对义务教育的保障责任,加大中央和省级政府对财政困难县义务教育经费的转移支付力度"。

(4)环境权利。"十一五"规划提出,"加大环境保护力度","加强水污染防治","加强大气污染防治","加强固体废物污染防治"等,"以解决影响经济社会发展特别是严重危害人民健康的突出问题为重点,有效控制污染物排放,尽快改善重点流域、重点区域和重点城市的环境质量"。

(5)政治权利。"十一五"规划提出,"推行政务公开并逐步实现制度化,完善政府新闻发布制度,提高政府工作透明度,保障公民对政府工作的知情权、参与权、表达权和监督权"。"健全民主制度,丰富民主形式,扩大公民有序的政治参与,保证公民依法实行民主选举、民主决策、民主管理、民主监督。加强基层民主建设,坚持和完善政务公开、厂务公开、村务公开,保证公民依法行使选举权、知情权、参与权、监督权。尊重和保障人权,促进人权事业全面发展。"

(6)公民权利。推进司法体制和工作机制改革,规范司法行为,加强司法监督,促进司法公正,维护社会正义和司法权威。

(7)特定群体权利。第一,在农民工权利方面,"十一五"规划提出,"对临时进城务工人员,继续实行亦工亦农、城乡双向流动的政策,在劳动报酬、劳动时间、法定假日和安全保护等方面依法保障其合法权益;对在城市已有稳定职业和住所的进城务工人员,要创造条件使之逐步转为城市居民,依法享有当地居民应有的权利,承担应尽的义务;对因城市建设承包地被征用、完全失去土地的农村人口,要转为城市居民,城市政府要负责提供就业援助、技能培训、失业保险和最低生活保障等"。第二,在老年人权利保障方面,"弘扬敬老风尚,营造老有所养、老有所乐、老有所为的社会氛围。积极发展老龄产业,增强全社会的养老服务功能,提高老年人生活质量,保障老年人权益。实施爱心护理工程,加强养老服务、医疗救助、家庭病床等面向老年人的服务设施建设"。第三,在妇女儿童权利方面,落实男女平等基本国策,实施妇女发展纲要,保障妇女平等获得就学、就业、社会保障、婚姻财产和参与社会事务的权利,加强妇女卫生保健、扶贫减贫、劳动保护、法律援助等工作。坚持儿童优先原则,实施儿童发展纲要,依法保障儿童生存权、发展权、受保护权和参与权。改善儿童成长环境,促进儿童身心健康发展。完善孤残儿童手术康复、家庭寄养经费投入和艾滋孤儿救助机制。第四,在残疾人权利方面,"推进无障碍设施建设,加强残疾人康复、贫困残疾人脱贫、残疾少年儿童义务教育、残疾人就业服务和社会保障等工作,创造残疾人平等参与社会生活的条件"。

七、"十二五"规划对权利保障的具体规划

2010年10月,中国共产党第十七届中央委员会第五次全体会议召开,会议审议并通过了《中共中央关于制定国民经济和社会发展第十二个五年规划的建议》。2011年3月,第十一届全国人民代表大会第四次会议审议并批准了国务院提出的《中华人民共和国国民经济和社会发展第十二个五年规划纲要》(简称"十二五"规划)。

"十二五"规划对权利保障的具体规划,主要表现在以下几个方面。

(1)经济权利。第一,在经济发展权利方面,"十二五"规划提出"促进区域协调互动发展","实施区域发展总体战略和主体功能区战略,把实施西部大开发战略放在区域发展总体战略优先位置";"充分发挥不同地区比较优势,促进生产要素合理流动,深化区域合作,推进区域良性互动发展,逐步缩小区域发展差距"。第二,在扶贫方面,"十二五"规划提出,"在南疆

地区、青藏高原东缘地区、武陵山区、乌蒙山区、滇西边境山区、秦巴山—六盘山区以及中西部其他集中连片特殊困难地区,实施扶贫开发攻坚工程,加大以工代赈和易地扶贫搬迁力度"。第三,在收入方面,"十二五"规划提出,增加农民劳务收入。"坚持和完善按劳分配为主体、多种分配方式并存的分配制度,初次分配和再分配都要处理好效率和公平的关系,再分配更加注重公平",具体措施为:"完善最低工资和工资指导线制度,逐步提高最低工资标准","加强对部分行业工资总额和工资水平的双重调控,缩小行业间工资水平差距","健全资本、技术、管理等要素参与分配制度","加快健全以税收、社会保障、转移支付为主要手段的再分配调节机制","健全法律法规,强化政府监管,加大执法力度,加快形成公开透明、公正合理的收入分配秩序"。第四,在农村财产权方面,"十二五"规划提出"搞好农村土地确权、登记、颁证工作,完善土地承包经营权权能,依法保障农民对承包土地的占有、使用、收益等权利"。第五,在经济自由权与平等权方面,"十二五"规划提出,"加快消除制约城乡协调发展的体制性障碍,促进公共资源在城乡之间均衡配置、生产要素在城乡之间自由流动";"完善城乡平等的要素交换关系";服务市场自由发展权,"建立公平、规范、透明的市场准入标准,打破部门分割、地区封锁和行业垄断,扩大服务业开放领域,鼓励和引导各类资本投向服务业,大力发展多种所有制服务企业,建立统一、开放、竞争、有序的服务业市场"。第六,在就业权利方面,一方面,"十二五"规划提出,"坚持把促进就业放在经济社会发展的优先位置,健全劳动者自主择业、市场调节就业、政府促进就业相结合的机制,创造平等就业机会",具体措施为:"促进高校毕业生、农村转移劳动力、城镇就业困难人员就业。完善和落实小额担保贷款、财政贴息、场地安排等鼓励自主创业政策,促进各类群体创业带动就业。建立健全政府投资和重大项目建设带动就业机制。完善就业援助政策,多渠道开发公益性岗位。鼓励开展对外劳务合作。"在就业培训方面,"健全面向全体劳动者的职业培训制度,加强职业技能培训能力建设","足额提取并合理使用企业职工教育培训经费,鼓励企业开展职工岗位技能培训","加强创业培训,将有创业愿望和培训需求的人员纳入培训范围"。在劳动权益保护方面，主要措施为："全面推行劳动合同制度"，"全面推进劳动用工备案制度"，"规范劳务派遣用工"，"完善劳动争议处理机制，加强劳动争议调解仲裁，加大劳动保障监察执法力度，切实维护劳动者权益"。另一方面，在农民就业权利方面，"十二五"规划提出，"加强农民技能培训和就业信息服务，开展劳务输出对接，引导农村富余劳动力平稳有序外出务工。促进城乡劳动者平等就业，努力实现农民工与城镇就业人员同工同酬，提高农民工工资水平"。在平等就业权利方面，"十二五"规划提出，"加快建立城乡统一的人力资源市场，形成城乡劳动者平等就业制度"。

（2）社会权利。"十二五"规划对社会保障权利、农村社会保障权利、健康权及住房权等作出了规划。第一，在社会保障权利方面，"十二五"规划提出，"加快完善社会保险制度"，主要措施为："实现新型农村社会养老保险制度全覆盖"，"完善实施城镇职工和居民养老保险制度"，"逐步推进城乡养老保障制度有效衔接"，"推动机关事业单位养老保险制度改革"，"发展企业年金和职业年金"，"健全预防、补偿、康复相结合的工伤保险制度"，"完善失业、生育保险制度"。"加强社会救助体系建设"，尤其要"加强城乡低保与最低工资、失业保险和扶贫开发等政策的衔接"，"完善临时救助制度，保障低保边缘群体的基本生活"。"积极发展社会福利和慈善事业"，主要措施为："以扶老、助残、救孤、济困为重点，逐步拓展社会福利的保障范围"，"逐步健全社会福利服务体系，推动社会福利服务社会化"，"加强残疾人、孤儿福利服务"，"加强优抚安置工作"。在医疗保障方面，"健全覆盖城乡居民的基本医疗保障体系，进一步完善城镇职工基本医疗保险、城镇居民基本医疗保险、新型农村合作医疗和城乡医疗救助制度"。第二，在农村社会保障权利方面，"十二五"规划提出，"增加新型农村社会养老保险基础养老金，提高新型农村合作医疗补助标准和报销水平，提高农村最低生活保障水平。""完善农村社会保障体系，逐步提高保障标准。"第三，在健康权方面，"十二五"规划对农民健康权利作出规划，提出"建立健全农村医疗卫生服务网络，向农民提供安全价廉可及的基本医疗服务"。"十二五"规划还提出，"完善基本医疗卫生制度"，"加强公共卫生服务体系建设"，主要措施为:"完善重大疾病防控等专业公共卫生服务网络","逐步建立农村医疗急救网络。普及健康教育,实施国民健康行动计划。全面推行公共场所禁烟";"加强城乡医疗服务体系建设",主要措施为:"加强以县医院为龙头、乡镇卫生院和村卫生室为基础的农村三级医疗卫生服务网络建设,完善以社区卫生服务为基础的新型城市医疗卫生服务体系,新增医疗卫生资源重点向农村和城市社区倾斜";"完善药品供应保障体系","建立和完善以国家基本药物制度为基础的药品供应保障体系";"支持中医药事业发展","坚持中西医并重,发展中医医疗和预防保健服务,推进中医药继承与创新,重视民族医药发展"。第四,在公共服务方面,"逐步缩小城乡区域间基本公共服务差距"。第五,在住房权方面,"十二五"规划提出,"健全住房供应体系","对城镇低收入住房困难家庭,实行廉租住房制度。对中等偏下收入住房困难家庭,实行公共租赁住房保障。对中高收入家庭,实行租赁与购买商品住房相结合的制度";"加大保障性住房供给","改善房地产市场调控"。

(3)文化权利。第一,在文化的享有、参与及开展的文化权利方面,"十二五"规划提出"加强农村公共文化和体育设施建设,丰富农民精神文化生活"。"完善统一、开放、竞争、有序的现代文化市场体系,促进文化产品和要素在更大范围内合理流动";"增强公共文化产品和服务供给。公共博物馆、图书馆、文化馆、纪念馆、美术馆等公共文化设施免费向社会开放。鼓励扶持少数民族文化产品创作生产。注重满足残疾人等特殊人群的公共文化服务需求。建立健全公共文化服务体系"。第二,在受教育权利方面,"十二五"规划提出,"提高农村义务教育质量和均衡发展水平,推进农村中等职业教育免费进程,积极发展农村学前教育"。在农民工子女平等教育权方面,"以流入地全日制公办中小学为主,保证农民工随迁子女平等接受义务教育,并做好与高中阶段教育的衔接"。"巩固九年义务教育普及成果,全面提高质量和水平。基本普及高中阶段教育,推动普通高中多样化发展。大力发展职业教育,加快发展面向农村的职业教育";"合理配置公共教育资源,重点向农村、边远、贫困、民族地区倾斜,加快缩小教育差距","实行县

（市）域内城乡中小学教师编制和工资待遇同一标准，以及教师和校长交流制度"，"取消义务教育阶段重点校和重点班。新增高校招生计划向中西部倾斜，扩大东部高校在中西部地区招生规模，创新东西部高校校际合作机制。改善特殊教育学校办学条件，逐步实行残疾学生高中阶段免费教育"，"十二五"规划注意教育公平权利保障。

（4）环境权利。"十二五"规划提出，"树立绿色、低碳发展理念，以节能减排为重点，健全激励与约束机制，加快构建资源节约、环境友好的生产方式和消费模式，增强可持续发展能力，提高生态文明水平"。

（5）政治权利。"完善公共决策的社会公示制度、公众听证制度和专家咨询论证制度，扩大公众参与程度"；"健全民主制度，丰富民主形式，拓宽民主渠道，依法实行民主选举、民主决策、民主管理、民主监督，保障人民的知情权、参与权、表达权、监督权。支持人民代表大会依法履行职权"；"加强人权保障，促进人权事业全面发展"。在迁徙自由方面，"十二五"规划提出，"特大城市要合理控制人口规模，大中城市要加强和改进人口管理，继续发挥吸纳外来人口的重要作用，中小城市和小城镇要根据实际放宽落户条件"。

（6）公民权利。"十二五"规划提出，"深化司法体制改革，优化司法职权配置，规范司法行为，建设公正高效权威的社会主义司法制度"。

（7）特定群体权利。第一，在农民工权利方面，"十二五"规划对农民工的养老、医疗、培训及住房等方面的权利保障进行了规定，"将与企业建立稳定劳动关系的农民工纳入城镇职工基本养老和医疗保险。建立农民工基本培训补贴制度，推进农民工培训资金省级统筹。多渠道多形式改善农民工居住条件，鼓励采取多种方式将符合条件的农民工纳入城镇住房保障体系"。第二，在妇女权利方面，"十二五"规划提出，"落实男女平等基本国策"，"加强妇女劳动保护、社会福利、卫生保健、扶贫减贫及法律援助等工作"，"改善妇女发展环境"，"严厉打击暴力侵害妇女、拐卖妇女等违法犯罪行为"。第三，在儿童权利方面，"十二五"规划提出，"依法保障儿童生存权、发展权、受保护权和参与权"；"消除对女童的歧视"；"切实解决留守儿童教育、孤残儿童、艾滋病孤儿和流浪未成年人救助等问题","严厉打击拐卖儿童、弃婴等违法犯罪行为"。第四,在老年人权利方面,"十二五"规划提出,"建立以居家为基础、社区为依托、机构为支撑的养老服务体系","实现养老服务从基本生活照料向医疗健康、辅具配置、精神慰藉、法律服务、紧急援助等方面延伸","增加社区老年活动场所和便利化设施"。第五,在残疾人权利保障方面,"十二五"规划提出,"健全残疾人社会保障体系和服务体系","大力开展残疾人就业服务和职业培训","加大对农村残疾人生产扶助和生活救助力度","推进无障碍建设","制定和实施国家残疾预防行动计划"。

八、"十三五"规划对权利保障的具体规划

2015年10月,中国共产党第十八届中央委员会第五次全体会议召开,会议审议并通过了《中共中央关于制定国民经济和社会发展第十三个五年规划的建议》。2016年3月,第十二届全国人民代表大会第四次会议审议并批准了国务院提出的《中华人民共和国国民经济和社会发展第十三个五年规划纲要》(简称"十三五"规划)。

"十三五"规划对权利保障的具体规划,主要表现在以下几个方面。

(1)经济权利。在经济上,"十三五"规划提出,"推动新型城镇化和新农村建设协调发展",为协调保障城乡的各项经济权利提供经济基础。第一,在发展权方面,"十三五"规划提出,"把增进人民福祉、促进人的全面发展作为发展的出发点和落脚点","保障人民平等参与、平等发展权利"。第二,在市场主体的自由权与平等权方面,"十三五"规划提出,"坚持公有制为主体、多种所有制经济共同发展。毫不动摇巩固和发展公有制经济,毫不动摇鼓励、支持、引导非公有制经济发展。依法监管各种所有制经济"。在社会主义市场经济主体的平等权方面,提出"坚持权利平等、机会平等、规则平等,更好激发非公有制经济活力和创造力。废除对非公有制经济各种形式的不合理规定,消除各种隐性壁垒,保证依法平等使用生产要素、公平参与市场竞争、同等受到法律保护、共同履行社会责任。鼓励民营企业依法进入更

多领域"。在经济自由权与平等权方面,"十三五"规划提出,"加快形成统一开放、竞争有序的市场体系,建立公平竞争保障机制,打破地域分割和行业垄断,着力清除市场壁垒,促进商品和要素自由有序流动、平等交换"。第三,在财产权方面,"十三五"规划提出"健全归属清晰、权责明确、保护严格、流转顺畅的现代产权制度","推进产权保护法治化,依法保护各种所有制经济权益",主要措施为:"依法合规界定企业财产权归属","完善农村集体产权权能","全面落实不动产统一登记制度","加快构建自然资源资产产权制度","深化矿业权制度改革","实施严格的知识产权保护制度"。第四,在扶贫方面,"十三五"规划提出,"加大对革命老区、民族地区、边疆地区和困难地区的支持力度,实施边远贫困地区、边疆民族地区和革命老区人才支持计划,推动经济加快发展、人民生活明显改善"。"十三五"规划提出,"充分发挥政治优势和制度优势,贯彻精准扶贫、精准脱贫基本方略,创新扶贫工作机制和模式,采取超常规措施,加大扶贫攻坚力度,坚决打赢脱贫攻坚战","推进精准扶贫精准脱贫";"支持贫困地区加快发展";"完善脱贫攻坚支撑体系",包括强化政策保障、健全广泛参与机制、落实脱贫工作责任制等。第五,在收入方面,"十三五"规划提出,"正确处理公平和效率关系,坚持居民收入增长和经济增长同步、劳动报酬提高和劳动生产率提高同步,持续增加城乡居民收入,规范初次分配,加大再分配调节力度,调整优化国民收入分配格局,努力缩小全社会收入差距"。针对农民,还提出了要"激活农村要素资源,增加农民财产性收入"。第六,在就业权利方面,"十三五"规划提出,"推动实现更高质量的就业","把促进充分就业作为经济社会发展优先目标、放在更加突出位置,坚持分类施策,提高劳动参与率,稳定并扩大城镇就业规模",针对高校毕业生、退伍军人、就业困难人员的就业等问题作出了规定。与此同时,加强就业培训,"完善就业创业服务体系,推行终身职业技能培训制度。开展贫困家庭子女、未升学初高中毕业生、农民工、失业人员和转岗职工、退役军人和残疾人免费接受职业培训行动"。第七,在个人信息权利保障方面,"十三五"规划提出,"加强个人数据保护,严厉打击非法泄露和出卖个人数据行为"。

（2）社会权利。第一，在社会保障权利方面，"十三五"规划提出，"坚持全民覆盖、保障适度、权责清晰、运行高效，稳步提高社会保障统筹层次和水平，建立健全更加公平、更可持续的社会保障制度"。"完善社会保险体系"，做到"实施全民参保计划，基本实现法定人员全覆盖"；"健全社会救助体系"，"统筹推进城乡社会救助体系建设，完善最低生活保障制度，强化政策衔接，推进制度整合，确保困难群众基本生活"；"支持社会福利和慈善事业发展"，"健全以扶老、助残、爱幼、济困为重点的社会福利制度"。第二，在社会保障权利的平等保障方面，"十三五"规划提出，"全面实施居住证暂行条例，推进居住证制度覆盖全部未落户城镇常住人口。保障居住证持有人在居住地享有义务教育、公共就业服务、公共卫生服务等国家规定的基本公共服务。鼓励各级政府不断扩大对居住证持有人的公共服务范围并提高服务标准，缩小与户籍人口的差距"。"十三五"规划还提出，"围绕标准化、均等化、法制化，加快健全国家基本公共服务制度，完善基本公共服务体系"。第三，在住房权方面，"十三五"规划提出，"构建以政府为主提供基本保障、以市场为主满足多层次需求的住房供应体系，优化住房供需结构，稳步提高居民住房水平，更好保障住有所居"。第四，在健康权方面，"十三五"规划提出，"完善基本药物制度，深化药品、耗材流通体制改革，健全药品供应保障机制"，"鼓励社会力量兴办健康服务业"，"完善国家基本公共卫生服务项目和重大公共卫生服务项目，提高服务质量效率和均等化水平"，"完善医疗服务体系"。

（3）文化权利。第一，在文化享有、参与及开展文化活动的权利方面，"十三五"规划提出，"推进基本公共文化服务标准化、均等化。完善公共文化设施网络，加强基层文化服务能力建设。加大对老少边穷地区文化建设帮扶力度。加快公共数字文化建设。加强文化产品、惠民服务与群众文化需求对接。鼓励社会力量参与公共文化服务。继续推进公共文化设施免费开放。繁荣发展文学艺术、新闻出版、广播影视和体育事业。加强老年人、未成年人、农民工、残疾人等群体的文化权益保障"。第二，在受教育权方面，"十三五"规划提出，"加快基本公共教育均衡发展"；"建立城乡统一、重在农村的义务教育经费保障机制,加大公共教育投入向中西部和民族边远贫困地区的倾斜力度","努力消除城镇学校'大班额',基本实现县域校际资源均衡配置,义务教育巩固率提高到95%","鼓励普惠性幼儿园发展,加强农村普惠性学前教育,实施学前教育三年行动计划,学前三年毛入园率提高到85%","普及高中阶段教育","提升残疾人群特殊教育普及水平、条件保障和教育质量","积极推进民族教育发展";"完善现代职业教育体系";"大力发展继续教育,构建惠及全民的终身教育培训体系","发展老年教育"。

（4）政治权利。第一,在民主权利方面,"十三五"规划提出,"依法保障居民知情权、参与权、决策权和监督权,完善公众参与治理的制度化渠道。对关系公众切身利益的重大决策,以居民会议、议事协商、民主听证等形式,广泛征求公众意见建议。完善村务公开、居务公开、民主评议等途径,加强公众监督评估"。第二,在政治参与权方面,"十三五"规划提出,"坚持和完善人民代表大会制度、中国共产党领导的多党合作和政治协商制度、民族区域自治制度以及基层群众自治制度,扩大公民有序政治参与"。第三,在选举权方面,"十三五"规划提出,"完善基层民主制度,畅通民主渠道,健全基层选举、议事、公开、述职、问责等机制"。第四,在迁徙自由权利方面,"十三五"规划提出,"推进有能力在城镇稳定就业和生活的农业转移人口举家进城落户,并与城镇居民享有同等权利和义务";"优先解决农村学生升学和参军进入城镇的人口、在城镇就业居住5年以上、举家迁徙的农业转移人口、新生代农民工落户问题。省会及以下城市要全面放开对高校毕业生、技术工人、职业院校毕业生、留学归国人员的落户限制"。

（5）公民权利。"十三五"规划提出,"健全司法权力分工负责、互相配合、互相制约机制,完善审级制度、司法组织体系和案件管辖制度。探索设立跨行政区划的人民法院和人民检察院。强化司法人员职业保障,完善确保依法独立公正行使审判权和检察权的制度","加强人权司法保障"。

（6）特定群体权利。"十三五"规划对老年人、妇女、儿童及残疾人的权利保障作出规划。第一,在老年人权利保护方面,"十三五"规划提出,"建立以居家为基础、社区为依托、机构为补充的多层次养老服务体系。统筹规划建设公益性养老服务设施，支持面向失能老年人的老年养护院、社区日间照料中心等设施建设。全面建立针对经济困难高龄、失能老年人的补贴制度"；"完善与老龄化相适应的福利慈善体系"；"加强老年人权益保护"。第二，在妇女权利方面，"十三五"规划提出，"实施妇女发展纲要。保障妇女平等获得就学、就业、婚姻财产和参与社会事务等权利和机会，保障农村妇女土地权益，提高妇女参与决策管理水平。加强妇女扶贫减贫、劳动保护、卫生保健、生育关怀、社会福利、法律援助等工作。严厉打击拐卖妇女儿童、暴力侵害妇女等违法犯罪行为。消除对妇女的歧视和偏见，改善妇女发展环境"。第三，在儿童权利方面，"十三五"规划提出，"强化对未成年人生存权、发展权、受保护权、参与权的依法保障和社会责任"，"完善未成年人监护制度，构建未成年人关爱社会网络，健全社区未成年人保护与服务体系"，"消除童工现象"，"严厉打击危害未成年人身心健康的违法犯罪行为"。第四，在残疾人权利方面，"十三五"规划提出，"支持残疾人事业发展，建立健全残疾人基本福利制度，实现残疾人基本民生兜底保障。完善重度残疾人医疗报销制度。优先保障残疾人基本住房。完善残疾人就业创业扶持政策，健全公共机构为残疾人提供就业岗位制度。加强残疾人康复和托养设施建设，鼓励社会力量提供服务。加强残疾人无障碍设施建设和维护。实施0—6岁残疾儿童康复、贫困残疾人基本型辅助器具适配等重点康复工程。建设康复大学，培养康复专业技术人才"。

九、"十四五"规划对权利保障的具体规划

2020年10月，中国共产党第十九届中央委员会第五次全体会议召开，会议审议并通过了《中共中央关于制定国民经济和社会发展第十四个五年规划和二〇三五年远景目标的建议》。2021年3月，第十三届全国人民代表大会第四次会议审议并通过了国务院提出的《中华人民共和国国民经济和社会发展第十四个五年规划和2035年远景目标纲要》（简称"十四五"规划）。"十四五"规划确定了六个经济社会发展主要目标为：一是经济发展取得新

成效；二是改革开放迈出新步伐；三是社会文明程度得到新提高；四是生态文明建设实现新进步；五是民生福祉达到新水平；六是国家治理效能得到新提升。

"十四五"规划对权利保障的具体规划，主要表现在以下几个方面。

（1）经济权利。第一，在经济发展权方面，"十四五"规划提出深入实施区域协调发展战略，针对不同地区采取了相应的政策措施。为推进西部大开发形成新格局，"十四五"规划提出的具体措施为："深入实施一批重大生态工程"，"构建内陆多层次开放平台"，"加大西部地区基础设施投入"，"推进成渝地区双城经济圈建设"等。为开创中部地区崛起新局面，"十四五"规划提出的具体措施为："在长江、京广、陇海、京九等沿线建设一批中高端产业集群"，"推动长江中游城市群协同发展"，"加强生态环境共保联治"，"高标准高水平建设内陆地区开放平台"等。为鼓励东部地区加快推进现代化，"十四五"规划提出的具体措施为："加快培育世界级先进制造业集群"，"率先建立全方位开放型经济体系"，"支持深圳建设中国特色社会主义先行示范区、浦东打造社会主义现代化建设引领区、浙江高质量发展建设共同富裕示范区"及"深入推进山东新旧动能转换综合试验区建设"等。同时，"十四五"规划还采取一系列措施支持革命老区、生态退化地区、生态脆弱地区、资源型地区、老工业基地、国有林场林区、高海拔地区及边境地区等特殊类型地区发展。第二，在收入方面，"十四五"规划提出"优化收入分配结构"目标，提出了"拓展居民收入增长渠道"及"扩大中等收入群体"等措施，还提出与经济发展水平相适应的收入分配制度。第三，在市场主体自由权和平等权方面，"十四五"规划对市场要素自由流动、在市场中享有的平等地位及网络平台运营作出规定。"十四五"规划提出"健全城乡要素自由流动机制，构建区域产业梯度转移格局，促进城乡区域良性互动"，"有效破除地方保护、行业垄断和市场分割"，"持续清理废除妨碍全国统一市场和公平竞争的规定及做法"，"加大反垄断和反不正当竞争执法司法力度，防止资本无序扩张"；还提出了"保障民营企业依法平等使用资源要素、公开公平公正参与竞争、同等受到法律保护"，"健全以公平为原则的产权保护制度，依法平等保护国有、民营、外资等各种所有制企业产权","建立健全城乡要素平等交换、双向流动政策体系";也规定了互联网主体之间的自由和平等地位,"依法依规加强互联网平台经济监管,明确平台企业定位和监管规则,完善垄断认定法律规范,打击垄断和不正当竞争行为"。第四,在扶贫方面,"十四五"时期,扶贫工作的重点在于防止脱贫人口返贫,巩固脱贫攻坚成果。"十四五"规划提出了"建立完善农村低收入人口和欠发达地区帮扶机制,保持主要帮扶政策和财政投入力度总体稳定,接续推进脱贫地区发展","建立健全巩固拓展脱贫攻坚成果长效机制","健全防止返贫动态监测和精准帮扶机制","对易返贫致贫人口实施常态化监测,建立健全快速发现和响应机制,分层分类及时纳入帮扶政策范围","完善农村社会保障和救助制度,健全农村低收入人口常态化帮扶机制"等措施。第五,在就业权利方面,"十四五"规划提出实施就业优先战略,切实保障重点人群就业及平等就业,提出"完善高校毕业生、退役军人、农民工等重点群体就业支持体系","促进平等就业","统筹城乡就业政策"及"着力帮扶残疾人、零就业家庭成员等困难人员就业"等;还在全面提升劳动者就业创业能力中"健全终身技能培训制度,持续大规模开展职业技能培训","深入实施职业技能提升行动和重点群体专项培训计划"及"建设一批公共实训基地和产教融合基地"等。

（2）社会权利。"十四五"时期,对社会权利保障重点围绕社会保障权、健康权及住宅权等展开。第一,在社会保障权方面,"十四五"规划提出,"坚持应保尽保原则,按照兜底线、织密网、建机制的要求,加快健全覆盖全民、统筹城乡、公平统一、可持续的多层次社会保障体系"。主要措施为:"改革完善社会保险制度","优化社会救助和慈善制度"及"健全退役军人工作体系和保障制度"等,并在此基础上出台很多具体措施。例如,"实现基本养老保险全国统筹,放宽灵活就业人员参保条件,实现社会保险法定人群全覆盖"。十四五"规划还在健全国家公共服务制度体系中,通过"提高基本公共服务均等化水平""创新公共服务提供方式"及"完善公共服务政策保障体系"等切实推进公民各项社会权利保障。第二,在健康权方面,"十四五"规划提出在全面推进健康中国建设中切实保障公民的健康权,主要措施为:"构建强大公共卫生体系","深化医药卫生体制改革","健全全民医保制度"及"推动中医药传承创新"等。第三,在住宅权方面,"加快推进城市更新,改造提升老旧小区、老旧厂区、老旧街区和城中村等存量片区功能,推进老旧楼宇改造","加快建立多主体供给、多渠道保障、租购并举的住房制度,让全体人民住有所居、职住平衡"等。

(3)文化权利。"十四五"时期,对文化权利保障主要表现在以下几个方面。第一,在文化享有、参与及开展文化活动权利方面,"十四五"规划提出"深入实施中华优秀传统文化传承发展工程","实施中华文明探源和考古中国工程","建设长城、大运河、长征、黄河等国家文化公园","加强世界文化遗产、文物保护单位、考古遗址公园、历史文化名城名镇名村保护","加强各民族优秀传统手工艺保护和传承"等。在加强优秀文化作品创作生产传播方面,"十四五"规划提出"实施文艺作品质量提升工程","建立健全文化产品创作生产、传播引导、宣传推广的激励机制和评价体系","加强文化队伍建设"等。在公共文化服务体系方面,"十四五"规划提出"推进城乡公共文化服务体系一体建设","推进公共图书馆、文化馆、美术馆、博物馆等公共文化场馆免费开放和数字化发展","实施智慧广电固边工程和乡村工程"及"深入推进全民阅读"等。在现代文化产业体系方面,"十四五"规划提出"扩大优质文化产品供给"目标并"实施文化产业数字化战略"和"实施文化品牌战略"等。第二,在教育权方面,"十四五"规划推进基本公共教育均等化与受教育权的平等保障,提出"加快城镇学校扩容增位,保障农业转移人口随迁子女平等享有基本公共教育服务";在各类层级的教育方面,"十四五"规划提出了"学前教育毛入园率提高到90%以上","巩固义务教育控辍保学成果","高中阶段教育毛入学率提高到92%以上","高等教育毛入学率提高到60%"等具体目标。第三,在知识产权方面,"十四五"规划提出"健全知识产权保护运用体制",在立法、执法与司法领域加强对知识产权保障。"改革国有知识产权归属和权益分配机制"及"构建知识产权保护运用公共服务平台"等,促进知识产权保障。

（4）公民权利。"十四五"时期，对公民权利保障主要表现在以下几个方面。第一，在隐私权保障方面，"十四五"规划"加强涉及国家利益、商业秘密、个人隐私的数据保护，加快推进数据安全、个人信息保护等领域基础性立法，强化数据资源全生命周期安全保护"。第二，在公民平等权保障方面，"十四五"规划提出"全面取消城区常住人口300万以下的城市落户限制，确保外地与本地农业转移人口进城落户标准一视同仁"。第三，在公民权利司法保障方面，"十四五"规划提出"深化司法体制综合配套改革，完善审判制度、检察制度、刑罚执行制度、律师制度，全面落实司法责任制，加强对司法活动监督，深化执行体制改革，促进司法公正"，"全面加强人权司法保护，促进人权事业全面发展"。

（5）政治权利。"十四五"时期，重点在于发展社会主义民主以促进公民政治权利保障，主要措施为："坚持和完善党总揽全局、协调各方的领导制度体系"，"坚持和完善人民代表大会制度"，"坚持和完善中国共产党领导的多党合作和政治协商制度"，"坚持和完善民族区域自治制度"，"健全基层群众自治制度"等；还提出了"完善党和国家监督体系"，切实保障公民参与政治监督的权利。

（6）环境权利。"十四五"时期，针对不同地区的生态环境状况，提出了相应的环境权利保障措施。第一，在生态环境方面，"十四五"规划提出了"提升生态系统质量和稳定性"，"持续改善环境质量"及"加快发展方式绿色转型"等目标，提出了一系列切实保障环境权的措施。例如，提出了"强化多污染物协同控制和区域协同治理"，"建立健全重点风险源评估预警和应急处置机制"，"制定2030年前碳排放达峰行动方案"，"建立地上地下、陆海统筹的生态环境治理制度"等。第二，在不同地区的环境治理中，提出不同目标与举措。在推动京津冀协同发展方面，"十四五"规划提出"深化大气污染联防联控联治，强化华北地下水超采及地面沉降综合治理"。在长江经济带发展方面，"十四五"规划提出，"持续推进生态环境突出问题整改，推动长江全流域按单元精细化分区管控，实施城镇污水垃圾处理、工业污染治理、农业面源污染治理、船舶污染治理、尾矿库污染治理等工程"。在黄河流域生态保护方面,"加大上游重点生态系统保护和修复力度","创新中游黄土高原水土流失治理模式","加强黄河三角洲湿地保护和修复","开展汾渭平原、河套灌区等农业面源污染治理"等。第三,在农村环境权方面,"十四五"规划提出"开展农村人居环境整治提升行动,稳步解决'垃圾围村'和乡村黑臭水体等突出环境问题","推进农村生活垃圾就地分类和资源化利用,以乡镇政府驻地和中心村为重点梯次推进农村生活污水治理","深入开展村庄清洁和绿化行动,实现村庄公共空间及庭院房屋、村庄周边干净整洁"等。

(7)特定群体权利。"十四五"时期,加强了特定群体权利保障,主要表现在以下几个方面。第一,在妇女权利方面,"十四五"规划提出"保障妇女享有卫生健康服务","保障妇女平等享有受教育权利","保障妇女平等享有政治权利","提高留守妇女关爱服务水平",以及"严厉打击侵害妇女和女童人身权利的违法犯罪行为"等。第二,在儿童权利方面,"十四五"规划提出"切实保障儿童生存权、发展权、受保护权和参与权","保障儿童公平受教育权利","严厉打击侵害未成年人权益的违法犯罪行为"等措施。第三,在老年人权利方面,"十四五"规划提出"健全基本养老服务体系","完善社区居家养老服务网络","强化对失能、部分失能特困老年人的兜底保障","逐步提升老年人福利水平,完善经济困难高龄失能老年人补贴制度和特殊困难失能留守老年人探访关爱制度","强化老年人权益保障"等。第四,在残疾人权利方面,"十四五"规划提出"帮助残疾人普遍参加基本医疗和基本养老保险","加强残疾人劳动权益保障","推进适龄残疾儿童和少年教育全覆盖"等推进残疾人权利保障的措施。

十、国民经济和社会发展规划作出的权利保障规划演进的基本特点

党中央讨论并通过的国民经济和社会发展规划的建议,确定了一定时期权利保障的总体要求;国务院根据党中央审议通过的国民经济和社会发展规

划的建议，编制国民经济和社会发展规划，并由全国人民代表大会审议批准。国民经济和社会发展规划是国家加强和改善宏观调控的重要手段，是政府履行经济调节、市场监管、社会管理和公共服务职责的重要依据，也是有序推进公民权利保障的重要依据。1982年，根据国家计委规定，把国民经济计划改为国民经济和社会发展计划，既包括国民经济发展计划，也包括科学技术和社会发展计划。2005年，"国民经济和社会发展计划"改为"国民经济和社会发展规划"。改革开放以来，国民经济和社会发展规划作出的权利保障规划演进的基本特点如下。

第一，以经济、社会与文化权利保障为主，兼顾公民权利与政治权利保障；而且对经济、社会与文化权利保障也逐渐丰富和深化。国民经济和社会发展规划是依据社会主义经济规律的客观要求，体现党和国家的经济工作方针政策，以及一定时期内的政治经济任务，在实事求是和综合平衡的基础上制定的。所以，改革开放以来党代会对国民经济和社会发展规划建议主要集中在经济权利方面，尤其集中在经济发展权方面。关于公民权利与政治权利方面的规划，也是为了更好地为经济权利、社会权利与文化权利保障服务的。党中央根据不同时期的挑战和实际情况，在社会经济发展中，不断地丰富和深化经济、社会与文化权利的保障。

第二，以提出公民权利保障的具体目标与机制为主，并且根据时代发展及前一阶段目标的实现，不断调整保障目标，采取多样性机制，不断促进公民权利在更高水平上实现。例如，就教育权利保障而言，"六五"计划在中小学教育方面，提出"到1985年，争取全国绝大部分县普及或基本普及小学教育"，"1985年以前，城市要普及初中教育"；"七五"计划提出"逐步实行九年制义务教育"；而后"八五""九五""十五""十一五""十二五"都对中小学教育提出具体的目标，到了"十三五"规划，提出"努力消除城镇学校'大班额'，基本实现县域校际资源均衡配置，义务教育巩固率提高到95%"，"普及高中阶段教育"；再到"十四五"规划提出"学前教育毛入园率提高到90%以上"，"巩固义务教育控辍保学成果"，"高中阶段教育毛入学率提高到92%以上"等。由此可知，国民经济和社会发展规划中的教育权保障目标不断调整，并且不断深化。为了达到这样的目标，党和国家在国民经济和社会发展规划中也相应提出了不同的机制、措施，推进公民权利获得切实保障。

第五章　影响我国权利保障政策的诸种因素分析

习近平总书记指出："改革开放极大改变了中国的面貌、中华民族的面貌、中国人民的面貌、中国共产党的面貌。中华民族迎来了从站起来、富起来到强起来的伟大飞跃！中国特色社会主义迎来了从创立、发展到完善的伟大飞跃！中国人民迎来了从温饱不足到小康富裕的伟大飞跃！中华民族正以崭新姿态屹立于世界的东方！"❶改革开放是当代中国最鲜明的特征，使中国社会面貌发生翻天覆地的变化，也使中国公民的权利意识发生很大的变化，并促进中国权利保障事业发展。改革开放是影响我国权利保障政策历史演进的主要因素，其包括对内改革和对外开放。其中，对内改革主要包括经济体制改革、政治体制改革、社会体制改革及文化体制改革等。与此同时，在改革开放进程中，还要正确处理改革、发展和稳定三者之间的关系。

第一节　改革对我国权利保障政策的影响

"改革"是党的十一届三中全会以来的高频词，也是 1978 年以来影响我国权利保障政策演进的最主要因素。中国的改革促进了经济社会迅速发

---

❶ 习近平. 在庆祝改革开放 40 周年大会上的讲话［M］. 北京：人民出版社，2018：19.

展及文化繁荣，也使民主政治获得较快发展，更促进了中国权利保障事业发展。

一、诸领域体制改革与权利保障

党的十一届三中全会以来的改革主要是指体制改革。改革是针对客观存在的问题，解放思想，运用合理有效的措施和方法，力图改变及完善。一方面，各领域体制改革为各项权利的实现提供经济、政治、社会及文化基础；另一方面，各领域体制改革也促进各项权利诉求的实现。

（一）体制改革与权利保障的关系

1978年，党的十一届三中全会将工作重心转移到经济建设上来，启动了改革开放的序幕。1992年，党的十四大报告指出，"新时期最鲜明的特点是改革开放。改革开放从十一届三中全会起步，十二大以后全面展开。它经历了从农村改革到城市改革，从经济体制的改革到各方面体制的改革，从对内搞活到对外开放的波澜壮阔的历史进程"❶。2013年，党的十八届三中全会通过的《中共中央关于全面深化改革若干重大问题的决定》指出，"改革开放是党在新的时代条件下带领全国各族人民进行的新的伟大革命，是当代中国最鲜明的特色。党的十一届三中全会召开三十五年来，我们党以巨大的政治勇气，锐意推进经济体制、政治体制、文化体制、社会体制、生态文明体制和党的建设制度改革，不断扩大开放，决心之大、变革之深、影响之广前所未有，成就举世瞩目"❷。在40多年的时间里，中国的改革从农村经济体制改革开始，已经从单一改革到多领域改革并走向全面改革。就改革的类型而言，可分为以下几种情况：一是按照地域划分，分为农村改革和城市改

---

❶ 江泽民. 加快改革开放和现代化建设步伐，夺取有中国特色社会主义事业的更大胜利——江泽民在中国共产党第十四次全国代表大会上的报告［N］. 人民日报, 1992-10-21.
❷ 中共中央关于全面深化改革若干重大问题的决定［EB/OL］.（2013-11-15）［2020-12-30］. http://www.gov.cn/jrzg/2013-11/15/content_2528179.htm.

第五章 影响我国权利保障政策的诸种因素分析

革。党的十一届三中全会以后,经济体制改革在农村率先突破,推行以包产到户、包干到户为主要形式的家庭联产承包责任制。在农村改革的带动下,城市经济体制改革也开始试点。二是按照领域划分,分为经济体制改革、政治体制改革、文化体制改革、社会体制改革及生态文明体制改革等。

改革,顾名思义是要改变旧的、不合理事物,使其更加完善。根据改革的含义,至少包括以下内容:一是存在旧的、不合理事物;二是有改变旧的、不合理事物的诉求或者意图;三是使旧的、不合理事物变为适合社会发展的新的、合理事物;四是改变的过程实质是不断改变、调整的过程,使事物更加完善。根据改革的内容,对权利及其保障来说,也表现为以下几个方面:一是改革本身蕴含着对某些权利的诉求;二是在旧的、不合理事物转变为新的、合理事物过程中,蕴含着对某些权利的保障要求;三是改革的目标最终达成,表现为事物更加完善,蕴含着某些权利保障的实现。基于此,体制改革与权利保障之间的关系及其过程表现为以下几个方面。

第一,体制问题—权利诉求—体制改革—权利保障。这一模式的动因归结为社会存在客观的体制问题,其严重影响人们的权利的享有和实现,社会中的人们希望改变或解决体制问题,于是诉诸体制改革,即改变旧的、不合理的体制,从而促进公民各项权利保障。党的十三大报告指出,"在初级阶段,特别在当前时期,由于长期形成的僵化体制严重束缚着生产力的发展,改革更成为迫切的历史要求"❶。僵化的体制不适应生产力发展的要求,也不能满足人们的权利诉求,为此只有对各领域体制进行改革,才能切实保障公民权利。反过来,公民的权利获得保障,保障体制改革顺利进行,促进旧的、不合理的体制向新的、合理的体制转变。

第二,权利诉求—体制问题—体制改革—权利保障。这一模式的动因归结为公民的权利诉求,即人们在经济社会发展过程中,呈现很多的权利诉求。但是,现实的客观体制问题却阻碍权利诉求的满足,需要通过体制改

---

❶ 沿着有中国特色的社会主义道路前进——在中国共产党第十三次全国代表大会上的报告[N]. 人民日报,1987-10-25.

革，最终促进公民权利保障。公民权利诉求并不必然能够成为某项权利抑或获得制度保障，很可能遭遇社会阻力而成为社会问题。为此，需要诉诸体制改革以解决社会问题，并将公民权利诉求上升为制度而获得有效保障。反过来，公民的权利获得保障，权利诉求获得满足，也促进改革顺利进行，促进社会生产关系与生产力相适应。

第三，体制改革—社会问题—体制改革—权利保障。这一模式的动因归结为体制改革，体制改革在使社会主义生产关系和上层建筑的自我完善中，也会带来一些其他问题，而这些问题只有通过改革，促进其解决，才能使公民权利获得保障。党的十三大报告指出，"目前正处于新旧体制交替时期，经济生活中出现种种矛盾和问题是难以完全避免的"❶。例如，国有企业的经营体制改革，必然遭遇企业职工下岗问题，这必须对社会保障制度进行相应改革。为回应这个问题，党的十四大报告提出，"积极建立待业、养老、医疗等社会保障制度，努力推进城镇住房制度改革"❷，从而使公民的工作权利、社会保障权利得到政策保障。反过来，公民的权利获得保障之后，将改革往深层次推进，解决体制中存在的各种问题。

（二）体制改革诸领域与权利要求

中国的改革从农村经济体制改革开始，已经全方位覆盖各领域，包括经济体制改革、政治体制改革、文化体制改革和社会体制改革等。在权利保障方面，不同领域改革所要求的权利保障不尽相同；即使相同领域，在不同时期由于遇到的社会问题与阻力不尽相同，由此导致了权利保障的方针、政策等也有所差异。一般来说，经济体制改革对权利保障要求是全面的，既促进经济、社会与文化权利的保障，也促进了公民权利与政治权利的保障。而其他各领域的改革，可能促进了某种类型权利保障。例如，政治体制改革，直接促进

---

❶ 沿着有中国特色的社会主义道路前进——在中国共产党第十三次全国代表大会上的报告[N]. 人民日报，1987-10-25.
❷ 江泽民. 加快改革开放和现代化建设步伐，夺取有中国特色社会主义事业的更大胜利——江泽民在中国共产党第十四次全国代表大会上的报告[N]. 人民日报，1992-10-21.

公民权利与政治权利的保障,也为其他改革顺利进行提供政治保障。文化体制改革,直接促进文化权利保障,也为其他改革顺利进行提供文化基础。社会体制改革,直接促进社会权利保障,也为其他改革顺利进行提供社会保障。

各领域在改革不同时期,对于权利保障要求也不尽相同。例如,在经济体制改革领域,在改革开放初期,经济体制改革的主要内容包括:一是解决好国家和企业的关系问题。二是解决好企业和个人的关系问题,使企业活起来。三是改革计划体制,建立合理的计划体系。四是改革外贸体制。五是改革物价体制。六是继续改革流通体制,疏通流通渠道,不断扩大销售额,以促进和引导生产发展,更好地满足人民的需要。❶在这一时期,经济体制改革尚未明确提出社会主义市场经济体制建设目标,则不会提出与社会主义市场经济体制相关的权利保障要求。然而,到了1992年,党的十四大确立了经济体制改革的目标为建立社会主义市场经济体制,并提出认真抓好以下几个相互联系的重要环节:一是转换国有企业特别是大中型企业的经营机制,把企业推向市场,增强它们的活力,提高它们的素质。二是加快市场体系的培育。三是深化分配制度和社会保障制度的改革。四是加快政府职能的转变。❷党的十四大报告回应了市场经济提出的相关权利保障要求,对市场主体的自由权与平等权、财产权、就业权及社会保障权、住房权等提供了政策保障。改革开放以来,既确定了长远的经济体制改革目标,也确定了短期的经济体制改革的主要任务,使各个不同阶段的权利保障的方针和政策既有一致性,也有所差异。

二、经济体制改革与权利保障政策

经济体制改革是指经济管理制度、管理形式和管理方法体系的改革。"从改革的目标来看,改革不是对原有的计划经济体制进行局部的修修补补,或

---

❶ 李震寰. 经济体制改革的内容和实施步骤[J]. 兰州学刊,1984(5).
❷ 江泽民. 加快改革开放和现代化建设步伐,夺取有中国特色社会主义事业的更大胜利——江泽民在中国共产党第十四次全国代表大会上的报告[N]. 人民日报,1992-10-21.

对原有的计划经济体制进行改良，而是要从原有的经济体制彻底地转向一种全新的经济体制即后来明确提出的社会主义市场经济体制。"❶经济体制改革的主要内容为建立社会主义市场经济体制。社会主义市场经济体制本身蕴含着很多权利保障要求，而且随着社会主义市场经济改革深入，很多新的权利保障诉求也随之出现，这需要党和国家制定相应的权利保障政策加以回应。

（一）经济体制改革的阶段及其主要内容

纵观中华人民共和国成立到中国改革开放之前我国经济建设的历史演进，得出的结论为：中国走上改革开放的道路是一种历史的必然。❷1966—1976年，国民经济各部门的比例关系严重失调，积累和消费的比例严重失调，经济效益大大降低，国家财政发生赤字，经济损失巨大；计划经济的严重弊端与后果显现，造成我国社会生产力发展缓慢甚至停滞，给社会资源带来巨大浪费。基于这样的社会问题及体制问题，党的十一届三中全会作出了改革开放的决定。改革开放以来，中国的经济体制改革主要经历了以下几个发展阶段。

第一阶段：1978—1984年，起步阶段。1978年12月，党的十一届三中全会确定把全党工作重点转移到以经济建设为中心上来，并提出了经济体制改革问题。1982年，党的十二大确立了"计划经济为主，市场调节为辅"的原则。这一时期，经济体制改革的基本内容是打破指令性计划的一统天下，逐步引进市场机制，承认市场竞争。改革实践从农村开始，逐步向城市推进。在农村，实行了家庭联产承包责任制，开放农贸市场；在城市，实行了以扩大企业自主权为试点的国有企业改革。财税体制推行两步"利改税"。流通体制上，逐步培育农产品市场，废除了农副产品的统购统销制度。

第二阶段：1984—1992年，全面开展阶段。1984年10月，党的十二届三中全会通过的《中共中央关于经济体制改革的决定》，提出了社会主义经

---

❶ 杨秋宝. 改革40年回望：经济体制改革作为革命的性质与内容[J]. 金融博览，2018（11）.
❷ 彭森，等. 中国经济体制改革的国际比较与借鉴[M]. 北京：中国人民大学出版社，2008：10.

济是以公有制为基础的有计划的商品经济。1987年10月，党的十三大提出了"社会主义有计划商品经济的体制，应该是计划与市场内在统一的体制"。这一阶段，经济体制改革的基本内容是确立"有计划的商品经济"的改革目标，实行计划经济与市场调节相结合。改革重点由农村转向城市，提出转换企业经营机制，搞活国有企业是经济体制改革的中心环节。

第三阶段：1992—2002年，制度创新阶段。基本内容是向"社会主义市场经济体制"的改革目标前进。1992年，邓小平南方谈话提出了"计划和市场都是经济手段"的论断和"三个有利于"的判断标准。1992年10月，党的十四大明确了建立社会主义市场经济体制的改革目标。1993年11月，党的十四届三中全会通过的《中共中央关于建立社会主义市场经济体制若干问题的决定》，指出我国经济体制改革的目标是建立社会主义市场经济体制，就是要使市场在社会主义国家宏观调控下对资源配置起基础性作用。1997年，党的十五大对社会主义市场经济理论进行了完善。这一时期，改革的重点是国有企业建立现代企业制度；进行宏观体制和外汇、外贸体制改革，加强宏观调控；对外开放向内地纵深推进；住房和社会保障制度改革继续深化等。

第四阶段：2003—2011年，完善社会主义市场经济体制阶段。2002年，党的十六大报告明确提出，"完善社会主义市场经济体制"。2003年10月，党的十六届三中全会审议通过了《中共中央关于完善社会主义市场经济体制若干问题的决定》。"这一阶段我国为建立完善的社会主义市场经济体制，取消了农业税、牧业税、特产税。为鼓励支持非公有制经济发展，清理了限制非公有制经济发展的法规、规章和政策性规定。进一步健全公共财政体制。对国有商业银行实行股份制改革，实行浮动汇率制度。土地、劳动力、技术、产权、资本等要素市场进一步完善。"❶

第五阶段：2012年至今，全面深化社会主义市场经济体制改革阶段。2012年，党的十八大报告提出"全面深化经济体制改革"。2013年11月，

---

❶ 崔友平. 中国经济体制改革：历程、特点及全面深化——纪念改革开放40周年[J]. 经济与管理评论，2018（6）.

党的十八届三中全会审议通过了《中共中央关于全面深化改革若干重大问题的决定》。2017年，党的十九大报告提出"加快完善社会主义市场经济体制"。这一时期，改革的基本内容已经覆盖了社会生活的方方面面，包括经济、政治、文化、社会、生态文明及国防和军队改革、党的建设制度改革等。

（二）市场经济体制改革与权利保障政策变迁

市场经济体制改革引发我国权利保障政策不断调整、丰富。党的十四大之前的历届党代会的报告中，对权利保障规定较少；之后，历届党代会报告有关权利保障规定逐渐增多。自由劳动力、资本、制度等是市场经济的关键性因素，由此可知，党和国家注重对自由权、财产权、平等权等权利的保障。与此同时，市场经济活跃了市场，国民生产总值、居民收入逐年增加，人民生活逐年改善；国家对教育、医疗、卫生、社会保障等财政性投入也逐年增加，促进公民的社会权利、文化权利的享有和实现。

第一，市场经济改革本身蕴含着权利保障的要求，不同阶段经济体制改革引起权利保障政策变化。一方面，市场经济改革要求对某些权利实施必要的保障。如表5-1所示，市场经济要求市场主体自主化、经济关系平等化、市场体系开放化、市场机制最优化、市场管理法治化、经济活动服务化、宏观管理间接化等。这些市场经济的特性表达着相应的权利要求，如自由权、平等权、财产权等。市场经济改革本身蕴含着解放生产力和发展生产力，直接指向国民生产总值的增加，解决温饱问题，改善人民生活，使人民达到小康社会，保障人民生存权、发展权，尤其免受贫困权利。另一方面，市场经济体制改革引起党的权利保障政策的变化。1978年至今，经济体制改革的不同阶段，由于阶段性目标不同，党和国家制定不同的权利保障政策。在经济体制改革初期，党的十二届三中全会通过了《中共中央关于经济体制改革的决定》，并对部分经济权利、政治权利及特定群体权利实施保障。1992年，党的十四大提出"建立社会主义市场经济体制"，依据社会主义市场经济内在的权利保障要求，1993年，党的十四届三中全会通过了《中共中央关于建立社会主义市场经济体制若干问题的决定》，对与市场经济相关的经济权利、社会权利、受教育权利、政治权利及公民权利进行全面保障。2003年，党的十六届三中全会通过的《中共中央关于完善社会主义市场经济体制若干问题的决定》，提出了完善社会主义市场经济体制的目标，对公民各项权利保障方面也逐渐完善，如单独提出了农民权利保障。

表5-1 市场经济的权利诉求、社会问题与权利保障

市场要素	特征与要求	社会问题	人权要求
市场主体	自主化；要求承认个人和经营单位等市场主体的独立性，自主决策	政企不分；责、权、利不明确、不清晰	财产权
经济关系	平等化；要求以市场为纽带，平等地参与任何经济活动，实行等价交换，自由买卖	经济活动中的依附关系、等级观念、等级制度	平等权 人身自由权 财产自由权
市场体系	开放化；要求市场向所有商品生产者、经营者、购买者开放；向不同所有制的企业开放；向国内、国际开放	封建割据；地方保护主义；贸易壁垒	自由权 人身自由权 不受奴役权
市场机制	最优化；要求市场竞争为主要方式，优胜劣汰	自然经济；平均主义；资本垄断	平等权
市场管理	法治化；要求市场上一切经济活动必须按照法律法规运作	行政干预；人治	权利保障
经济活动	服务化；要求以消费者为上帝，经济活动满足消费者的需求和愿望	自给自足	
宏观调控	间接化；要求政府不直接干预经济，以财政、货币、产业和收入政策等来引导、干预和规范经济活动	计划经济；政府全能	权利保障

第二，市场经济发展阶段不同，权利诉求不同，为此，社会主义市场经济体制改革针对解决市场经济发展过程中的问题而制定不同的权利保障政策。世界市场经济依据国家发展阶段不同，可分为先发国家市场经济和后发国家市场经济。中国建设的社会主义市场经济从普遍意义上来说可归为后发国家市场经济。表5-2所示为市场经济先发国家不同发展阶段的权利诉求。依据市场经济发展的一般性规律，改革开放初期，我国社会主义市场经济及权利诉求也遭受诸多社会问题，如政企不分、行政干预、计划经济、劳动力与资源不能自由流动等，面对这些社会问题，社会主义市场经济提出诸多的权利保障诉求，提出自由权、平等权、人身自由权、不受奴役的权利。随着

我国社会主义市场经济发展进入中期,市场经济很多问题逐渐显现。例如,在社会主义市场经济发展中期,需要娴熟的劳动力,而公民的娴熟技能源于教育与培训,为此,对受教育权保障诉求比较强烈。从我国受教育权的政策保障的历史演进中,可以清晰地看出市场经济发展的阶段性变化。

表5-2 市场经济先发国家不同发展阶段的权利诉求

发展时期		要求	阻力	诉求
初创时期	市场主体	独立性; 自主决策; 自享成果	受到封建阶级的剥削; 劳动成果被封建阶级独享	财产权; 生命权
	经济关系	自由平等地参与到经济活动中	经济依附关系; 封建等级制度	平等权; 自由权
	市场体系	劳动力市场的自由雇佣; 资本自由市场	农奴制; 大量农民依附于土地,自由流动劳动力较少	自由权
	市场机制	自由竞争、等价交换	封建阶级垄断,价格操纵	自由权; 平等权
	宏观调控	政府不干预经济	政府直接参与、干预经济	
	权利保障		特权阶级; 等级制度	公正审判权; 选举权
发展中期	市场体系	掌握娴熟技术的劳动力; 国际资本开放	农民知识文化水平较低; 贸易壁垒	受教育权; 自由权
	宏观调控		市场失灵,生产过剩,经济危机	政府适度引导、干预市场
	权利保障		经济危机导致工人收入减少	保障工人的工作权
成熟时期	市场体系	全球化; 国际化	贸易壁垒	自由权
	权利保障		金融危机	工作权; 社会权利

(三)小结

经济体制是影响我国权利保障政策的首要因素。在传统计划经济体制下,公民的各项权利很难获得充分和有效保障。推进经济体制改革,将原有传统计划经济体制转变为社会主义市场经济体制，使社会主义生产关系适应生产力发展，解放和发展生产力，人民生活改善，促进了公民各项权利的享有和实现。由此，传统计划经济体制、在建立社会主义市场经济过程中遭遇的各种因素，影响着我国权利保障政策的制定及变化发展。

三、政治体制改革与权利保障政策

政治体制改革，就是政治主体根据社会发展需要对国家结构制度以及一系列具体的政治制度进行有计划、有步骤的变革，即通过调整政治关系，优化政治制度，适应经济社会发展的需要，并达到巩固政治统治的目的。[1] 一方面，政治体制由经济体制决定，中国经济体制改革必然引发政治体制改革，使上层建筑适应经济基础发展。另一方面，政治体制改革使政治制度、法律制度逐渐完善，为各项政治权利保障提供制度基础。

（一）政治体制改革的阶段及其主要内容

党的十一届三中全会公报明确指出："实现四个现代化，要求大幅度地提高生产力，也就必然要求多方面地改变同生产力发展不适应的生产关系和上层建筑，改变一切不适应的管理方式、活动方式和思想方式，因而是一场广泛、深刻的革命。"中国在成功开启改革开放的伟大进程中，也开始了政治体制改革。从1978年至今，中国的政治体制改革主要经历了以下几个阶段。

第一阶段，1978—1992年，初步探索阶段。1978年12月13日，中央工作会议第四次全体会议（闭幕会）举行，邓小平作了题为《解放思想，实事求是，团结一致向前看》的讲话。党的十一届三中全会不但提出了政治体制改革的内容，而且明确提出了政治体制改革的任务。1980年8月，邓小平作了题为《党和国家领导制度的改革》的讲话，不仅分析了我国政治体制

---

[1] 吴大兵. 转变经济发展方式与政治体制改革[M]. 北京：中国社会科学出版社，2016：16.

的主要弊端、产生根源，阐明了我国政治体制改革的紧迫性和艰巨性，更为我国政治体制改革指明了原则和方向。党的十二届三中全会作出了《中共中央关于经济体制改革的决定》，围绕经济体制改革进一步阐述了政治体制改革的必要性和重要性。1986年，党中央成立了中央政治体制改革研讨小组。党的十二届七中全会讨论并原则通过了《政治体制改革总体设想》。党的十三大报告提出了我国政治体制改革的长远目标和近期目标，并从七个方面勾画了政治体制改革的蓝图，标志着我国政治体制改革全面展开。

第二阶段，1992—2002年，调整发展阶段。这一阶段，党和国家对政治体制改革的推进方式进行了调整，实现稳中有进的发展。总体要求是政治体制改革要与保持社会稳定、坚持改革开放和坚持四项基本原则结合起来。党的十四大明确提出："我们的政治体制改革，目标是建设有中国特色的社会主义民主政治，绝不是搞西方的多党制和议会制。"❶ 具体内容为：完善人民代表大会制度、共产党领导的多党合作和政治协商制度。1993年，党的十四届二中全会审议通过了《关于党政机构改革的方案》，进行了政府机构改革。党的十五大确立了"依法治国，建设社会主义法治国家"的目标和任务，有力地推进了法制建设和法治国家建设。1998年，党的十五届二中全会审议通过了《国务院机构改革方案》。1999年，第九届全国人民代表大会第二次会议将"依法治国，建设社会主义法治国家"载入宪法，使之成为党领导人民治理国家的基本方略。2002年5月，江泽民在中央党校省部级干部进修班毕业典礼上的讲话中指出："发展社会主义民主政治，建设社会主义政治文明，是社会主义现代化建设的重要目标。"这是党和国家第一次明确提出建设社会主义政治文明的任务。

第三阶段，2002—2012年，稳步推进阶段。党的十六大以来，政治体制改革已经初见成效，改革的模式也在发生变化。党的十六大报告明确指出，"发展社会主义民主政治，建设社会主义政治文明，是全面建设小康社会的

---

❶ 江泽民. 加快改革开放和现代化建设步伐，夺取有中国特色社会主义事业的更大胜利——江泽民在中国共产党第十四次全国代表大会上的报告［N］. 人民日报，1992-10-21.

重要目标",并首次提出"发展社会主义民主政治,最根本的是要把坚持党的领导、人民当家作主和依法治国有机统一起来"❶。2003 年,党的十六届二中全会审议通过了《关于深化行政管理体制和机构改革的意见》,推进国务院机构改革。党的十七大在发展社会主义民主政治的基础上,着重强调要不断推进社会主义政治制度自我完善和发展,坚持和完善人民代表大会制度、中国共产党领导的多党合作和政治协商制度、民族区域自治制度以及基层群众自治制度,推进社会主义民主政治制度化、规范化、程序化,为党和国家长治久安提供政治和法律制度保障,从国家战略高度对政治体制改革作出新安排。2007 年,党的十七届二中全会审议通过了《关于深化行政管理体制改革的意见》和《国务院机构改革方案》。

第四阶段,2012 年至今,全面深化阶段。党的十八大明确了政治体制改革的七项任务,即支持和保证人民通过人民代表大会行使国家权力;健全社会主义协商民主制度;完善基层民主制度;全面推进依法治国;深化行政体制改革;健全权力运行制约和监督体系;巩固和发展最广泛的爱国统一战线。2013 年 11 月,党的十八届三中全会通过的《中共中央关于全面深化改革若干重大问题的决定》,确定了全面深化改革的总目标是完善和发展中国特色社会主义制度,推进国家治理体系和治理能力现代化,并对深化政治体制改革的内容和进程作出全面的界定和部署,标志着我国政治体制改革走向纵深,迈向新征程。❷ 党的十九大提出积极稳妥推进政治体制改革的六项任务,即坚持党的领导、人民当家作主、依法治国有机统一;加强人民当家作主制度保障;发挥社会主义协商民主重要作用;深化依法治国实践;深化机构和行政体制改革;巩固和发展爱国统一战线。2018 年,党的十九届三中全会审议通过了《中共中央关于深化党和国家机构改革的决定》和《深化党和国家机构改革方案》。

---

❶ 江泽民. 全面建设小康社会,开创中国特色社会主义事业新局面——在中国共产党第十六次全国代表大会上的报告 [N]. 人民日报,2002-11-18.
❷ 吴大兵. 转变经济发展方式与政治体制改革 [M]. 北京:中国社会科学出版社,2016:16-18.

（二）政治体制改革与权利保障政策变迁

让公民充分享有各项权利，是政治体制改革的重要目标和任务。政治体制改革的目标和任务的实现，有助于直接促进政治权利和公民权利的实现，也有助于间接地促进经济、社会和文化权利的实现。改革开放以来，政治体制改革的目标和任务呈现阶段性变化，也使公民各项权利的保障呈现出阶段性变化。党的十一届三中全会启动政治体制改革，根本原因在于中国的社会生产关系已经不适应生产力发展；直接原因在于中国政治体制存在严重弊端，不适应政治发展需要，也阻碍公民各项权利的享有和实现。为此，政治体制存在的严重弊端，成为党和国家制定权利保障政策的影响因素。

改革开放初期，邓小平作了题为《党和国家领导制度的改革》的重要讲话，指出"党和国家现行的一些具体制度中，还存在不少的弊端"，"从党和国家的领导制度、干部制度方面来说，主要的弊端就是官僚主义现象，权力过分集中的现象，家长制现象，干部领导职务终身制现象和形形色色的特权现象"。这些弊端严重侵害公民的各项权利。例如，权力过分集中的现象，必然会造成一些严重后果。邓小平指出："权力过分集中于个人或少数人手里，多数办事的人无权决定，少数有权的人负担过重，必然造成官僚主义，必然要犯各种错误，必然要损害各级党和政府的民主生活、集体领导、民主集中制、个人分工负责制等等。"权力过分集中会产生以下问题：公权力广泛参与企业的具体活动，使企业丧失本身的活力和动力；权力寻租，产生腐败；权力运行和监督不畅；党政不分；信息不对称，等等。社会及公民对自由权、监督权、选举权、平等权等政治权利诉求比较强烈。推行政治体制改革，解决权力过分集中、官僚主义、家长制现象与特权现象等，促进实现市场主体的自由权、监督权、选举权、平等权等政治权利。

20世纪90年代，政治体制存在的问题：一是旧的政治体制本身在运行中存在脱节的现象，上下级之间沟通不通畅。政治体制改革指向了民主集中制改革，使选举权、平等权及监督权等政治权利获得了保障。二是行政管理体制存在弊端，政府机构过度、直接干预经济。政治体制改革指向了政府机构改革、职能转化，实行政企分开，促进了市场主体各项权利、监督权等权利的保障。21世纪初，政治体制存在的主要问题为："一些党员领导干部的形式主义、官僚主义作风和弄虚作假、铺张浪费行为相当严重，有些腐败现象仍然突出；党的领导方式和执政方式与新形势新任务的要求还不完全适应，有的党组织软弱涣散。"[1]针对这些问题，政治体制改革的重点为：坚持和完善社会主义民主制度、加强社会主义法制建设、改革和完善党的领导方式和执政方式等，促进公民各项民主权利的保障。进入新时代之后，政治体制存在的问题是："一些干部领导科学发展能力不强，一些基层党组织软弱涣散，少数党员干部理想信念动摇、宗旨意识淡薄，形式主义、官僚主义问题突出，奢侈浪费现象严重；一些领域消极腐败现象易发多发，反腐败斗争形势依然严峻。"[2]针对这些问题，推进政治体制改革采取的主要措施为：全面推进依法治国、深化行政体制改革及健全权力运行制约和监督体系等。

（三）小结

改革开放以来，政治体制改革与经济体制改革同步。依据政治体制改革的阶段性变化，影响政治体制改革的因素主要为权力过分集中、官僚主义、形式主义、特权现象及腐败现象等，这些因素是引发政治体制改革的直接因素，也蕴含着公民很多的权利保障。也可以说，这些因素影响了我国权利保障政策的变化发展。

---

[1] 江泽民. 全面建设小康社会，开创中国特色社会主义事业新局面——在中国共产党第十六次全国代表大会上的报告［N］. 人民日报，2002-11-18.
[2] 胡锦涛. 坚定不移沿着中国特色社会主义道路前进 为全面建成小康社会而奋斗——在中国共产党第十八次全国代表大会上的报告［N］. 人民日报，2012-11-18.

四、文化体制改革与权利保障政策

"文化体制指谓一定国家意识形态指引下,文化发展所处的社会组织结构与制度框架。它规定了国家文化机关、文化企业、文化事业单位的机构设置、隶属关系、权责界定及其运行模式,维持着政府管理、市场运行与社会整合的特定互动关系,是国家基本制度在文化维度的具体形态。"[1]一方面,文化体制改革破除阻碍文化建设、文化权利享有和实现的结构性、深层障碍及瓶颈,直接促进文化权利保障。另一方面,文化体制改革也为其他方面的改革提供文化基础。

(一)文化体制改革的阶段及其主要内容

1978年至今,关于文化体制改革的阶段性划分,学者们提出不同的观点。例如,有学者认为,"文化体制改革的分期标准应当以内涵标准为主,兼顾文化体制的内涵和形式两种标准"。将1978—2018年的文化体制改革大体分为三个阶段:第一阶段是1978—2005年;第二阶段是2006—2013年;第三阶段是2014—2018年。[2]以文化体制自身的内涵标准为划分标准,充分体现文化体制作为上层建筑的独立性,但是文化体制改革归根到底是由经济基础决定的,也就是说受到经济基础的影响最为深刻。本书认为应当与社会主义市场经济体制改革划分大体一致,所以我国的文化体制改革可划分为以下几个阶段。

第一阶段,1978—1992年,改革的探索阶段。1979年10月,邓小平在中国文学艺术工作者第四次代表大会上强调,"党对文艺工作的领导……是根据文学艺术的特征和发展规律,帮助文艺工作者获得条件来不断繁荣文学

---

[1] 苏泽宇. 新时代文化体制改革的内涵与特点[J]. 华南师范大学学报(社会科学版),2020(3).

[2] 傅才武,何璇. 四十年来中国文化体制改革的历史进程与理论反思[J]. 山东大学学报(哲学社会科学版),2019(2).

艺术事业，提高文学艺术水平"。1986年，党的十二届六中全会通过了《中共中央关于社会主义精神文明建设指导方针的决议》，指导20世纪80年代社会主义精神文明建设。1983年《政府工作报告》指出了改革的具体目标，即"改革是为了促进社会主义文艺的繁荣，提高作家、艺术家的思想艺术素质，提高作品的思想艺术质量"，加速了文化体制改革进程。1988年，"文化市场"概念首次在政府文件中使用。这一阶段，中国共产党为适应经济体制改革，初步探索了文化体制改革。

第二阶段，1992—2002年，改革的持续推进阶段。1992年，邓小平南方谈话是把改革开放和现代化建设推向新阶段的又一个解放思想、实事求是的宣言书，指导这一时期文化建设。党的十四大提出了"积极推进文化体制改革，完善文化事业的有关经济政策，繁荣社会主义文化"的新要求。1996年，党的十四届六中全会审议通过的《中共中央关于加强社会主义精神文明建设若干重要问题的决议》指出，文化体制"改革的目的在于增强文化事业的活力，充分调动文化工作者的积极性，多出优秀作品，多出优秀人才"。2000年10月，党的十五届五中全会通过的《中共中央关于制定国民经济和社会发展第十个五年计划的建议》提出了"文化产业"概念。

第三阶段，2002—2012年，改革的深化阶段。党的十六大报告对21世纪文化体制改革的目的、主要任务、意义、工作重点作了详细部署，随后我国的文化体制深入推进文化管理部门的改革等各个方面。2003年6月，全国文化体制改革试点工作会议举行。2005年12月，中共中央、国务院发出《关于深化文化体制改革的若干意见》，指出要形成科学有效的宏观文化管理体制，富有效率的文化生产和服务的微观运行机制，以公有制为主体、多种所有制共同发展的文化产业格局，统一、开放、竞争、有序的现代文化市场体系，完善的文化创新体系，以民族文化为主体、吸收外来有益文化，推动中华文化走向世界的文化开放格局。2006年3月，全国文化体制改革工作会议举行。2007年11月，党的十七大从中国特色社会主义事业"四位一体"总体布局的战略高度，提出兴起社会主义文化建设新高潮、推动社会主义文化大发展大繁荣的战略任务。2011年10月，党的十七届六中全会审议通过了《中共中央关于深化文化体制改革、推动社会主义文化大发展大繁荣若干重大问题的决定》。

第四阶段,2012年至今,全面改革阶段。党的十八大以来,我国文化建设被纳入"五位一体"总体布局和"四个全面"战略布局进行部署,在社会主义现代化建设中开辟了文化体制改革新局面。2014年2月,中央全面深化改革领导小组第二次会议召开,审议通过了《深化文化体制改革实施方案》。2014年12月,中央全面深化改革领导小组第八次会议召开,提出"文化体制改革积极创新",领导小组确定的80个重点改革任务基本完成。2015年1月,中共中央办公厅、国务院办公厅印发《关于加快构建现代公共文化服务体系的意见》,确立了14个小类22条基本公共文化服务的国家标准,更好地保障人民群众基本文化权益。2016年12月,《公共文化服务保障法》正式颁布并于2017年3月1日起施行。2017年5月,中共中央办公厅、国务院办公厅印发《国家"十三五"时期文化发展改革规划纲要》。

（二）文化体制改革与权利保障政策变迁

文化体制改革受到很多方面因素的影响。一方面,文化体制改革受到经济体制改革的影响,要适应经济体制改革。另一方面,文化体制改革直接面对思想文化领域问题,解决文化事业发展的问题与难题。改革开放初期,尽管经济体制改革的目标为建立社会主义市场经济体制,但是计划经济体制对文化事业影响比较大。在计划经济体制下,文化事业由政府出资建设,生产经营管理依照计划进行。由于国民经济发展水平较低,政府在文化事业投入的经费不足,导致了文化产品不丰富,图书馆、博物馆及影剧院等文化设施不足等,文化事业发展受到财政制约,公民在参与文化生活、享受文化成果的权利方面也受到限制。在这一时期,我国开启了少数文化单位市场化改革的尝试,活跃文化市场,为实现公民参与、享受文化的权利提供基础。但是,在很长一段时间里,文化领域内的"事业单位属性,企业化管理"的体制,造成经营性文化产业与公益性文化事业混同、政府统包统揽、产权归属不明等,造成了应该由政府主导的公益性文化事业长期投入不足,应该由市场主导的经营性文化产业长期依赖政府，缺乏活力和竞争力。❶ 正是这些影响因素，改革开放以来，我国在文化领域主要建立与社会主义市场经济相适应的文化体制，由此促进公民文化权利的保障。例如，文化企业建立现代企业制度，完善法人治理结构，使文化企业成为自由的市场主体，平等地参与到文化市场竞争当中。

另外，在思想文化领域，还存在文化专制主义、封建主义残余、文化虚无主义，以及反对科学与教育思想、资产阶级与殖民地奴化思想、闭关自守与故步自封思想等问题，这些问题也都严重地影响受教育权、开展文化创作的权利、进行文化交流与合作的权利等，为解决这些问题，我国在不同时期制定了相应政策。例如，为消除"反对科学与教育思想"，我国认识到要提高全民族的教育科学文化水平。1979年9月，党的十一届四中全会通过的《在庆祝中华人民共和国成立30周年大会上的讲话》提出，"要在建设高度物质文明的同时，提高全民族的教育科学文化水平和健康水平，树立崇高的革命理想和革命道德风尚，发展高尚的丰富多彩的文化生活，建设高度的社会主义精神文明"。1980年，邓小平在中央工作会议上对建设社会主义精神文明作了初步概括。精神文明"不但是指教育、科学、文化（这是完全必要的），而且是指共产主义的思想、理想、信念、道德、纪律，革命的立场和原则，人与人的同志式关系，等等"❷。1986年，党的十二届六中全会审议通过了《关于社会主义精神文明建设指导方针的决议》。这些政策扭转了反对教育和科学思想，发展教育与科技，促进公民受教育权的保障。为消除"闭关自守与故步自封思想"，我国大胆吸收和借鉴人类文明的优秀成果。邓小平指出："我们要向资本主义发达国家学习先进的科学、技术、经营管理方法以及其他一切对我们有益的知识和文化，闭关自守、故步自封是愚蠢的。"❸ 改革开放初期，我们在文化上实行"引进来"。进入21世纪后，中国实施"走出去"文化战略。由此，促进了进行文化交流与合作的权利的保障。

---

❶ 武力. 改革开放40年：历程与经验[M]. 北京：当代中国出版社，2020：510.
❷ 邓小平. 邓小平文选：第2卷[M]. 北京：人民出版社，1994：367.
❸ 邓小平. 邓小平文选：第3卷[M]. 北京：人民出版社，1994：44.

（三）小结

文化体制作为上层建筑重要组成部分，并受制于经济基础。为此，政府对文化事业的经费投入，直接影响公民受教育权与文化权利保障。文化专制主义、封建主义残余、文化虚无主义等影响了文化参与权利、开展文化创作权利等权利的实现；反对科学与教育思想、资产阶级与殖民地奴化思想等也影响了受教育权的实现；闭关自守与故步自封思想影响了进行文化交流与合作的权利。这些因素，影响了我国在文化领域的政策变化发展。

五、社会体制改革与权利保障政策

社会体制与经济体制、政治体制和文化体制相比较而言，在中国共产党的政策中出现比较晚。相较于经济体制、政治体制具有相对确定、规范的社会含义而言，"社会体制"提出的时间较晚，其内涵、外延及相关的理论、政策都还在形成的过程中，至今仍未有一个相对确定、准确的含义。不过，学界的基本共识将社会体制指向了关乎"国计民生"的"民生"部分的制度安排，并主要包括教育、就业、收入分配、社会保障、医药卫生、社会管理或社会治理七个领域。而社会体制改革主要是革除关于"民生"制度安排不合理部分，使其更加合理与完善的变迁过程。

（一）社会体制改革的阶段及其主要内容

社会体制改革实质为社会建设。"社会体制"概念首次提出是在2006年党的十六届六中全会上。但是，改革开放以来，我国在不同阶段都进行了以改善民生为核心内容的社会建设，探索了与市场经济体制相适应的社会体制，大体来说可分为以下几个阶段。

第一阶段，1978—1992年，与市场经济相适应的社会建设的初步探索。这一时期，社会建设以实现共同富裕和公平正义为目标，以不断提高人民生活水平为重点，以建构有利于社会和谐的社会机制为手段。党的十三大提出,"在所有制和分配上,社会主义社会并不要求纯而又纯,绝对平均","在以按劳分配为主体的前提下实行多种分配方式,在共同富裕的目标下鼓励一部分人通过诚实劳动和合法经营先富起来";也提出经济建设的"三步走"战略;并建立了由社会稳定、结构优化、收入分配、劳动就业等构成的有机体系。

第二阶段,1992—2002年,与市场经济相适应的社会建设继续推进。这一时期,社会建设以最广大人民的根本利益为出发点,以改善民生为重点,以促进社会更加和谐为目标,并建构有利于社会和谐发展的社会机制。党的十四大、十五大都以"不断改善人民生活"对民生问题作出专门的论述。尤其在增加城乡居民实际收入,改善居住、卫生、交通和通信条件,增加公共设施和社会福利设施,保障城镇困难居民基本生活,加大扶贫力度等方面,提出了相应的要求。

第三阶段,2002—2012年,社会体制改革初步推进。2006年,党的十六届六中全会首次提出"社会体制"的观点,"必须创新社会管理体制"。2007年,党的十七大报告提出,"必须在经济发展的基础上,更加注重社会建设,着力保障和改善民生,推进社会体制改革"。

第四阶段,2012年至今,社会体制改革全面推进。2012年,党的十八大报告强调,"加强社会建设,必须加快推进社会体制改革",并提出"要围绕构建中国特色社会主义社会管理体系,加快形成党委领导、政府负责、社会协同、公众参与、法治保障的社会管理体制,加快形成政府主导、覆盖城乡、可持续的基本公共服务体系,加快形成政社分开、权责明确、依法自治的现代社会组织体制,加快形成源头治理、动态管理、应急处置相结合的社会管理机制"❶。这"四个加快形成",是指导我国社会体制改革的纲领性文件。2013年,党的十八届三中全会进一步指出:"要紧紧围绕更好保障和改善民生,促进社会公平正义,深化社会体制改革……推进社会领域制度创

---

❶ 胡锦涛. 坚定不移沿着中国特色社会主义道路前进 为全面建成小康社会而奋斗——在中国共产党第十八次全国代表大会上的报告[N]. 人民日报,2012-11-18.

新。"2017年，党的十九大提出"提高保障和改善民生水平，加强和创新社会治理"。2019年，党的十九届四中全会提出，"坚持和完善统筹城乡的民生保障制度，满足人民日益增长的美好生活需要"，"坚持和完善共建共治共享的社会治理制度，保持社会稳定、维护国家安全"等。

（二）社会体制改革与权利保障政策变迁

虽然社会体制改革在我国相关政策中提出比较晚，但是，改革开放以来党和国家致力于"改善民生"的社会建设，也蕴含在社会体制当中。之所以要进行社会体制改革，主要因素在于社会结构的急剧转型、人民生活需求的不断提高、利益格局的深刻变动都迫切要求推进社会体制改革。❶ 社会体制改革的滞后，不但影响社会建设的进展，而且影响经济体制改革的拓展。同时，社会建设必然伴随着很多的权利诉求与权利保障要求，而社会体制不同内容所要求的权利保障也不同。社会管理体制，直接的权利保障诉求为政治参与权；社会事业体制，包括科技、教育、文化、卫生、体育、劳动就业、收入分配、社会保障及住房等方面，它直接的权利保障诉求为受教育权、文化权利、卫生健康权、体育权、工作权、财产权、社会保障权及住房权等；社会结构体制，包括社会阶级结构和社会利益结构，它直接的权利保障诉求为自由权、迁徙权、平等权、表达权等。

改革开放初期，我国社会面临最严重的问题是贫困问题，公民的权利诉求直接指向免受贫困权利。邓小平指出："没有贫穷的社会主义。社会主义的特点不是穷，而是富，但这种富是人民共同富裕。"❷ "社会主义要消灭贫穷。贫穷不是社会主义，更不是共产主义。"❸ 党的十一届三中全会将工作中心转移到经济建设上来，而后党又提出"三步走"战略，目标就是要消除贫困，实现共同富裕。随着经济体制改革推进，一些新的问题逐渐出现，主要有：贫富差距，利益矛盾突出；地区发展不平衡；"三农"问题比较突出；

---

❶ 李培林. 转型背景下的社会体制变革 [J]. 求是, 2013 (15)：45-47.
❷ 邓小平. 邓小平文选：第3卷 [M]. 北京：人民出版社, 1993：265.
❸ 同❷：63-64.

贫困问题仍然存在；下岗失业人员增多，就业压力增大；教育、科技、文化、卫生、体育等社会事业发展相对滞后；腐败现象严重；群体性事件不断增加和扩大；能源不足，资源短缺，污染严重，环境恶化、生态破坏等问题比较严重。这些社会问题，严重影响了社会健康发展，也影响了经济体制改革进展。为解决这些问题，我国在社会领域提出了和谐社会建设、新农村建设等举措，并着力保障公民各项经济权利与社会权利。进入新时代之后，在社会领域表现出来的问题为：党的十八大指出，"城乡区域发展差距和居民收入分配差距依然较大；社会矛盾明显增多，教育、就业、社会保障、医疗、住房、生态环境、食品药品安全、安全生产、社会治安、执法司法等关系群众切身利益的问题较多，部分群众生活比较困难"❶。党的十九大指出，"民生领域还有不少短板，脱贫攻坚任务艰巨，城乡区域发展和收入分配差距依然较大，群众在就业、教育、医疗、居住、养老等方面面临不少难题"，"社会矛盾和问题交织叠加，全面依法治国任务依然繁重，国家治理体系和治理能力有待加强"❷。基于不同时期的社会问题，我国在权利保障中采取不同措施加以保障，制定不同的政策。例如，在新时代，面对社会矛盾、利益冲突不断增加和扩大的问题，为保障公民的各项权利，我国提出国家治理体系和治理能力的现代化。

（三）小结

社会体制改革也受制于经济体制改革。经济体制改革引发一系列的社会问题，为解决社会矛盾与问题，必然要推进社会体制改革。而社会呈现的问题，也成为我国制定权利保障政策的影响因素，这些因素包括贫困问题、贫富差距问题、利益冲突、社会矛盾及就业、教育、医疗、居住、养老等滞后问题。

---

❶ 胡锦涛. 坚定不移沿着中国特色社会主义道路前进 为全面建成小康社会而奋斗——在中国共产党第十八次全国代表大会上的报告［N］. 人民日报，2012-11-18.
❷ 习近平. 决胜全面建成小康社会 夺取新时代中国特色社会主义伟大胜利——在中国共产党第十九次全国代表大会上的报告［M］. 北京：人民出版社，2017.

第二节　发展对我国权利保障政策的影响

发展是改革开放以来中国社会的关键词。改革开放40多年里，我国的权利保障政策也在不断创新发展。改革开放40多年来，中国面临的社会问题是在发展中解决的，而公民的权利也是在社会发展中不断获得保障的。

一、发展因素与权利保障

发展是一个具有丰富含义的概念，在不同的领域或语境中，具有不完全相同的内涵。发展概念最初源于生物学，意指"种子发芽、植物开花、婴儿成长等自然界各种事物产生、发育、生长的过程"。19世纪英国哲学家赫伯特·斯宾塞最先把发展的概念从生物学引向社会科学领域，他提出社会的发展服从于生物进化规律，社会发展"除了自然规律外，一无所有"[1]。哲学、社会学等学科领域对发展概念作了界定。例如，社会学领域认为，发展是指一个国家或社会由落后到先进、由不发达到发达、由低级到高级、由传统社会到现代社会过渡和转化的过程。本书的研究在社会发展意义上理解发展，也是在社会学意义上理解社会变迁与运动。除了发展概念的学科属性，发展还是一个历史性概念。发展作为历史性概念，意指"发展随着社会的发展而不断变化，并且与特殊的历史阶段相关，也受到不同国家、地区的具体情况影响"。由此，发展在具体实践中，一方面受到发展理念的影响；另一方面也呈现发展的阶段性。发展理念与发展的阶段性，作为两个宏观的因素，深刻影响着社会发展。

发展与我国权利保障政策之间的关系模型表现为以下两种。

第一，权利诉求—发展—权利保障。这一模式的动因在于权利诉求，即

---

[1] 弗朗索瓦·佩鲁. 新发展观［M］. 张宁，等译. 北京：华夏出版社，1987：4.

公民在社会生活中对某种权利的享有和实现的追求。建立社会主义市场经济本身蕴含着很多与市场经济相关的权利诉求，而社会主义市场经济发展的不同阶段，公民的权利诉求也不尽相同。邓小平指出，"中国解决所有问题的关键是要靠自己的发展"❶。为此，权利诉求也只有通过发展才能满足，从而促进权利获得保障。公民的权利保障可能运用法律进行保障，将公民的权利诉求上升为法定权利；也可能运用政策进行保障，使公民的权利诉求变成现实的权利。反过来，公民的权利获得保障之后，激发公民的积极性与创造性，才能促进社会的不断发展。

第二，社会问题—发展—权利保障。这一模式的动因在于社会问题。社会问题存在于两个方面：一是在改革发展之前，社会问题已经客观存在。二是在改革发展过程中，由于经济社会变动而产生的社会问题。而社会问题与权利诉求之间的关系则表现为：一是社会问题阻碍或者影响公民的权利诉求的实现；二是社会问题本身也蕴含着公民某些权利诉求。一方面，很多客观存在的社会问题依赖于经济社会发展，才能消除社会问题对权利诉求的阻碍和影响，如经济权利。另一方面，在社会发展过程中，某些问题在实质上就是权利主张。面对这些权利诉求，也只有通过发展解决社会发展过程中的问题。社会问题经由发展使公民各项权利获得保障，要么成为法律上的权利，要么成为政策保障的权利。

二、发展理念与权利保障政策变迁

发展理念对我国权利保障政策的制定具有深刻影响。发展理念是对发展思想的凝练，是人们关于发展的本质、内涵、目的和要求的总体看法和根本观点。发展理念是时代的产物，受到历史阶段性因素影响，代表人类对发展规律的不同程度的认识；同时，它对发展时间也产生根本性和全局性的影响。在世界范围内，各个国家、民族在不同阶段对发展规律认识程度不同，

---

❶ 邓小平. 邓小平文选：第 3 卷 [M]. 北京：人民出版社，1993：265.

形成了不同的发展理念,也导致了不同的发展道路、发展方式与发展结果。改革开放以来,我国在不同历史阶段对发展规律的认识,形成了不同的发展理念,它们在一定程度上影响着我国权利保障政策的制定及变化发展。

(一)"以生产力为核心"的发展理念

改革开放初期,在"实事求是的思想路线"基础之上,以邓小平为核心的第二代党的领导集体形成了对发展的本质、内涵、目的和要求的认识,并形成了"以生产力为核心"的发展理念。在"以生产力为核心"的发展理念指导下,解决权利保障难题与问题的关键在于解放生产力和发展生产力。1979年11月,邓小平指出:"我们也不要贫穷的社会主义,我们要发达的、生产力发展的、使国家富强的社会主义。"❶社会主义本身蕴含着公民权利的充分享有和实现。党的十一届三中全会后,中国共产党实现了工作中心向社会主义现代化建设转移,向经济建设中心转移。党的工作中心向经济建设转移,实质就是为了解放生产力和发展生产力,直接促进了公民各项权利保障。

在发展重要性上,邓小平指出,"贫穷不是社会主义,发展太慢也不是社会主义"❷;"中国解决所有问题的关键是要靠自己的发展"❸。而且,邓小平在对我国国情正确判断的基础上,对社会主义初级阶段作了科学分析,并提出了"发展才是硬道理"的论断。在发展内涵上,邓小平指出,"现在搞建设,也要适合中国情况,走出一条中国式的现代化道路"❹;而这条现代化道路,离不开的手段是生产力发展,尤其是经济发展。在发展路线上,邓小平提出:"坚持一个中心、两个基本点"的党的基本路线;坚持这一路线,既保证了发展,也保证了发展不偏离正确的政治轨道。在发展目标上,邓小平指出,"社会主义的本质,是解放生产力,发展生产力,消灭剥削,消除两

---

❶ 邓小平.邓小平文选:第2卷[M].北京:人民出版社,1993:231.
❷ 邓小平.邓小平文选:第3卷[M].北京:人民出版社,1993:255.
❸ 同❷:265.
❹ 同❶:163.

极分化，最终达到共同富裕。"❶ 发展的正确方向是社会主义方向，解决权利保障问题的发展也不例外。在发展办法上，邓小平指出，"大胆地试，大胆地闯"❷；"要扎扎实实，讲求效益，稳步协调地发展"❸。在发展标准上，邓小平指出："判断的标准，应该主要看是否有利于发展社会主义社会的生产力，是否有利于增强社会主义国家的综合国力，是否有利于提高人民的生活水平。"❹ 在发展动力上，科技与教育是经济发展的两个最重要的动力，邓小平指出，"科学技术是第一生产力"❺；"经济发展得快一点，必须依靠科技和教育"❻。

在这一时期，邓小平对发展的重要性、发展内涵、发展路线、发展目标、发展办法、发展标准及发展动力等作出了规律性认识，并指导这一时期权利保障政策的制定。这一时期，在党的报告与决议中，主要致力于经济发展问题，并推动社会问题的解决。但是，党和国家制定的各项权利政策保障还是初步的。例如，在受教育权保障方面，党的十二大只是提出初等教育、扫除文盲等问题，党的十三大对受教育权保障要求比党的十二大更高一些，把发展教育事业放在突出的战略位置。

（二）发展是党执政兴国的第一要务

以江泽民为核心的党的第三代领导集体，在继承马克思主义发展观和毛泽东思想、邓小平理论关于发展的论述基础上，从我国的现实国情和发展需要出发，形成了以"三个代表"重要思想为核心的发展理念，将发展理念提升到了"党执政兴国第一要务"的高度，深化了党对发展理念的认识，也强化了党和国家的权利保障义务。

在发展重要性上，江泽民强调："发展是硬道理，这是我们必须始终

---

❶ 邓小平. 邓小平文选：第 3 卷 [M]. 北京：人民出版社，1993：373.
❷ 改革开放胆子要大一些，敢于试验 [EB/OL]. （2016-02-03）[2020-12-30]. http://cpc.people.com.cn/n1/2016/0203/c69113-28108195.html.
❸ 同❶：375.
❹ 同❶：372.
❺ 同❶：274.
❻ 同❶：377.

坚持的一个战略思想。"❶ 把发展上升到党执政兴国第一要务的理念，明确了党和国家在领导经济社会发展中的地位和作用。在发展方略上，既要加强社会主义法制建设，依法治国；也要加强社会主义道德建设，以德治国。而且江泽民强调："我们要把法制建设与道德建设紧密结合起来，把依法治国与以德治国紧密结合起来。"❷ 依法治国，为公民权利的法律保障提供方略。在发展目标上，江泽民强调，中国共产党要始终代表中国先进生产力的发展要求，始终代表中国先进文化的前进方向，始终代表中国最广大人民的根本利益。这一发展目标，尤为重视最广大人民的利益，重视人民权利的保障。江泽民指出："在整个社会生产和建设发展的基础上，不断使全体人民得到并日益增加看得见的利益，始终是我们中国共产党人的神圣职责。"❸ 为此，使人民权利获得充分保障是党的职责之一。在发展战略上，江泽民提出了"两个一百年"战略目标，并围绕这个目标，提出了全面实施科教兴国、可持续发展及西部大开发等重大战略，促进发展目标的实现。在发展方针上，这一时期，江泽民指出："把发展作为主题，把结构调整作为主线，把改革开放和科技进步作为动力，把提高人民生活水平作为根本出发点，全面推动经济发展和社会进步。"❹ 在人的全面发展上，江泽民强调"推进人的全面发展，同推进经济、文化的发展和改善人民物质文化生活，是互为前提和基础的"❺。江泽民将人的全面发展和社会的全面发展统一起来，协同推进。

发展是党执政兴国的第一要务。这一时期，在"三个代表"重要思想指引下的发展理念，重视了党和国家在发展中的地位与作用发挥，重视最广大人民群众的利益保护，更加注重人的全面发展的保障。在权利保障方式方面，党和国家重视运用制度尤其法律制度对权利进行保障。

---

❶ 江泽民. 江泽民文选：第3卷［M］. 北京：人民出版社，2006：118.
❷ 同❶：200.
❸ 同❶：122.
❹ 同❶：117–118.
❺ 同❶：295.

（三）"以人为本"的科学发展理念

以胡锦涛同志为总书记的党中央，在继承马克思主义发展观和毛泽东思想、邓小平理论、"三个代表"重要思想关于发展的论述基础上，从我国的现实国情和发展需要出发，形成了科学发展观，在发展理念上强调了"以人为本"的核心立场。在权利保障领域，注重权利保障的科学性与可持续性。

"以人为本"的发展理念主要体现在以下几个方面：在发展重要性上，胡锦涛指出"发展是解决中国一切问题的'总钥匙'"；而且，尤为重要的是"发展对于全面建设小康社会、加快推进社会主义现代化，对于开创中国特色社会主义事业新局面、实现中华民族伟大复兴，具有决定性意义"❶。在发展立场上，胡锦涛指出："我们提出以人为本的根本含义，就是坚持全心全意为人民服务，立党为公、执政为民，始终把最广大人民的根本利益作为党和国家工作的根本出发点和落脚点……坚持发展为了人民、发展依靠人民、发展成果由人民共享。"❷ 由此可知，胡锦涛强调发展理念"以人为本"的核心立场。在发展的基本要求上，注重经济社会发展的协调性，胡锦涛指出："要坚持以经济建设为中心、推动社会全面进步，要促进城乡经济社会协调发展，要促进区域经济协调发展、实现东中西部优势互补和共同发展。"❸ 在发展的根本方法上，胡锦涛强调以统筹兼顾为根本方法，协调好改革进程中的各种利益关系。在发展内容上，胡锦涛重点围绕经济发展方式转变、生态文明建设、文化强国与提高党建科学化水平、推动构建共同繁荣的和谐世界等内容，提出了一系列的创新构思，促进经济社会的可持续发展。

这一时期，"以人为本"的发展理念对于我国权利保障政策影响为：更加注重公平正义，强调共享社会发展成果，强调权利保障政策的可持续性。

---

❶ 胡锦涛．胡锦涛文选：第3卷［M］．北京：人民出版社，2016：95.
❷ 同❶：4.
❸ 同❶：5.

（四）五大发展理念

以习近平同志为总书记的党中央在继承马克思主义发展观和毛泽东思想、邓小平理论、"三个代表"重要思想、科学发展观等关于发展的论述基础上，从我国的现实国情和发展需要出发，提出了"五大发展理念"，即创新、协调、绿色、开放、共享的发展理念。"五大发展理念"创新性地回答了新时代党的发展理念要回应和解决的系列问题，体现出以习近平同志为主要代表的中国共产党人，对我国发展规律的自觉遵循与主动运用，"从多个方面丰富和发展了马克思主义观，把中国共产党关于发展的理论提升到了一个新境界"❶，也提升了我国公民权利保障政策的制定水平，并实现在更高水平上保障公民的权利。

"五大发展理念"对发展的认识主要表现在以下几个方面：在发展动力上，强调创新是引领发展的第一动力。习近平指出："纵观世界历史，一个国家无论多么强大和富有，一旦它放弃改革创新，就会走进死胡同。几乎每一次重大社会进步，都必然伴随着一场重大变革。"❷新时代对我国公民权利保障的政策制定必须创新，并且在创新中才能切实保障公民的权利。在发展结构上，"五大发展理念"强调了"协调"发展，而且结合我国发展尚存在的不平衡、不充分、不协调等短板，强调要优化发展结构，补齐短板，增强发展整体性，推进供给侧结构性改革，推动区域、城乡、物质文明和精神文明协调发展，推动经济建设和国防建设融合发展，进而协调公民各项权利保障，尤其协调公民权利和政治权利及经济、社会与文化权利之间的发展。在发展视野上，强调绿色是永续发展的必要条件，注重环境权利保障，把绿色发展列入发展理念体系，在遵循社会规律和自然规律的前提下，大力推进美丽中国建设，促进全球生态系统安全稳定。在发展格局上，强调开放是国家繁荣发展的必由之路，提出统筹国内国际两个大局，把中国发展与世界发展

---

❶ 韩振峰. 五大发展理念是中国共产党发展理论的重大升华［J］. 思想理论教育导刊，2016（1）.
❷ 习近平同欧洲理事会主席范龙佩举行会谈［N］. 人民日报，2014-04-01.

联系起来，构建人类命运共同体，倡导世界发展观，进一步提高我国在国际上的影响力和话语权。在发展目标上，强调共享是中国特色社会主义的本质要求，坚持全民、全面、共建、渐进的原则，把中国改革开放中所取得的发展成果共享于人民，突出了新时代的社会主义公平和正义，彰显中国特色社会主义制度的优越性。

"五大发展理念""在理论和实践上有新的突破，对破解发展难题、增强发展动力、厚植发展优势具有重大指导意义"❶。"五大发展理念"，坚持以人民为中心的核心价值，体现了新历史起点上的科学发展理路、发展方向和目标归宿，也反映了我国社会主要矛盾已经转化的重大历史性变化。由此，也影响着中国共产党权利保障政策的制定。

（五）小结

发展理念是中国共产党权利保障政策制定的重要影响因素之一。发展理念对发展的本质、内涵、目的与目标的根本看法是否为正确的，将影响发展理念的引领作用的发挥，也会影响经济社会发展。改革开放以来，无论是"以生产力为核心"的发展理念、发展是党执政兴国的第一要务、"以人为本"的科学发展理念，还是"五大发展理念"，都是时代的产物，指导了我国不同时期权利保障政策的制定，引领我国不同时期权利保障政策的发展。

三、发展阶段对权利保障政策的影响

改革开放以来，中国社会发展经历几个不同发展阶段。为应对不同发展阶段的社会问题与权利诉求，我国制定了相应的权利保障政策，促进了不同历史阶段社会问题的解决与权利诉求的满足。

---

❶ 中共中央文献研究室. 十八大以来重要文献选编（中）[M]. 北京：中央文献出版社，2016：773.

（一）中国社会的历史发展阶段

关于中国社会的历史发展阶段，学者以经济发展水平、消费结构、产业结构、就业结构、城镇化率五个方面作为判断中国开始从生存型社会向发展型社会过渡的参考性指标，认为中国在21世纪初（2000—2003年）开始由生存型社会向发展型社会过渡。❶ 据此，中国经历生存型社会与发展型社会两个历史发展阶段。蔡昉教授则认为中国经济发展可以划分为四个阶段：第一，马尔萨斯贫困陷阱或M类型的经济增长。第二，刘易斯的二元经济发展或L类型的经济增长。第三，刘易斯转折点或T类型。第四，索罗新古典增长或S类型。❷ 学者们的分析主要以经济发展作为指标，突出经济基础在社会发展中的决定性作用。社会发展除了经济指标，还有政治、社会及文化等指标，在考察中国社会的历史发展中，这些指标也应当作为重要指标加以考察。例如，考察一个国家的发展水平，世界上通常的指标为人类发展指数、人均国民生产总值、工业化水准与生活品质等。

关于低、中、高收入的国家，世界银行判定的标准为：低收入国家的人均国民年收入低于1045美元，中低收入国家的人均国民年收入为1046～4125美元，中高收入国家的人均国民年收入为4126～12 735美元；高收入国家的人均国民年收入高于12 736美元。2000年之前，我国人均国民年收入低于1045美元，属于低收入国家；2000年，我国人均国民年收入为7942元，步入了中低收入国家行列；2010年，我国人均国民年收入为30 876元，步入了中高收入国家行列，我国目前处于中等偏上收入水平阶段（图5-1）。根据世界银行关于国家发展水平指标，综合两位学者关于社会历史发展阶段的观点，改革开放以来，中国社会经历了以下三个历史发展阶段：第一阶段，中国社会发展跨越马尔萨斯陷阱；第二阶段，经历人口红利驱动的刘易斯二元经济发展阶段；第三阶段，面临中等收入陷阱的

---

❶ 迟福林. 改革开放30年中国社会发展阶段的历史性变化［J］. 学会，2010（10）.
❷ 蔡昉. 读懂中国经济［M］. 北京：中信出版社，2017：8.

挑战。在这三个历史发展阶段，党和国家制定的社会发展目标、面临的社会问题及公民权利诉求都有所差异，这影响我国权利保障政策的变化发展。

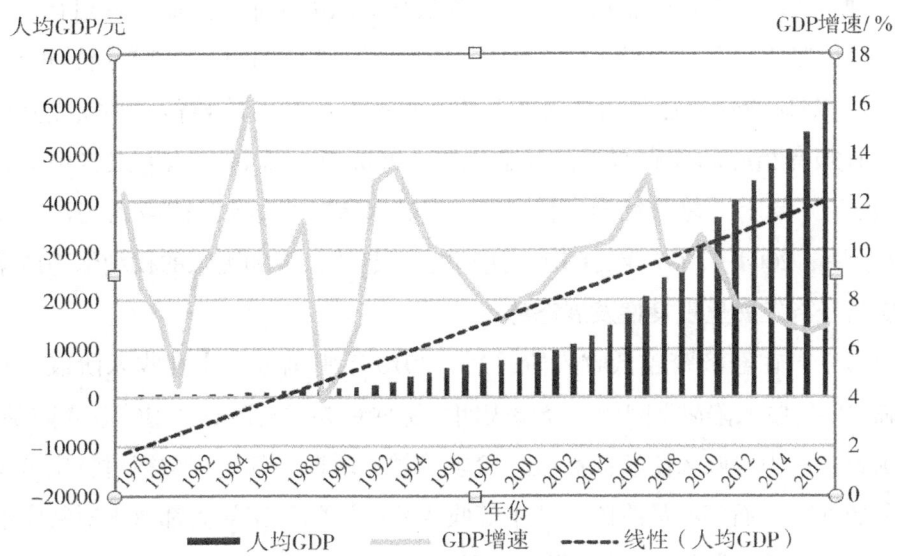

图 5-1　1978—2017 年中国 GDP 增速、人均 GDP 变化趋势
（数据来源：中华人民共和国国家统计局，http://www.stats.gov.cn/）

（二）中国社会发展历史阶段对权利保障政策影响

我国依据社会不同的发展阶段制定不同的权利保障政策，以适应社会发展需要。

第一，在跨越马尔萨斯陷阱阶段，我国权利保障政策的重心在农村，目标在于消除贫困，解决人民群众的温饱问题。党的十一届四中全会正式通过《中共中央关于加快农业发展若干问题的决定》及 1980 年 9 月中共中央印发《关于进一步加强和完善农业生产责任制的几个问题》等，为调动农民积极性、消除贫困及保障农民生存权与发展权具有重要意义。八二宪法规定公民享有的基本权利和义务，以确保改革开放的顺利进行。图 5-1 表明，1978—1982 年，GDP 增速处于下降趋势；1982 年之后，GDP 增速又呈现出上升趋势，充分说明公民权利获得明确保障之后，促进了国民经济增长。

第二，在成功跨越马尔萨斯陷阱之后，中国经济进入以人口红利驱动下的刘易斯二元经济发展阶段。这一阶段，"发展的主要过程是把农业中的剩余劳动力不断吸纳出来，用不变的工资吸纳他们进入非农产业，直到有一天把劳动力吸收完"，这样到了"刘易斯转折点"。❶2004 年，"刘易斯转折点"出现。"刘易斯转折点"的含义在于要促进剩余劳动力的转移，必须提高工资，必须有相应的较高水平的社会保障。2002 年，党的十六大报告中提到"人权"并要求"建立社会保障体系"；2004 年，"人权"被载入宪法。图 5-1 表明，2004—2007 年，GDP 增速呈上升趋势，党和国家的权利保障政策发展与经济发展呈现良性发展态势。

第三，在经济跨越低收入阶段后，2010 年中国进入中高收入阶段，却面临"中等收入陷阱"问题。经验表明，那些最终成功跨越"中等收入陷阱"的国家在由中等收入阶段向高收入阶段跨越的时期，都比较重视对特定群体权利的保障；而那些最终陷入"中等收入陷阱"的国家却大都忽视对特定群体权利的保障。❷ 为此，中国共产党从 2002 年开始就全面关注特定群体的保障。经历几个发展阶段之后，"中国特色人权发展道路在实践中已经取得了辉煌成就"，即"政治权利得到有效保障、经济权利的保障水平不断提高、文化权利的保障形式更加丰富、社会权利保障更加公平、环境权利保障日益加强"❸。

（三）小结

中国社会发展历史阶段是影响权利保障政策的因素之一。不同历史发展阶段的经济、政治、社会及文化发展水平对权利保障政策产生影响。正是党和国家的权利保障政策的变化，不断适应了经济社会发展变化，促进了公民权利的享有和实现。

---

❶ 蔡昉. 读懂中国经济 [M]. 北京：中信出版社，2017：14.
❷ 常健，黄爱教. "经济新常态"下的人权保障 [J]. 人权，2016（1）.
❸ 薛进文，常健. 中国特色人权发展道路研究 [M]. 北京：中国社会科学出版社，2016：12-15.

第三节　稳定对我国权利保障政策的影响

改革、发展与稳定之间具有紧密联系。1987年，邓小平指出："中国的主要目标是发展，是摆脱落后，使国家的力量增强起来，人民的生活逐步得到改善。要做这样的事，必须有安定的政治环境。没有安定的政治环境，什么事情都干不成。"❶1989年，邓小平指出："中国一定要坚持改革开放，这是解决中国问题的希望。但是要改革，就一定要有稳定的政治环境。"❷改革与发展必须有稳定的政治环境作为保障。社会剧烈冲突、动荡不安，不仅改革无法进行，国家与社会的发展也无从谈起，更谈不上对公民的权利保障。

一、稳定因素与权利保障

像改革与发展必须在稳定的环境中进行一样，公民个人权利也必须在稳定的环境中才能获得保障。社会剧烈冲突、动荡不安等影响社会不稳定因素，是侵害公民权利的重要因素。社会剧烈冲突、动荡不安源于改革力度、发展速度与社会承受度之间的不协调。社会剧烈变动过程中，如果改革力度与发展速度超越了社会承受度，而公民权利没有获得相应的保障，可能会产生社会冲突，也将影响改革和发展。反过来，如果没有以改革与发展作为基础和条件的权利保障，尽管在法律与政策中规定很完善，也很难从法律权利或者政策保障的权利变为现实权利，导致权利保障成为一句空话。

基于以上稳定因素与权利保障之间的关系分析，稳定与我国权利保障政策之间的关系模型如下。

第一，社会问题—稳定—权利保障。这一关系模型的动因归结为社会问

---

❶ 邓小平. 邓小平文选：第3卷［M］. 北京：人民出版社，1993：244.
❷ 同❶：284.

题。社会问题是引发社会冲突、动荡的重要原因。这一关系模型表明：一方面，解决社会问题，必须在改革与发展中进行，改革与发展为社会稳定创造条件，促进公民各项权利的享有和实现。另一方面，改革与发展必须以稳定为基础和前提，社会冲突与动荡本身就是公民权利的享有和实现的天敌。没有稳定的政治与社会环境，改革和发展也就无法进行，权利保障也将成为一句空话。为此，在改革开放初期，邓小平指出"压倒一切的是稳定"[1]。在进入新时代之时，习近平总书记也指出：稳定也是硬道理。[2]

第二，权利诉求—稳定—权利保障。这一关系模型的动因归结为权利诉求。如果公民的权利诉求获得满足，则公民的权利就获得切实保障。反之，如果权利诉求无法获得满足，大量集聚之后，将会成为社会问题，成为导致社会冲突与动荡的原因。在社会冲突与动荡的条件下，权利诉求不但不能够得到满足，而且公民原本享有的权利也可能遭受侵害，导致公民的权利诉求与社会冲突之间陷入恶性循环之中。为此，保持社会稳定，才能使公民的权利诉求通过改革和发展获得满足，才能使公民的权利获得保障。

二、基尼系数对我国权利保障政策的影响

基尼系数是考量社会政治稳定和社会秩序的重要指标，我国权利保障政策依据基尼系数的变化而不断调整。改革开放以来，我国权利保障事业取得举世瞩目的成就与社会秩序和政治稳定分不开。学者认为，中国改革开放以来，在维护国家安定的条件下使个人权利保障状况持续得到较大幅度的改善，而维护国家安定与保障个人权利逐渐实现良性循环。[3] 一般而言，基尼系数的实际数值只能为 0~1，基尼系数越小收入分配越平均，基尼系数越大收入分配越不平均。国际上通常把 0.4 作为贫富差距的警戒线，大于这一数值容易出现社会冲突、社会动荡。

---

[1] 邓小平. 邓小平文选：第 3 卷 [M]. 北京：人民出版社，1993：284.
[2] 习近平. 习近平谈治国理政：第 2 卷 [M]. 北京：外交出版社，2017：384.
[3] 常健，刘明. 国家安定与个人权利保障：转型悖论及其消解 [J]. 学术界，2015（11）.

如图 5-2 所示，我国有四个基尼系数评估值：全国基尼系数、城镇基尼系数、农村基尼系数和城乡基尼系数。从整体上来看，一方面，全国基尼系数在 1994 年突破 0.4（达 0.436），除了 1999 年回落到 0.397，基本上处于 0.4～0.5 高位运行。这表明在全国范围内，贫富差距明显，社会容易出现动荡。另一方面，改革开放 40 年，农村基尼系数与城镇基尼系数都没有超过 0.4 的警戒线，保持农村和城镇二元结构的稳定性。农村基尼系数 1978—1985 年为 0.2～0.3；在 1986 年突破 0.3（达到 0.314）后，直到 2017 年，都为 0.3～0.4。城镇基尼系数 1978—1990 年，处于 0.1～0.2；1991—2001 年，处于 0.2～0.3；2002—2017 年，处于 0.3～0.4。由此看出，城镇的稳定程度比农村的稳定程度要高一些，这与党和国家历来注重城镇居民的权利保障有很大的关系。当前，虽然农村和城镇的基尼系数都没有超过 0.4 的警戒线，但是国家整体的基尼系数在高位运行。这需要党和国家在顶层设计中要高度重视，也是党和国家在制定权利保障政策过程中关注的问题。

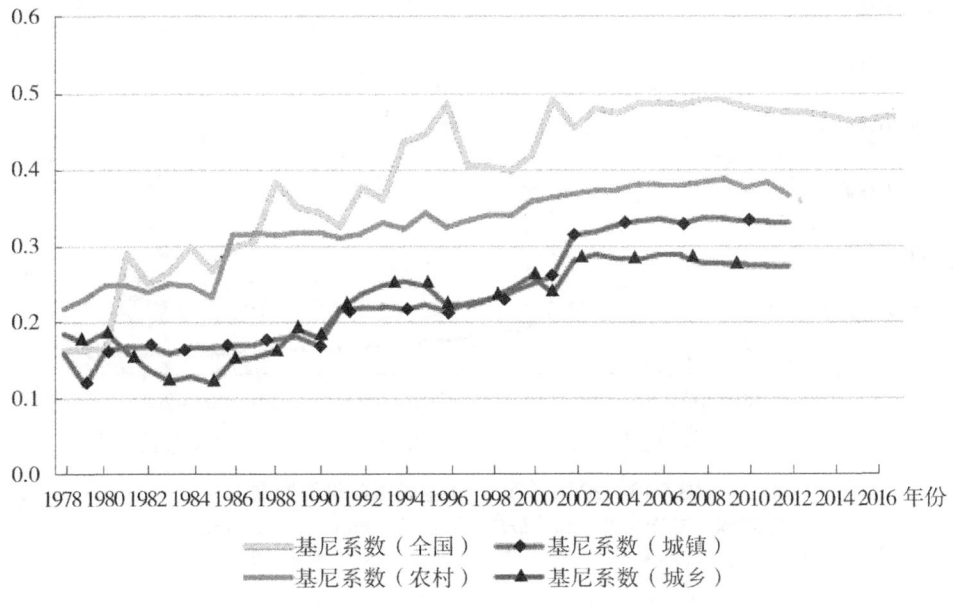

图 5-2　1978—2017 年我国基尼系数的变化趋势
（数据来源：中华人民共和国国家统计局，http://www.stats.gov.cn/）

基尼系数超过0.4表明贫富差距过大，会引发社会不稳定，直接导致社会冲突，此时需要调整相关政策，重视公民权利保障，缩小贫富差距。图5-3表明，2004年，全国法院信访数量达到最高值，而后直到2016年全国法院信访数量都呈下降的趋势。信访数量减少，重要的因素归结于党的十六大提出和谐社会的建设，党和国家更加注重管控贫富差距，以及社会保障不断完善，尤其是在养老、教育、住房及医疗等方面不断改善。2004年，"国家尊重和保障人权"载入宪法，我国宪法保障公民的基本权利，使公民权利获得前所未有的保障。由于全面依法治国的推进，公民的权利得到切实保障，公民的诉求得到满足，使信访数量明显减少。

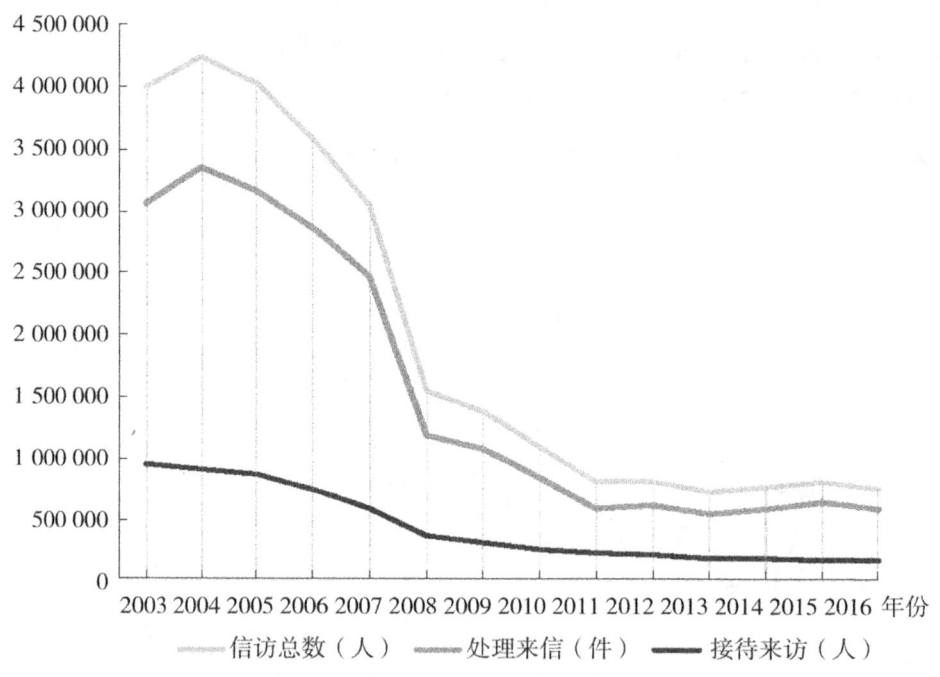

图5-3　2003—2016年全国法院信访数量
（数据来源：中华人民共和国最高人民法院，http://www.court.gov.cn/）

第四节　对外开放对我国权利保障政策的影响

对外开放影响我国权利保障政策制定。我国权利保障政策除了受到国内各种主客观因素影响，也受到国际很多因素影响。例如，改革开放初期，我国提出工业现代化的目标，面临资金不足，技术、设备落后的困难，如果党和国家不实行对外开放政策，就不能利用外资，不能补充本国资金的不足，加速国民经济的发展也将成为空谈，从而无法为权利保障提供坚实的经济基础。如今，在世界日益成为一个休戚与共的命运共同体之时，中国坚持对外开放政策，这对提升我国公民权利保障水平尤为重要。

一、对外开放与权利保障

从系统工程学的观点看，世界经济是一个大系统，每个国家的经济是一个子系统，各个子系统之间既互相依赖、互相渗透，又互相斗争。不同社会制度与国家之间的关系也是如此。随着生产力的发展，社会分工超越国界，形成国际分工，各国之间互通有无的关系越来越紧密。在全球化时代，对外开放是全球化时代的重要内容。对外开放与权利保障之间的关系，主要表达两层意思：一是对外开放如何影响公民权利保障政策；二是权利保障政策如何助力对外开放的顺利进行。而对外开放影响公民权利保障政策的变化主要表现在以下几个方面：一是外部压力传导入国内，迫使国内的权利保障政策与国际社会的相关规定接轨。二是为吸引国外资金、技术与设备等，对国外经济主体在国内市场领域的利益给予政策保障。三是为鼓励国内经济组织走出国门，融入世界经济体系，制定相应的公民权利保障政策。

依据我国的政策及实践，对外开放的内容主要包括以下几个方面：一是引进外资，即大力引进国外金融资本和产业资本；二是引进外国技术，即努力吸收和消化国外先进科学技术及管理;三是发展对外经济贸易事业,不但包括产品出口,而且包括劳务、技术的对外输出和跨国经营,等等。就对外开放的理论内涵而言,它包含着以下几个方面内容。

第一,从封闭经济模式向开放性经济模式转变。改革开放以来,我国的经济模式由封闭转向开放。开放性经济模式,意味着要确立与外部经济之间的关联,允许外部经济组织的资金、技术及设备等进入中国市场,参与中国社会的经济发展。改革开放以来,中国经济通过吸收外资、技术和引进设备等,改变落后状况,实现经济水平的赶超。同时,中国经济也同样接受外部经济的冲击和挑战,即发达国家凭借雄厚的资金、先进的技术对中国工业、农业等的冲击。在受到外部冲击与挑战的压力下,党和国家重视本国人民的权利保障。

第二,从计划经济转向市场经济。中国建立的社会主义市场经济,本质上是姓"社"的,而不是姓"资"的。换句话说,中国的社会主义市场经济既要遵循商品经济、市场经济的客观规律,也要坚持社会主义的本质。中国经济组织由国内市场走向世界市场,一方面,市场经济本身对权利保障有要求,如市场主体的财产权、自由权及平等权等;另一方面,在市场经济的客观规律作用下,必然会出现市场竞争中的"失败者",所以,在市场经济条件下,还必须重视"弱者"权利保障。

第三,走向全面的开放。改革开放40多年来,除了与其他国家建立经济联系,中国在科技、教育与文化等上层建筑方面也与世界其他国家加强了交流和联系。由于中国与西方国家存在意识形态差异,在上层建筑的交流与联系中,还应当制定相应的政策抵御外来文化的冲击。例如,在文化领域,为促进中华民族对中华民族传统文化的享有权利,应当制定相应的文化权利保障政策。

二、"引进来"与权利保障政策

1979年,邓小平指出:"中国人民决心在本世纪内把中国建设成为社会主义的现代化强国。我们的任务是艰巨的。我们首先要靠自己的努力,同时我们也要学习外国的一切先进经验和先进技术。"❶这是党和国家领导人关于"引进来"的论述。"引进来"对中国地区间经济与公民收入都产生了影响,直接影响了我国相关权利保障政策的制定。

(一)对外开放对地区间经济发展、收入的影响与权利保障

1979年7月,中共中央、国务院同意在广东省的深圳、珠海、汕头三市和福建省的厦门市试办出口特区。1980年8月,五届全国人大常委会第十五次会议批准《广东省经济特区条例》,经济特区正式设置。1984年,开放了上海、天津、大连、广州等沿海14个口岸城市。1988年3月,国务院发布《关于进一步扩大沿海经济开放区范围的通知》,决定适当扩大沿海经济开放区,新划入沿海经济开放区的有140个市、县,包括杭州、南京、沈阳等省会城市。而后,设立了海南经济特区。进入20世纪90年代后,中国对外经济开放由沿海向内地战略转移,1992年,芜湖、九江、岳阳、武汉、重庆五个沿江城市和三峡库区开放,随后成都、郑州、太原、西安等17个省会城市开放,等等。跨入21世纪后,国家实施西部大开发战略,对外开放进一步扩展到广大西部地区。可知,中国对外开放由沿海逐渐向内陆展开,由此也影响了地区之间经济发展、居民收入之间的差异,影响了劳动力迁徙,直接影响了公民权利保障政策的变迁。

对外开放对我国社会产生以下影响,有助于以下权利的保障。

第一,对外开放促进各地区经济发展,在不同程度上促进公民各项权利诉求的满足。例如,中国最早建立的经济特区之一——深圳,1979年,当时还是宝安县深圳镇的地区生产总值不到2亿元,工业产值只有6061万元,农业产值只有1.14亿元,农民人均年收入仅150多元。到1984年,深圳经济特区工业总产值13亿元,与1979年相比增长20倍。2015年,地区生产

---

❶ 中共中央文献研究室. 邓小平年谱(1975—1997):上[M]. 北京:中央文献出版社,2004:410.

总值增长到 1.75 万亿元,创造了世界经济发展史上的奇迹。❶ 地区经济发展,财政收入增加,直接促进了与经济相关的公民各项权利保障,如扶贫、社会权利、文化权利等。

第二,对外开放形成了地区间的经济发展差,导致了劳动力转移,呈现了公民很多的权利诉求,提出了很多权利保障要求。我国的对外开放由东向西、由沿海向内陆逐渐展开,各省在对外开放的深度、广度及力度上具有差异性,形成了东部、中部和西部的经济发展差距。东部沿海的上海、江苏、山东、广东、浙江、福建等省(直辖市)经济发展迅速,它们的 GDP 一直走在全国前列;尤其浙江、福建等沿海省份的 GDP,由原来在全国排名较后,逐渐地走到了全国前列;而中西部地区省份的 GDP 却没有显著变化。为缩小东西部差距,中国共产党注重区域经济发展权利、共享经济发展成果权利的保障,党的十四大提出了"充分发挥各地优势,加快地区经济发展,促进全国经济布局合理化";党的十五大提出了"促进地区经济合理布局和协调发展",等等。同时,东部由于经济发展迅速,就业机会较多,收入较高,大量中西部的劳动力向东部转移。在劳动力转移之时,公民提出了一系列的权利诉求,如迁徙自由权利、平等就业权利、务工人员子女受教育权利等。中国共产党在改革中,制定了一系列政策保障公民相应的权利,如户籍制度改革,保障了公民的迁徙自由权利。20 世纪 80 年代开始,我国就实施居民身份证制度,小城镇户籍逐步放开;2013 年 11 月,《中共中央关于全面深化改革若干重大问题的决定》指出,要"创新人口管理,加快户籍制度改革,全面放开建制镇和小城市落户限制,有序放开中等城市落户限制,合理确定大城市落户条件,严格控制特大城市人口规模"。

(二)外部压力与权利保障

我国的对外开放,在区域上,从东部开始,逐步扩大到西部;在战略上,先试点经济特区,逐步全方位扩大;在领域上,从国际商品市场、国际

---

❶ 武力. 改革开放 40 年:历程与经验 [M]. 北京:当代中国出版社,2020:338.

资本市场、国际技术市场、国际劳务市场的开放，拓宽到能源、交通等基础产业及金融、保险、房地产、科技、教育、文化、服务业等。这些对外开放的战略步骤本身是依据我国的实际而作出的，当然涵盖了中国公民的权利保障要求与实际，也应对了外部传导的压力。

改革开放初期，我国就认识到对外开放给中国经济、社会及文化等带来的影响。党的十二大提出："实行对外开放，按照平等互利的原则扩大对外经济技术交流，是我国坚定不移的战略方针。"❶ 然而，对外开放，在引进先进技术与经济交流中，可能遇到的问题：一是损害民族经济；二是损害国家民族利益；三是受到资本主义思想的侵蚀，出现崇洋媚外的意识和行为，等等。针对这些可能会出现的问题，社会公众对经济权利、社会权利及文化权利都提出要求，而中国共产党也制定了应对的政策。例如，我国将科技和教育放在突出的战略位置，切实保障公民的受教育权利，为经济发展、抵制资产阶级思想侵蚀提供智慧条件。

进入 21 世纪之后，我国以发展中国家身份加入世界贸易组织，是中国对外经济以主动姿态融入经济全球化的历史性一步。中国"对外开放由有限范围、地域、领域内的开放，转变为全方位、多层次、宽领域的开放；由以试点为特征的政策性开放，转变为法律框架下的制度性开放；由单方面为主的自我开放市场，转变为中国与世贸组织成员之间的双向开放市场；由被动地接受国际经贸规则的开放，转变为主动参与制定国际经贸规则的开放；由只能依靠双边磋商机制协调经贸关系的开放，转变为多、双边机制相互结合和相互促进的开放"❷。对外开放的转变，尤其中国严格履行"入世"承诺，给我国公民的权利保障传导了很多的外部压力。例如，对工业产品、农业产品的冲击，法律规则不完善，市场主体权利保障不完善等。中国共产党为解决这些问题，制定了相应的政策，确保公民各项权利不受侵害。例如，根据"入世"承诺，中国政府要进一步降低关税，到 2005 年，关税降为 9.9%。关

---

❶ 胡耀邦. 全面开创社会主义现代化建设的新局面——在中国共产党第十二次全国代表大会上的报告［N］. 人民日报，1982-09-08.
❷ 武力. 改革开放 40 年：历程与经验［M］. 北京：当代中国出版社，2020：347.

税降低之后，尤其农产品关税降低之后，国外农产品大量进入中国市场，对中国农产品形成冲击与压力，直接影响了农民相关权利。1998年，党的十五届三中全会通过了《中共中央关于农业和农村工作若干重大问题的决定》；2008年，党的十七届三中全会通过了《中共中央关于推进农村改革发展若干重大问题的决定》，这两个"决定"，为中国农业、农村与农民应对"入世"及"入世"之后的挑战和影响提供了行动指南，也对农民权利保障提出了要求。

2012年以后，中国对外开放面临的压力为世界经济长期复苏乏力、世界贸易组织多边体制红利逐渐消退、外向型经济增长乏力等。为应对这些问题，中国共产党制定了一系列的指导方针、政策。党的十八大报告指出："中国将始终不渝奉行互利共赢的开放战略，通过深化合作促进世界经济强劲、可持续、平衡增长。"[1]2013年8月，设立自贸区试验区，实施自由贸易区战略；2013年9月和10月，习近平分别提出建设"新丝绸之路经济带"和"21世纪海上丝绸之路"倡议；2014年10月，中国倡议设立的亚洲基础设施投资银行成立，等等。这些对外开放的措施，积极应对了世界经济压力，促进了中国公民各项权利保障。

三、"走出去"与权利保障政策

对外开放，既包括"引进来"，也包括"走出去"。改革开放初期，我国对外开放主要以"引进来"为主。随着市场经济体制的建立、"入世"的规则利好、国有企业和民营企业数量规模的壮大，中国加快在世界市场获取技术、资本、人才等资源的"走出去"步伐。[2]党的十六大报告指出："实施

---

[1] 胡锦涛. 坚定不移沿着中国特色社会主义道路前进 为全面建成小康社会而奋斗——在中国共产党第十八次全国代表大会上的报告［N］. 人民日报，2012-11-18.
[2] 武力. 改革开放40年：历程与经验［M］. 北京：当代中国出版社，2020：349.

'走出去'战略是对外开放新阶段的重大举措。"❶ 在"走出去"过程中，中国企业、组织及个人遇到很多阻力与压力，需要党和国家制定相应的政策保障企业、组织和个人的基本权利。例如，中国企业在反倾销、反补贴、技术性贸易壁垒等非关税壁垒的贸易摩擦，受到外国政府的政策影响，陷入发展困境。这就需要党和国家为"走出去"的相应政策，保障这些企业员工相应的经济权利、发展权利等。但是，在"走出去"不同阶段，由于面临的外部环境不一样，也需要党和国家出台不同的政策。

---

❶ 江泽民. 全面建设小康社会，开创中国特色社会主义事业新局面——在中国共产党第十六次全国代表大会上的报告［N］. 人民日报，2002-11-18.

第六章　我国制定权利保障政策的基本经验与未来发展

改革开放以来，我国制定了一系列关于权利保障的方针政策，有效地应对权利保障的发展变化。我国之所以有效地保障了公民权利，主要在于坚持中国共产党对权利保障事业的领导，立足于中国实际，并遵循了公民权利保障的基本规律，积累了制定权利保障政策的丰富经验。展望未来，我国将会在更高层次上制定权利保障政策，提升公民权利保障水平，使公民能够切实地、充分地享有权利并实现权利。

第一节　我国制定权利保障政策的基本经验

改革开放以来，一方面，我国注重改革开放的力度、速度之间的协调；另一方面，我国也注重保障人民群众的基本权利。在制定权利保障政策中，党和国家积累了大量的经验。

一、坚持中国共产党领导，始终走中国特色社会主义权利保障之路

坚持中国共产党领导，始终走中国特色社会主义权利保障之路，是我国

制定权利保障政策的基本经验之一。中国共产党的领导既是当前中国特色社会主义最大的特点,也是中国特色社会主义最大的制度优势。毫无疑问,中国共产党是中国人权事业的领导者、倡导者、推动者和实践者。党的领导是中国特色社会主义人权道路的鲜明特点和政治优势,是中国人权事业发展最根本的保证。中国共产党领导全国各族人民追求民族独立和解放、实现国家富强和人民富裕的过程,就是争取、维护和保障中国人民人权的过程。办好中国的事情,关键在于党。事实表明,只有坚持中国共产党的领导,才能保证中国人权事业沿着正确方向前进,才能把人权建设融入党和国家工作的各个方面,才能最广泛地调动一切力量,共同推进中国人权事业发展。

改革开放以来,"中国特色社会主义"是党和国家政治生活中的高频词。从党的十三大报告开始,到党的十九大报告,都出现了"中国特色社会主义"。在"中国特色社会主义"整体框架指引下,在权利保障领域,也应当体现"中国特色社会主义"。邓小平指出:"我们多次重申,要坚持马克思主义,坚持走社会主义道路。但是,马克思主义必须是同中国实际相结合的马克思主义,社会主义必须是切合中国实际的有中国特色的社会主义。"[1] 改革开放40多年来,在中国共产党领导下,我国也走出了一条具有中国特色的社会主义权利保障之路。这条道路,除了坚持中国共产党的领导,还体现了以下特征:第一,以生存权和发展权为首要人权,充分保障全体人民的经济、政治、社会和文化权利。世界人权大会的行动纲领指出:实施人权原则必须考虑国家的特性和地域特征,以及不同的历史、文化和宗教背景。作为一个发展中大国,发展经济、改善民生始终是解决中国所有问题的关键所在。我国将经济社会权利作为人权保障的重点,着重解决人民的生存和发展问题,有效保障了中国人民的生存权、发展权。同时,注重将各项人权作为相互依存、不可分割的有机整体,促进经济、社会、文化权利与公民权利、政治权利协调发展,促进个体人权与集体人权协调发展。第二,强调把人权的普遍性原则同中国实际相结合。习近平总书记指出,"要把人权的普遍性

---

[1] 邓小平. 邓小平文选:第3卷[M]. 北京:人民出版社,1993:63.

原则和中国的实际相结合，走出一条适合中国国情的道路"，"在人权方面，最大发言权还是所在国的大多数人民"。必须看到，虽然我们身处经济全球化、文化多元化的时代，但总有一些人用他们的固有眼光和价值判断，来看待和评价不同国度、不同民族、不同文化背景的人权和发展，总企图将自己的价值观强加于人。这种带着偏见和企图的所作所为，不但无益于他国及世界人权事业的发展与进步，也不符合当今世界和平与发展的时代潮流。第三，强调各项权利的协调发展。权利系统是一个整体性的系统，它既包括经济、社会与文化权利，也包括公民权利与政治权利，更包括发展权利。改革开放以来，党和国家在权利保障政策制定中，比较注重权利系统内部的协调，除了注重经济、社会与文化权利保障，也注重公民权利与政治权利保障，更注重发展权利保障。第四，强调权利保障的与时俱进。与时俱进是马克思主义的品格。我国权利保障政策制定，是在马克思主义及马克思主义中国化的理论成果指导下进行的，所以我国制定权利保障政策也具有与时俱进的品格。根据经济、政治、文化及社会的变化，党和国家及时对相关权利进行保障。

二、始终以人民幸福生活为目标

改革开放以来，我国制定权利保障政策始终以人民幸福生活为目标。习近平在"纪念《世界人权宣言》发表70周年座谈会"的贺信中指出，人民幸福生活是最大的人权。我国的权利保障政策既包括中国共产党制定的政策，也包括国家与政府制定的政策。中国共产党从诞生那一天起，就把为人民谋幸福、为人类谋发展作为奋斗目标。中国共产党在长期执政中，不忘初心，牢记使命，促进中国权利保障事业顺利发展。

习近平致"纪念《发展权利宣言》通过30周年国际研讨会"的贺信中指出："坚持以人民为中心的发展思想，把增进人民福祉、保障人民当家作主、促进人的全面发展作为发展的出发点和落脚点。"改革开放以来，党和国家制定一系列政策引导、保障和促进小康社会建设，最终目标则是为了让人民过上幸福生活。1982年,党的十二大报告提出,"从一九八一年到本世纪末的二十年,我国经济建设总的奋斗目标是……城乡人民的收入将成倍增长,人民的物质文化生活可以达到小康水平"。党的十三大报告指出,"党的十一届三中全会以后,我国经济建设的战略部署大体分三步走。第一步,实现国民生产总值比一九八〇年翻一番,解决人民的温饱问题。这个任务已经基本实现。第二步,到本世纪末,使国民生产总值再增长一倍,人民生活达到小康水平。第三步,到下个世纪中叶,人均国民生产总值达到中等发达国家水平,人民生活比较富裕,基本实现现代化"。党的十四大报告提出,"十一亿人民的温饱问题基本解决,正在向小康迈进","人民生活由温饱进入小康"。党的十五大报告提出,"展望下世纪,我们的目标是,第一个十年实现国民生产总值比二零零零年翻一番,使人民的小康生活更加宽裕"。党的十六大报告指出,"当人类社会跨入二十一世纪的时候,我国进入全面建设小康社会、加快推进社会主义现代化的新的发展阶段",并提出了"全面建设小康社会的奋斗目标",作出了全面建设小康社会的战略决策。党的十七大报告提出了"实现全面建设小康社会奋斗目标的新要求"。党的十八大报告提出了全面建成小康社会的新要求。2020年,我国全面建成小康社会。全面建成小康社会,一方面,不但更好地保障了人民的生存权,而且有效地保障了人民的经济、社会、文化权利的实现。我国在保障公民受教育权利、享有公共文化服务权利,以及特定群体权利等方面,取得了历史性成就。另一方面,公民权利、政治权利在内的各项权利获得了全面保障。改革开放以来,在中国共产党领导下的小康社会建设是我国权利保障的成功实践,表明党和国家在制定权利保障政策中以人民幸福生活为价值目标。

三、始终以社会主义初级阶段作为权利保障政策制定的总依据

改革开放以来,我国以社会主义初级阶段作为权利保障政策制定的总依据。在权利保障政策制定过程中,党和国家充分考虑社会主义初级阶段的政治、经济、文化、社会及生态状况。党的十三大报告明确指出"我国正处在

社会主义的初级阶段",之后,党的历届党代会报告(十四大、十五大、十六大、十七大、十八大)对社会主义初级阶段都作出论述,党的十九大报告更是郑重指出"我国仍处于并将长期处于社会主义初级阶段的基本国情没有变"。

社会主义初级阶段是一个什么样的阶段?党的十三大报告指出社会主义初级阶段"特指我国在生产力落后、商品经济不发达条件下建设社会主义必然要经历的特定阶段","是逐步摆脱贫穷、摆脱落后的阶段"。党的十四大报告指出,"这是一个至少上百年的很长的历史阶段,制定一切方针政策都必须以这个基本国情为依据,不能脱离实际,超越阶段"。党的十六大报告指出,"必须看到,我国正处于并将长期处于社会主义初级阶段,现在达到的小康还是低水平的、不全面的、发展很不平衡的小康"。根据历届党代会报告的论述,我国社会主义初级阶段意味着:第一,我国社会已经是社会主义社会。我们必须坚持而不能离开社会主义。第二,生产力比较落后,必须解放生产力和发展生产力。第三,必定是促进人权不断发展的阶段,摆脱不发达状态,消除贫困,基本实现现代化。第四,必定是长期历史过程。

党和国家以社会主义初级阶段作为权利保障政策制定的总依据,其重要意义表现在以下几个方面:第一,强调社会主义属性,要求党和国家在制定权利保障政策中必须"为了人民"。在制定权利保障政策过程中,胡锦涛同志提出"以人为本"的理念,习近平提出"以人民为中心"的理念。第二,强调以经济建设为中心,为权利保障提供坚实基础;反过来,权利保障政策的落实必须以促进生产力发展为目标。第三,强调社会主义初级阶段的历史阶段性,必然要求党和国家的权利保障政策必须不断发展,适应中国社会发展的阶段性变化要求。

四、始终正确处理改革、发展与稳定的关系

改革、发展与稳定的辩证关系是我国权利保障政策发展的逻辑基础。党

的十五大报告指出,"在社会主义初级阶段,正确处理改革、发展同稳定的关系,保持稳定的政治环境和社会秩序,具有极端重要的意义",这对我国权利保障政策制定与落实,以及中国人权事业发展也具有重要意义。改革、发展与稳定之间具有何种关系?在社会主义初级阶段,解决一切问题的关键在于发展。改革是发展的动力,是解放和发展生产力的基本途径,又能为稳定创造条件;发展是改革的目的和基础,是社会稳定的基础;稳定是改革和发展的前提和保障。❶改革开放40多年的基本经验表明,正确处理改革、发展同稳定之间的关系,"必须把改革的力度、发展的速度和社会可以承受的程度统一起来,在社会政治稳定中推进改革、发展,在改革、发展中实现社会政治稳定"❷。改革开放40多年,党和国家正是在正确处理改革、发展与稳定辩证关系中不断地促进公民基本权利的实现,使权利保障水平不断提高,促进人权事业不断发展进步。

第二节 我国权利保障政策的未来发展

当前,国内社会主要矛盾发生转变,世界政治经济秩序正处于百年未有之变局中。那么,我国权利保障政策应该走向何方呢?依据公民权利保障政策制定的基本规律,结合当前国内外发展趋势,党和国家制定权利保障政策的未来发展表现为:必须以习近平新时代中国特色社会主义思想为指导,以促进人民对美好生活需要的满足为目标,并在更高层次上建构公民权利保障体系。

---

❶ 王兆铮. 改革、发展、稳定的辩证统一[J]. 理论参考,2014(1).
❷ 江泽民. 高举邓小平理论伟大旗帜,把建设有中国特色社会主义事业全面推向二十一世纪——江泽民在中国共产党第十五次全国代表大会上的报告[N]. 人民日报,1997-09-22.

一、以习近平新时代中国特色社会主义思想为指导

党的十九大把习近平新时代中国特色社会主义思想确立为党必须长期坚持的指导思想并庄严地写入党章。党的十九大报告指出,新时代中国特色社会主义思想,是对马克思列宁主义、毛泽东思想、邓小平理论、"三个代表"重要思想、科学发展观的继承和发展,是马克思主义中国化最新成果,是党和人民实践经验和集体智慧的结晶,是中国特色社会主义理论体系的重要组成部分,是全党全国人民为实现中华民族伟大复兴而奋斗的行动指南,必须长期坚持并不断发展。❶ 为此,我国公民权利保障事业未来发展也必须坚持以习近平新时代中国特色社会主义思想为指导。

如何坚持以习近平新时代中国特色社会主义思想为指导呢?党的十九大报告强调:"全党要深刻领会新时代中国特色社会主义思想的精神实质和丰富内涵,在各项工作中全面准确贯彻落实。"❷ 为此,中国人民权利保障事业必须全面准确贯彻落实习近平新时代中国特色社会主义思想的精神实质与丰富内涵,也就是必须在公民权利保障政策制定中贯彻落实"八个明确"与"十四个坚持"。具体而言,中国共产党在制定权利保障政策中应当着重以下几个坚持:第一,坚持党对公民权利保障事业的领导。党政军民学,东南西北中,党是领导一切的。显然,当然也包括中国权利保障事业。第二,坚持以人民为中心。中国共产党在制定权利保障政策中,要依靠人民创造权利保障历史伟业,并不断满足人民群众对权利保障的需要。第三,坚持全面深化改革。中国共产党在领导全面深化改革中,促进公民权利保障政策的不断完善,建构体统完备、科学规范、运用有效的权利保障制度体系。第四,坚持新发展理念。发展是解决我国一切问题的基础和关键,发展必须是科学发展,必须坚定不移贯彻创新、协调、绿色、开放、共享的发展理念。中国共

---

❶ 习近平. 决胜全面建成小康社会 夺取新时代中国特色社会主义伟大胜利——在中国共产党第十九次全国代表大会上的报告[M]. 北京:人民出版社,2017.

❷ 同❶.

产党在未来制定权利保障政策中，也必须坚持"五大发展理念"。第五，坚持人民当家作主与坚持全面依法治国。中国共产党制定公民权利保障政策，必须将党的领导、人民当家作主、依法治国有机统一起来，保证权利保障政策的人民性。第六，坚持社会主义核心价值体系。社会主义核心价值应当贯穿于权利保障的始终，并为权利保障政策的制定奠定深沉的力量。第七，坚持在发展中保障和改善民生。中国共产党历来重视公民的经济、社会、文化权利保障，并将生存权和发展权作为首要人权。坚持在发展中促进公民各项权利保障，在发展中提升公民各项权利保障水平。中国共产党在制定权利保障政策中，还应当坚持人与自然和谐共生、坚持总体国家安全观、坚持推动构建人类命运共同体，等等。

二、以人民对美好生活需要的满足为目标

马克思主义哲学认为，事物是由多种矛盾构成的。主要矛盾是矛盾体系中处于支配地位、对事物发展起决定作用的矛盾。次要矛盾是矛盾体系中处于从属地位、对事物发展起次要作用的矛盾。主要矛盾与次要矛盾的辩证关系原理的方法论意义在于要求我们想问题办事情既要善于抓住重点，集中力量解决主要矛盾，又要统筹兼顾，处理好次要矛盾。党的十九大报告指出："中国特色社会主义进入新时代，我国社会主要矛盾已经转化为人民日益增长的美好生活需要和不平衡不充分的发展之间的矛盾。"❶根据主要矛盾与次要矛盾的辩证关系原理，我国在改革与发展中必须集中力量解决人民日益增长的美好生活需要与不平衡不充分的发展之间的矛盾。

2012 年 11 月，习近平总书记指出："我们的人民热爱生活，期盼有更好的教育、更稳定的工作、更满意的收入、更可靠的社会保障、更高水平的医疗卫生服务、更舒适的居住条件、更优美的环境，期盼着孩子们能成

---

❶ 习近平. 决胜全面建成小康社会　夺取新时代中国特色社会主义伟大胜利——在中国共产党第十九次全国代表大会上的报告［M］. 北京：人民出版社，2017.

长得更好、工作得更好、生活得更好。"❶2017年10月,党的十九大报告指出:"我国稳定解决了十几亿人的温饱问题,总体上实现小康,不久将全面建成小康社会,人民美好生活需要日益广泛,不仅对物质文化生活提出了更高要求,而且在民主、法治、公平、正义、安全、环境等方面的要求日益增长。"❷ "人民对美好生活的需要"是社会主要矛盾的动态发展呈现。与此同时,党的十九大报告也指出,发展不平衡不充分"已经成为满足人民日益增长的美好生活需要的主要制约因素"❸。在中国权利保障事业中,人民对各项权利保障的需要提出了更高要求,不仅仅满足于生存权和发展权的保障,而且其他经济权利、社会权利、文化权利、公民权利及政治权利等保障的要求也日益增长。尽管中国共产党对人民各项权利作出了全面保障,但是也存在各项权利保障之间的不平衡和不充分问题,这也是制约人民对权利保障需要满足的主要因素。例如,受教育权保障方面,农村人口的受教育权享有和实现与城镇人口的受教育权享有和实现之间存在一定的差距。根据社会主要矛盾与次要矛盾的辩证关系原理,要求党和国家在制定相应的权利保障政策中协调农村与城市之间的受教育权问题,以满足人民对公平、正义的需要及受教育权的需要。

三、在更高层次上建构公民的权利保障体系

改革开放以来,党和国家非常重视公民权利保障体系建构。1982年,在中国共产党领导下,第五届全国人民代表大会第五次会议通过了八二宪法。八二宪法以国家根本法形式确立了公民享有的基本权利与基本义务,使公民的基本权利获得了宪法保障。2011年,中国特色社会主义法律体系已经形

---

❶ 习近平. 人民对美好生活的向往就是我们的奋斗目标[EB/OL].(2012-11-15)[2020-12-30]. http://www.xinhuanet.com/politics/2012-11/15/c_123957816.htm.
❷ 习近平. 决胜全面建成小康社会 夺取新时代中国特色社会主义伟大胜利——在中国共产党第十九次全国代表大会上的报告[M]. 北京:人民出版社,2017.
❸ 同❷.

成，由此延伸，中国已经建构起了公民权利的法律保障体系，公民权利已经获得系统化、整体性的法律保障。中国社会进入新时代，人民对美好生活需要日益广泛，也对权利保障提出了更高要求，必然要求党和国家在更高层次上制定权利保障政策。

党和国家如何在更高层次上建构公民权利保障体系？首先，应当关切人民对权利保障的更高要求。"随着中国特色社会主义进入新时代，人们的物质性需要不断得到满足，开始更多追求社会性需要和心理性需要。比如，期盼更好的教育、更可靠的社会保障、更高水平的医疗卫生服务、更舒适的居住条件、更优美的环境、更丰富的精神文化生活等。"❶ 显然，人民的这些需要呈现的是更高层次的需要。这些需要的满足，关键在于与这些需要相关权利的保障。比如，受教育权、社会保障权、健康权、居住权、环境权及文化权利等。由此，不但要求获得平等保障，而且关键在于获得实质性保障，以保证人民充分享有并实现这些权利。其次，在整体性上建构公民权利保障体系。公民的权利既包括公民权利与政治权利，也包括经济、社会与文化权利，更包括新兴的发展权利，它们构成了整体性、有机性的权利体系。随着中国特色社会主义进入新时代，人民不仅仅满足于生存权与发展权的保障，而且对知情权、参与权、表达权、监督权等政治权利提出了更高保障要求。所以，党和国家在更高层次上建构公民权利保障体系表现为：一方面，在全面深化改革、不断发展社会经济中，提升经济、社会与文化权利的保障水平；另一方面，全面依法治国、不断推进国家治理体系和治理能力现代化，提升公民权利与政治权利的保障水平。最后，在构建人类命运共同体中推进公民权利保障体系建构。在中国人民抗日战争暨世界反法西斯战争胜利70周年之际，习近平在致"2015·北京人权论坛"的贺信中指出：本届论坛"以'和平与发展：世界反法西斯战争的胜利与人权进步'为主题，有利于推动各方对保障人类和平权、发展权的深入思考"。中国人民抗日战争

---

❶ 何星亮. 不断满足人民日益增长的美好生活需要［EB/OL］.（2017-11-14）［2020-12-30］. http://theory.people.com.cn/n1/2017/1114/c40531-29644237.html.

和世界反法西斯战争的历史经验，以及今天世界的现实告诉我们，没有和平权、发展权就谈不上其他人权。[1] 构建人类命运共同体，切实保障和平权、发展权，才能使其他各项权利获得保障。为此，党和国家在制定权利保障政策中，应在构建人类命运共同体理念下，推进公民各项权利保障。

---

[1] 李君如. 新时代中国共产党人权思想的集中体现——学习习近平总书记关于人权的贺信［N］. 人民日报，2019-01-29.

结　论

从学术史梳理来看，权利是一个饱受争议而尚未达成共识的概念。但是，权利又是一个被人们不断现实化的概念。当我们重新审视权利概念之时，在作必要的概念梳理之后，我们更重视在社会生活本身认识"权利"概念，把权利作为被主张、被诉求及被保障的对象加以考察。中国共产党是执政党，从成立那天起，她就为争取中国人民权利而奋斗，领导中国人民为权利而奋斗；在执政之后，她为中国人民权利保障而奋斗。中国共产党为人民谋权利的奋斗历史，也就是权利概念在实践中不断被认识、理解并现实化的过程。

改革开放以来，中国共产党制定了一系列的政策保障公民各项权利，回应公民的各项权利主张、权利诉求，使公民的各项权利获得了保障。在中国共产党领导下，中国人民生活水平获得了持续提升，各项权利获得切实保障，表现为：粮食权得到有效保障，绝对贫困基本消除，基本生活水准权获得切实保障，社会保障权不断获得完善，人身权利和人格尊严获得尊重和保障，劳动者各项权利获得充分保障，受教育权、各项民主权利、特定群体权利获得切实保障，宗教信仰自由依法获得保障，等等。之所以中国人民各项权利获得充分的享有和实现，最根本的原因在于：中国共产党是把为人民谋幸福、为民族谋复兴、为人类谋发展作为奋斗目标的政党。中国共产党将为人民谋权利作为自己的历史责任，将不断地为人民充分享有和实现权利作为自己的奋斗目标。

改革开放以来，中国共产党制定权利保障政策的历史进程，表明了中国共产党对公民各项权利的保障也是一个历史渐进的过程。中国共产党历届党代会上的政治报告，是关于人民权利保障的政治宣言书，也是关于人民权利保障的行动指南。中国共产党历届党代会制定的关于人民权利保障的方针，从对某几项权利保障提出要求，到对公民各项权利保障提出要求。其对公民权利保障的水平也不断提升，从对某项权利的一个方面的保障，扩展到覆盖某项权利的全部内容；从某项权利保障的较低层次，进展到权利保障的较高层次。由此得出的结论为：中国共产党制定权利保障政策在不同历史阶段受到不同因素的影响，进而使中国共产党对公民权利保障政策呈现出历史渐进性。

中国共产党权利保障政策的制定受到哪些因素影响呢？从宏观上来说，就是改革开放。改革开放是当代中国最鲜明的特色，它深刻地影响中国的政治、经济、社会、文化及生态等，成为中国共产党制定权利保障政策最宏大、最直接的影响因素。从中观上来说，体制改革、经济发展、社会稳定及对外开放等因素，对不同时期中国共产党制定权利保障政策具有深刻影响。从微观上来说，经济体制改革、政治体制改革、文化体制改革、社会体制改革、发展阶段性要求、对外开放传导的压力等，对中国共产党制定不同领域的权利保障政策产生直接性影响。

总之，中国共产党制定权利保障政策的历史进程，必然受到公民权利保障政策发展规律的制约。马克思认为，"权利永远不能超出社会的经济结构以及由经济结构所制约的社会的文化发展"。改革开放的历史与事实证明，中国共产党将权利保障的普遍性原则与中国实际相结合，在尊重公民权利保障政策发展规律基础上，走出了一条具有中国特色的公民权利的政策保障之路。

参考文献

一、著作类

[1] 马克思，恩格斯. 马克思恩格斯选集（第1-4卷）[M]. 北京：人民出版社，2012.

[2] 毛泽东. 毛泽东选集（第1-4卷）[M]. 北京：人民出版社，1991.

[3] 邓小平. 邓小平文选（第1-3卷）[M]. 北京：人民出版社，1994、1994、1993.

[4] 江泽民. 江泽民文选（第1-3卷）[M]. 北京：人民出版社，2006.

[5] 胡锦涛. 胡锦涛文选（第1-3卷）[M]. 北京：人民出版社，2016.

[6] 习近平. 习近平谈治国理政（第1-3卷）[M]. 北京：外文出版社，2017、2020、2020.

[7] 毕竞悦. 中国四十年社会变迁[M]. 北京：清华大学出版社，2018.

[8] 常健. 当代中国权利规范的转型[M]. 天津：天津人民出版社，2000.

[9] 常健. 当代中国人权保障[M]. 北京：中国人民大学出版社，2015.

[10] 常健，郝亚明. 中国人权保障政策研究[M]. 北京：中国社会科学出版社，2016.

[11] 陈成文. 社会体制改革与改善民生：以几种典型低收入群体为例[M]. 北京：人民出版社，2016.

[12] 陈佑武. 中国特色社会主义人权理论研究[M]. 北京：中国检察出版社，2012.

[13] 董云虎，常健. 中国人权建设60年[M]. 南昌：江西人民出版社，2009.

[14] 董云虎，常健. 中国人权建设70年[M]. 南昌：江西人民出版社，2019.

[15] 董云虎，常健. 中国共产党怎样解决人权问题[M]. 南昌：江西人民出版社，2019.

［16］李培林．社会体制改革：理论与实践［M］．北京：社会科学文献出版社，2013．

［17］黄文平．社会体制改革构想［M］．北京：人民出版社，2017．

［18］郝亚明．公务员人权培训教师用书［M］．北京：国家行政学院出版社，2016．

［19］刘海年．新中国人权保障发展六十年［M］．北京：中国社会科学出版社，2012．

［20］林喆．公民基本人权法律制度研究［M］．北京：北京大学出版社，2006．

［21］彭森，等．中国经济体制改革的国际比较与借鉴［M］．北京：中国人民大学出版社，2008．

［22］彭森，等．中国经济体制改革重大事件（上、下）［M］．北京：中国人民大学出版社，2008．

［23］孙强．改革开放以来马克思主义人权理论中国化研究［M］．北京：中央编译出版社，2013．

［24］孙力．人的解放主题的中国化进程：中国共产党对人权的社会主义塑造和开拓［M］．上海：东方出版中心，2011．

［25］武力．改革开放40年：历程与经验［M］．北京：当代中国出版社，2020．

［26］王毅武．市场经济学——中国市场经济引论［M］．北京：清华大学出版社，2005．

［27］吴敬琏，等．中国经济体制改革新阶段的若干问题［M］．北京：中国经济出版社，2014．

［28］王云斌．乡村治理中的法律问题［M］．北京：中国社会出版社，2009．

［29］吴大兵．转变经济发展方式与政治体制改革［M］．北京：中国社会科学出版社，2016．

［30］薛进文，常健．中国特色社会主义人权发展道路研究［M］．北京：中国社会科学出版社，2016．

［31］鲜开林．中国特色社会主义人权理论体系研究［M］．北京：人民出版社，2014．

［32］俞可平．中国政治学四十年［M］．北京：商务印书馆，2019．

［33］中共中央宣传部．习近平新时代中国特色社会主义思想三十讲［M］．北京：学习出版社，2018．

［34］中华人民共和国国务院新闻办公室．为人民谋幸福：新中国人权事业发展70年［M］．北京：人民出版社，2019．

［35］中国人权研究会. 中国改革开放与人权发展30年［M］. 北京：人民出版社，2009.

［36］中共中央研究室. 中国共产党的九十年［M］. 北京：中共党史出版社，党建读物出版社，2016.

［37］张文显. 法哲学范畴研究［M］. 修订版. 北京：中国政法大学出版社，2001.

［38］张文显. 法理学［M］. 北京：高等教育出版社，北京大学出版社，2007.

［39］邹东涛，等. 中国经济体制改革基本经验［M］. 北京：中国人民大学出版社，2008.

［40］张永和，等. 中国大众人权观念调查［M］. 北京：中国人民大学出版社，2016.

二、论文类

［1］常健，刘明. 国家安定与个人权利保障：转型悖论及其消解［J］. 学术界，2015（11）.

［2］陈波. 道德权利、法律权利、现实权利——列宁与邓小平人权观比较研究［J］. 法学评论，1998（2）.

［3］柴宇平. 邓小平的民主权利观［J］. 科学社会主义，1999（4）.

［4］崔珏略. 论参政党的民主监督——基于权利的分析视角［J］. 中央社会主义学院学报，2011（3）.

［5］陈向红. 中国共产党与中国人权体制发展［J］. 学术探索，2001（6）.

［6］陈佑武，李步云. 改革开放以来法治与人权关系的历史发展［J］. 现代法学，2015（2）.

［7］迟福林. 改革开放30年中国社会发展阶段的历史性变化［J］. 学会，2010（10）.

［8］邓世豹. 全面落实农民公民权利的行动纲领——《中共中央国务院关于推进社会主义新农村建设的若干意见》的宪政解读［J］. 法学论坛，2007（2）.

［9］丁岭杰. 保障人民权利：中国共产党群众路线的根本价值［J］. 中共贵州省委党校学报，2014（4）.

［10］段匀雪. 当代农民权利贫困对中国共产党执政基础的影响［J］. 理论与改革，2004（5）.

［11］丁兆增，关今华. 中国共产党的人权思想与中国人权现状［J］. 福建师范大学学报（哲学社会科学版），2005（5）.

［12］董云虎. 中国共产党执政与尊重和保障人权［J］. 人权，2005（1）.

［13］冯颜利. 论全球发展公正性的权利与义务问题——从邓小平"东西南北问题"的观点看［J］. 哲学研究，2005（1）.

［14］郭湛，王洪波. 改革、发展、稳定、和谐的动力机制［J］. 天津社会科学，2008（5）.

［15］顾越利. 构建权利与权力的和谐关系——对新时期中国共产党推进"党务公开"的思考［J］. 中共福建省委党校学报，2011（6）.

［16］谷春德. 中国共产党与中国人民人权［J］. 思想理论教育导刊，2001（12）.

［17］黄勇. 中国共产党是推动中国人权进步的伟大力量［J］. 求实，2001（7）.

［18］胡夏枫，周祖成. 中国共产党执政合法性的民主陷阱［J］. 江汉论坛，2012（2）.

［19］康金莉. 改革开放以来中国农民权利：变迁与重构［J］. 武汉大学学报（人文科学版），2017（4）.

［20］胡承槐. 论以权利为逻辑基点开拓党的建设新路径［J］. 浙江学刊，2012（6）.

［21］刘仲良. 略论中国共产党人权理论与实践对资产阶级的全面超越［J］. 湘潭大学学报（社会科学版），1994（4）.

［22］刘仲良，石柏林. 试论中国共产党人权理论与实践的基本特色［J］. 湘潭大学学报（社会科学版），1993（4）.

［23］李海玉. 为争取和平、工人和人民权利、社会主义而斗争——第十八次共产党和工人党国际会议评［J］. 马克思主义研究，2017（4）.

［24］刘家桂. 新民主主义革命时期中国共产党人权建设成就及其启示［J］. 求实，2014（3）.

［25］陆德生. 中国共产党领导人民争取人权和发展人权的奋斗历程［J］. 理论建设，2013（4）.

［26］李影，刘世华. 中国共产党人权思想的历史坐标与现实维度——从以人为本切入［J］. 理论探讨，2011（6）.

［27］刘永平. 中国共产党为尊重和保障人权而奋斗［J］. 中国共产党党史，1999（1）.

［28］李世安. 改革开放前后两个历史时期我国的人权法制建设［J］. 人权，2014（1）.

［29］李晓蕊，邹长青. 改革开放以来城市社会医疗保障体系演进［J］. 人民论坛，2016（3）.

［30］罗建文. 论40年改革开放的理论逻辑和历史逻辑［J］. 理论探讨，2018（5）.

［31］刘向军. 党的民生政策与马克思主义大众化［J］. 红旗文稿，2013（12）.

［32］梁宏. 生存还是发展，利益还是权利？——新生代农民工集体行动意愿的影响因素分析［J］. 中国农村观察，2013（1）.

［33］乔耀章. 为人民谋权利：新时代中国共产党的历史责任［J］. 江苏行政学院学报，2018（1）.

［34］任平. 关于建国60年改革、发展和稳定方式变革的哲学反思［J］. 江苏社会科学，2009（5）.

［35］任伟民. 中国共产党对推进中国人权事业的伟大贡献［J］. 南京政治学院学报，2001（5）.

［36］施雪华，孙发锋. 改革开放30年中国共产党对中国特色社会主义政治发展道路的理论探索——关于中国政治发展的目标、战略和模式［J］. 马克思主义与现实，2008（6）.

［37］向德平，华汛子. 党的十八大以来中国的贫困治理：政策演化与内在逻辑［J］. 江汉论坛，2018（9）.

［38］宋泓. 对外开放四十年：从适应者到影响者和引领者［J］. 国际贸易，2018（10）.

［39］孙平华. 论《世界人权宣言》的思想基础和权利体系［J］. 法学家，2008（6）.

［40］汪仕凯. 劳资冲突的新趋势与治理政策的选择［J］. 天津社会科学，2017（4）.

［41］王晨. 中国改革开放与人权发展30年［J］. 人权，2009（1）.

［42］王晨. 中国共产党是中国人权事业发展的坚强领导核心［J］. 人权，2011（5）.

［43］王宏伟. 论我国社会主要矛盾变化背景下公共冲突的有效治理［J］. 理论月刊，2018（3）.

［44］王海文. 90年来党的农村土地政策发展演变与启示［J］. 中州学刊，2011（5）.

［45］王冲，陈士勇. 改革开放以来中国共产党社会改革思想历程探析［J］. 人文杂志，2015（8）.

［46］王淑荣，于延晓. 中国共产党执政的合法性基础——以马克思主义利益观为视角的分析［J］. 马克思主义研究，2010（11）.

［47］肖滨. 改革开放以来中国公民权利成长的历史轨迹与结构形态［J］. 广东社会科学，2014（1）.

［48］咏梅. 论邓小平法律思想中的权力–权利观——以法律秩序为视角［J］. 海南师范大学学报（社会科学版），2010（2）.

［49］于延晓. 论中国共产党执政的合法性——以权力与权利的关系为进路［J］. 学习与探索，2007（6）.

［50］杨清. 中共执政方式的转变与公民权利的发展［J］. 政治学研究，2007（1）.

［51］叶小文. 中国共产党一直为保障人权而奋斗［J］. 人权，2011（4）.

［52］袁金辉. 中国共产党与中国人权进步［J］. 思想战线，2000（4）.

［53］赵中源. 中国共产党认识和保障公民文化权利的探索与启示［J］. 当代世界与社会主义，2013（1）.

［54］张继良. 中国共产党对人权实现途径和条件的探讨［J］. 河北师范大学学报（哲学社会科学版），2004（3）.

［55］张晓玲. 中国共产党和中国特色社会主义人权观［J］. 理论视野，2011（7）.

［56］张瑾. 大数据时代社会冲突治理结构转型：价值、形态、机制［J］. 上海行政学院学报，2018（3）.

［57］郑智航. 论免于贫困的权利在中国的实现——以中国的反贫困政策为中心的分析［J］. 法商研究，2013（2）.

［58］郑智航. 全球正义视角下免于贫困权利的实现［J］. 法商研究，2015（1）.

［59］周祖成，万方亮. 党的政策与国家法律70年关系的发展历程［J］. 现代法学，2019（6）.

后 记

本书为2019年教育部人文社会科学研究青年基金项目"改革开放以来中国共产党的权利保障政策演进及影响因素研究"（项目批准编号：19YJCZH057）的最终研究成果，也是出版的首部专著。首先，感谢教育部人文社会科学研究项目评审专家，感谢他们在评审中给本课题投下的信任票，促使本课题最终被教育部社会科学司批准立项；其次，也非常感谢教育部社会科学司，为本课题开展研究与本成果的出版提供必要的资金支持。

申请的课题获得立项，既是偶然的，也是必然的。偶然性在于：无论是在南开大学政治学博士后流动站，还是在工作单位天津工业大学，曾申请课题很多次，屡次申请，都以失败告终；偶然间，在2019年获得立项。必然性在于：无论申请什么样的课题，无论经历多少次失败，我都没有灰心丧气，都抱着积极态度去申请，可谓在"从失败走向失败中仍然保持了热情"。这些"热情"的保持，要感谢我的三位导师：一位是我的博士后导师常健教授，常教授是国内人权领域研究的顶尖级专家，思维敏捷，视野开阔，经常在耳边鞭策我，也经常在学术上为我指点迷津，与他的每次谈话，都有一种豁然开朗的感觉。一位是我的博士导师樊和平教授，樊教授是国内伦理学界的知名学者，尽管我的研究领域与博士阶段的研究渐行渐远，但是樊教授的教诲仍然指引着我。还有一位是我的硕士导师周世中教授，周教授在法理学领域具有较高的造诣，他将我领进了学术研究之门。

课题的完成，是一个炼狱的过程。2019年课题立项之后，诚惶诚恐的心情围绕着我。从 2018 年到 2019 年，一直在为出国短期访学的事情忙碌，没有太多的时间投入课题的研究，一直担心与课题相关的论文、著作写不出来。2019 年在爱尔兰科克大学访学期间，也没有给予课题太多的关注。回国之后，已经是 2019 年年底，接着是突如其来的新冠肺炎疫情。疫情使外出受限，但给了我待在家里做学问的充足时间。尽管如此，诚惶诚恐的心情也从来没有消失过，给家庭带来很多的烦恼。为此，感谢我的爱人张鹏女士对我的宽容和无私地支持我做"所谓的"学术研究。感谢我的子玉小朋友，在我工作时，自己只能和"小智伴"为伍，提出来的要求经常都被我以完成课题为由而拒绝。感谢我的岳父母，对我默默的支持和无私的帮助。感谢我的父母，尽管在工作上没有太多的交流，但是也都能感知父母对子女的牵挂。

本课题研究成果能够最后出版，感谢知识产权出版社的领导，尤其感谢李海波老师细致而周密的工作。感谢学院里的领导、教研室里的同事，尤其感谢李坤博士引荐知识产权出版社，促使该成果最终出版。也感谢"活宝"群里的兄弟，经常在谈笑风生中获得很多灵感。感谢我的研究生，赵鸿同学在我到爱尔兰访学期间，处理了很多与课题相关的事情，并且也做了一些与课题相关的研究；赵倩如同学做了一些格式校对工作。诚然，笔者水平有限，错误在所难免，敬请学界前辈和同人指正与包涵！

谨此为记。

黄爱教

2020 年 12 月 31 日